图书馆文化创意产品开发理论与实践

主　编　田　利

副主编　李金建　徐延华

参　编　王　锴　王献增　王豫飞

北京理工大学出版社
BEIJING INSTITUTE OF TECHNOLOGY PRESS

图书在版编目（CIP）数据

图书馆文化创意产品开发理论与实践 / 田利主编 . —北京：北京理工大学出版社，2018.10
ISBN 978-7-5682-6162-3

Ⅰ . ①图…　Ⅱ . ①田…　Ⅲ . ①图书馆文化—文化产品—产品开发—研究　Ⅳ . ① G114

中国版本图书馆 CIP 数据核字（2018）第 191702 号

出版发行 / 北京理工大学出版社有限责任公司
社　　址 / 北京市海淀区中关村南大街 5 号
邮　　编 / 100081
电　　话 /（010）68914775（总编室）
（010）82562903（教材售后服务热线）
（010）68948351（其他图书服务热线）
网　　址 / http://www.bitpress.com.cn
经　　销 / 全国各地新华书店
印　　刷 / 定州启航印刷有限公司
开　　本 / 787 毫米 ×1092 毫米　1/16
印　　张 / 13
字　　数 / 310 千字
版　　次 / 2018 年 10 月第 1 版　2018 年 10 月第 1 次印刷
定　　价 / 65.00 元

责任编辑 / 张荣君
文案编辑 / 张荣君
责任校对 / 周瑞红
责任印制 / 边心超

前 言

图书馆文化创意产品是依托图书馆特定的文化背景或馆藏资源，汇集个人或团队的知识、智慧和灵感而设计、生产出的能够满足人们的物质需求与精神需要的消费品。2016年5月，国务院办公厅转发了文化部等四部委研究并制定的《关于推动文化文物单位文化创意产品开发的若干意见》，明确鼓励美术馆、博物馆、图书馆等掌握各种形式文化资源的单位，依托自身馆藏文化资源，主动开发各类文化创意产品。随后，四川省、浙江省、河北省、云南省、重庆市等省、直辖市分别制定了各省、市《关于推动文化文物单位文化创意产品开发的实施意见》，为文化文物单位文化创意产品的开发工作给予了相关政策支持。2017年9月12日，“全国图书馆文化创意产品开发联盟”成立大会在国家图书馆举行。在大会上，由国家图书馆、四川省图书馆、湖南省图书馆、河北省图书馆等研发的近百件文创精品正式亮相。虽然国家及相关部门对图书馆开展文化创意产品开发工作给予了大力支持，但是，目前针对图书馆文化创意开发工作的相关研究还较少，关于图书馆文化创意产品开发的理论研究仍滞后于实践。因此，本书编写者根据实际从事文化创意产品开发工作的经验，结合相关研究，将文化创意产品开发工作的相关概念、政策解读、开发现状、开发实践、经营管理、应用前景等理论与国内外图书馆（博物馆）文化创意产品的开发实例呈现给读者，使读者对图书馆文化创意产品开发工作有一个全新的认知，从而推动文化创意产品开发工作的可持续发展。另外，本书在理论研究方面进一步丰富了图书馆文化创意产品开发的研究内容，为后续的相关研究提供了新思路、新视角。

本书共分为七章。第一章的前两节、第二章、第三章的第一节由河南工业职业技术学院图书馆李金建编写；第四章的第四节、第五章、第六章的前两节由河南农业大学图书馆徐延华编写；第三章的第二节、第四章的前三节由河南财经政法大学档案馆王豫飞编写；第六章的第三节、第七章由林州市图书馆王献增编写；第一章的后两节由河南工业职业技术学院图书馆王锴编写。全书由河南省图书馆文创中心主任田利担任主编并负责统稿，同时编写参考文献。

本书在编写过程中，得到了其他同仁的大力支持。由于图书馆文化创意产品开发工作是新兴事物，加上编者水平有限，书中难免存在疏漏和不当之处，恳请同行专家和广大读者批评指正，促使图书馆文化创意开发工作的理论与实践能够更好地适应文化创意产业的发展。

编　者

目 录

第一章　图书馆文化创意产品开发的相关概念

第一节　文化创意的概念

一、文化的定义

文化，是指天地万物信息的产生、融汇与渗透。文化是人类精神文明的保障和导向，是以精神文明为导向的各种信息的融汇与渗透。文化是一种社会现象，是经由人们长期创造而形成的产物。同时，文化又是一种历史现象，是社会历史的积淀。一般而言，文化是指凝结在物质之中又游离于物质之外的、能够被传承的、有关国家或民族的历史、风土人情、传统习俗、生活方式、价值观念、行为规范和文学艺术等；是能够被人们普遍认可与传承的意识形态。

由于不同的人从不同的角度出发可以对文化形成不同的阐述和理解，因此，每个人都有其关于文化独特的见解与观点。统计发现，国内外学者对文化的定义多种多样。据英国文化史学者威廉斯考证：18 世纪末以前，文化一词主要是指“自然成长的倾向”以及据此类比的关于人的培养过程；19 世纪初，文化用来指“心灵的某种状态或习惯，且其与人类完善的思想具有密切的关系”；19 世纪末，文化意指“一种物质上、知识上和精神上的整体生活方式。”

目前，人们基本能够达成共识的，最宽泛意义上的文化是指特定民族的生活方式。例如，著名人类学学者泰勒将文化定义为：“文化或者文明就是作为社会成员的人所获得的，包括知识、信念、艺术、道德法则、法律、风俗以及其他能力和习惯的复杂整体。在不同社会中，文化条件是一个适于对人类思想和活动法则进行研究的主题。”恩格斯在《劳动在从猿到人转变过程中的作用》中指出：“文化作为意识形态，借助于意识和语言而存在。文化是人类特有的现象和符号系统，文化就是人化、人的对象化和对象的人化，起源于人类劳动。”美国人类学家鲁斯·本尼迪特认为文化是“通过某个民族的活动表现出来的一种思维和行动方式，一种使这个民族不同于其他民族的方式。”

另外，美国文化学家克罗伯和克拉克洪认为，“文化由外显的和内隐的行为模式构成，这种行为模式通过象征符号获取和传递。文化的核心部分是传统观念，尤其是它们所带来的价值观。文化代表了人类群体的显著成就，包括他们在人造器物上的体现。文化体系既可以看作是活动的产物，又是进一步活动的决定因素”。这一关于文化的综合定义受到普遍认同，也有着广泛的影响。

我国学者对文化的定义也受到了各方的认同。例如，学者杨宪邦认为，“文化是一个社会历史范畴，是指人类创造社会历史的发展水平、程度和质量的状态。文化的主体是人，客体是整个世界。文化不是受人的影响而自然形成的自然物，而是人在社会实践过程中认识、掌握和改造客观世界的一切物质活动和精神活动及其创造和保存的一切物质精神财富和社会制度的发展水平、程度和质量的总和整体，它是一个有机的系统”。学者余秋雨认为，“文化是一种精神价值以及与此相呼应的生活方式，它的最终成果是集体人格”。陈华文则在《文化学概论》中把文化定义为“所谓文化，就是人类在存在过程中为了维护人类有序生存和持续发展所创造出来的，关于人与自然、人与社会、人与人之间各种关系的有形无形的成果。”此外，由舒新城先生主编的、我国最大的综合性辞典——《辞海》这样定义文化：“从广义的角度来说，文化是指人类社会历史实践过程中所创造的物质财富和精神财富的总和。”

作者认为，文化最贴切的定义应该是《辞海》中的定义与陈华文在《文化学概论》中所给定义的结合，即文化是人类在社会实践过程中所创造出来的关于人与自然、人与社会、人与人之间关系的物质财富和精神财富的总和。

总之，人们对文化的理解分为狭义和广义两种形态。狭义上的文化是指一种社会意识形态及与之相适应的社会制度和组织结构；广义上的文化是指人类在社会历史过程中所创造的物质财富和精神财富的总和。

二、创意的定义

创意，即创造意识或创新意识的简称，是指在对现实事物的理解和认知过程中衍生出的一种新的抽象思维和行为潜能，是一种通过创新思维意识进一步挖掘并激活资源组合方式，进而提升资源价值的方法。“创意”的概念根据英文单词“creative”翻译而来，在西方国家“creative”通常意为“创造”。柏拉图的著作《柏拉图文艺对话集》中这样写道：“创作的意义是极其广泛的。无论什么东西从无到有，中间所借助的手段都是创作。因此，一切手艺人都是创作家。”在古希腊，“创造”的含义与客观世界、实际存在的万物不同，是有关人的精神与思维能力的另一类含义。事实上，古希腊的人们已经意识到，尽管世界永存，能量守恒，但是“创造”作为人类所独有的能力，是意识和精神优化客观世界的产物，比万物通灵更具智慧。人的精神世界不再附赘万物之后，而是具有卓越的创新、发明的能力。

另外，“创意”还可以翻译为“ideas”，原意为“思想、意见、立意、想象、观念”等。“creative”在英语中为形容词，原意是“有创造力的、创造性的、产生的、引起的”。在我国，“creative”也可翻译为“创意”。“creativity”，即“创造力”，有时也被翻译为“创意”。

理论层面上的“创意”是指“主意”“点子”或“想法”，好的点子即为“好的创意”。这些“点子”“主意”“想法”一般源于个人的创造力、个人才华或个人技能。自古以来，创意人人都有，发展到一定阶段，有些创意成果便开始形成知识产权。但具体到文化创意产业的各个行业，只有极少部分行业的创意原是从属于个人的，大部分行业都存在创意汇聚的现象。另外，创意还依赖于科学技术与艺术的结合。这种结合改变了人们对科学刻板、教条的认识，对创意产业的发展产生了巨大的推动作用。创意作为文化创意产业的核心与关键，其功能性表现在创意具有一定的产业化倾向及可能性，即能够为后续的开发和经济回报提供支持。实践层面上的“创意”涵盖的范围比较广泛，包含人类生活的物质的、精神的全部具有创造性的行为和意识。总之，人类生活的方方面面、每时每刻都存在着创意。

由于理论层面上的“创意”所涵盖的范围比较狭窄，所以，本书主要从理论层面出发来阐述“创意”的含义。在理论意义上，尤其是在我国进入文化创意新时期的历史背景下，创意被界定为一种文化的、审美的创新和创造。

三、文化创意的定义与来源

（一）文化创意的定义

文化创意是一种以文化为元素，融合多元文化，整合相关学科，利用不同载体而构建的再造于创新的文化现象。

（二）文化创意的来源

文化创意，纵向上可来源于传统文化与现代题材，横向上可来源于空间上的文化差异。

1. 来源于传统文化

传统文化是文化创意的重要来源之一。凡有固有文化情结的人更容易接受依据传统文化而创造的新文化产品，因此，很多人选择利用传统文化的创意元素来进行创新。传统文化中蕴含着丰厚的创意资源，这些创意资源为文化创意者提供了基本的创意导向和市场需求的基础。另外，文化的传播有助于提升国家的影响力和竞争力。因此，世界上创意产业比较发达的国家和地区都十分注重对本国或本地区的传统文化进行挖掘。

例如，英国的旅游协会、电影协会、博物馆协会、皇家历史学会、考古机构、古建筑保护协会、文化建筑管理机构等传统文化组织，不仅大力弘扬本国的传统文化与精神，而且通过彼此之间的相互合作极大地促进了本国文化创意产业的发展。又如，“韩流”、日本动漫的流行，很大程度上归功于文化创意人员对传统文化的挖掘。著名的动漫《海贼王》里诸多海贼形象均是以历史上著名的海贼为原型进行塑造的。

古装历史剧一向在中国占有较大的市场份额，其深层原因正是人们对中国传统文化的不断开发。例如，早期以戏剧形式出现的《西游记》，后来以说书的形式在广播平台上播出，并被制作成电视剧、电影、动画片，连续被翻拍多次，创造了难以估量的价值。尽管《西游记》被翻拍了很多次，但是仍有人能从中挖掘到有价值的创意。比较成功的一个例子是国产动画电影——《西游记之大圣归来》，其上映16天票房便突破6.13亿元，超过《功夫熊猫2》所保持的长达3年的国内动画票房纪录，取得了国产动漫史上极为傲人的战绩。《西游记之大圣归来》之所以能够获得成功，得益于其对《西游记》这一耳熟能详的故事进行的深入改编和创新开发——影片中的孙悟空有血有肉，更具人性化色彩，使得每个人都能或多或少地从中找到自己的影子；而幼年唐僧江流儿搞怪可爱，言语间透露着童真与善良。

由此可见，传统文化中存在着诸多潜在价值有待进一步开发。这需要文创工作者细心品味，全面发掘，不断进行文化的再创作。

2. 来源于现代题材

现代题材中一些永恒的主题，如爱情、亲情和友谊等，也成为文化创意的来源。通过对现代社会的解读而形成的文化创意，往往具有更大的操作空间。创意者可以在当下社会中直接找到创意灵感，开发出更多的文化创意产品。

近几年，我国的国产大片选择围绕一些现代主题进行创作，一些反传统的影视创作模式大获成功。例如，《夏洛特烦恼》《致青春》等。另外，一些电视剧通过展示真实的现实生活而深受人们的喜爱。例如，2015年播出的《北上广不相信眼泪》，一改过去严肃而老套的生活片模式，以现代社会为背景，讲述现代中国人的生活，以较为深刻的人生哲学和精妙的画面，给人们带来了全新的感受，赢得了广大观众的掌声。

当今，以现代题材为源泉的文化创意，还十分注重互动性和参与性。例如，现代的互动类节目层出不穷，比较成功的有《鲁豫有约》《星光大道》《中国好声音》等。这类节目多而不衰，充分说明文化生活对文化创意有着更高的要求。

近些年来，由于网络的普及以及大家对原创性的重视，网络剧逐渐流行起来。网络剧之所以能够获得成功，主要归功于对现代文化的挖掘。并且，网络剧的制作和播放形式迎合了现代生活对于“快文化”的需求，面向现实，内容更切合实际，可以在短时间内吸引受众，并向受众传达想要表达的内容。例如，《屌丝男士》第一季就创下了4.2亿次的播放量，覆盖的网民人数高达6 000万，占6亿国内网民的10%。网络的主力军是年轻人，很多片子通过表现年轻人的生活与文化吸引年轻受众。唯有对现代题材以现代的理念来制作，才能真正形成具有现代意义的文化创意，才能更好地走向世界。

从产业角度来看，各传统行业也因被赋予了新的创意而呈现出新的发展态势。当今的农村经济形态是农业经济、工业经济以及知识经济等各种经济形态的交叉与混合，如湖南长沙就以“赛事节会+产业链打造”的模式而闻名。同时，这也是“绿色农业”“生态农业”“休闲农业”“新田园经济”“新产业复合体”等新提法浮出水面的原因。

由此可见，产生于现代题材的创意通过对现代社会生活中文化内核的深度挖掘，把握时代的脉搏，抓取人们思想的兴奋点，同时也抓住观众的心。

3. 来源于空间上的文化差异

在进行文化创意的创造时，不仅可以利用我国的优秀文化创意，还必须具备国际视野，加强对国外优秀文化创意理念的吸收和再创造，从而实现高质量的创新。例如，新浪网借鉴国外的互联网，网易借鉴 ebay，QQ 借鉴 MSN 等。这些企业因为最早利用文化上的差异，借鉴国外模式，所以快速占据了国内市场，现在均已成为各自领域的国内领先企业。又如，最近电视上十分火热的《爸爸去哪儿》《极限挑战》等真人秀节目，也是从国外引进文化创意，再结合我国的特色加以创造，最终取得了良好的效果。我国的文化资源极其丰富，具备发展创意产业的充分条件。因此，当务之急是挖掘出现代社会所需求的创意点，并利用空间上的文化差异，形成文化创意的创新性应用。

第二节　文化创意学的定义与研究范畴

一、文化创意学的定义

文化创意学的定义衍生于文化创意的定义，即文化创意学是一门研究以文化为元素，融合多元文化、整合相关学科、利用不同载体而构建的再造与创新的文化现象的学问。

文化创意的概念来源于文化创意产业的概念，文化创意学的概念必然地与文化创意产业的概念存在着一定的关联与融合。

关于文化创意产业的界定，国内外还没有统一的看法。不同的国家对于文化创意产业的界定都源于本国的文化背景和文化内容，这使得各国的文化创意产业概念之间存在一定的差异。因此，“文化创意产业”这一新术语的出现必然带有其自身的背景和语境。

英国是在世界范围内最早提出“创意产业”的国家，并且是最早发展文化创意产业的国家之一。1997年，托尼·布莱尔成为英国的新首相。为了体现“新”政，布莱尔改组了内阁，并由英国文化、媒体和体育部（Department for Culture; Media and Sport, DCMS，成立了“创意产业工作组”，大力推进英国创意产业的发展。英国DCMS创意产业工作组分别于1998年和2001年发布了创意产业纲领性文件，分析英国创意产业的现状，提出英国创意产业的发展战略。这两份文件的发表使得创意产业成为英国经济发展的重要力量，也使各国开始关注创意产业的发展。

美国把文化创意产业称为“版权产业”，并将其划分为核心版权产业、部分版权产业、交叉版权产业以及边缘版权产业。其中，核心版权产业是指以创造有版权的作品或者受版权保护的物质产品为特征，对享有版权保护的作品进行再创作、生产和传播的产业。它包括报刊、图书出版业，广播影视业，戏剧创作及演出业，广告业，计算机软件开发业等。部分版权产业是指所生产的部分物质产品具有版权的产业，包括服装，纺织品（鞋类），珠宝与钱币，家用物品，陶瓷与玻璃，玩具与游戏，建筑、工程与测量等产业。交叉版权产业是指生产或制造能够促进有版权作品的创造、生产或使用的设备的产业，包括计算机、电视机、收音机、DVD、录像机、电子游戏设备等的制造与批发零售业。边缘版权产业是指能够便于受版权保护的作品或其他物品的宣传、传播、分销或销售且没有被归为核心版权产业的产业，包括发行版权产品的一般批发与零售业、大众运输服务业、电信与因特网服务业等。另外，经济学家理查德·凯夫斯认为，“创意产业所提供的产品和服务是与文化和艺术相关的，或者是为了达到娱乐的目的，包括书籍与杂志的出版，视觉艺术如绘画、雕塑，表演艺术如话剧、音乐会、舞蹈、录音、影视，还包括玩具、游戏和时装等”。

在多数期刊论文、学术论文和学位论文中，对文化创意产业较多的定义为“通过对源自个体的创见、技巧和天赋等智力活动进行知识产权的生产和开发，以创造财富和就业潜力的相关产业。”通过分析上述文化创意产业的内涵，得出其应该包括以下三部分内容：个体独特的创意是创意产业的源泉；由创意产生产品或服务；是能够创造财富的产业。其中，个体独特的创意是文化创意产业发展的起点。

在中国，最先使用文化创意产业概念的是我国台湾地区。2002年，我国台湾地区不但提出要把发展文化创意产业放到十分重要的地位，而且制订了《关于文化创意产业的发展规划》，并在其中将文化创意产业描述为“源自创意或文化积累，透过智慧财产的行使与运用，具备创造财富与就业机会的潜力，并促进整体生活提升之行业。”另外，中国香港在2003年的施政报告中首次使用了“创意产业”这一名词，并于2005年11月成立了策略发展委员会。

2006年9月13日，中共中央办公厅、国务院办公厅印发了《国家“十一五”时期文化发展纲要》。“文化创意产业”的概念首次出现在党和政府的重要文件之中。在我国，北京、上海、深圳等城市正在建设一批创意产业基地和创意产业园区，北京在“十一五”规划中明确提出要使文化创意产业成为我国经济发展的支柱产业。

文化创意产业的兴起和发展是当代经济、文化、科技的融合发展在产业层面的具体体现。它以其独特的形态演变和运行方式与其他产业产生着广泛而复杂的联系，极大地影响了一个国家、一个城市的经济运行和社会文化发展。

文化产业和创意产业的起点是人的文化与创意。但是文化和创意本身不能直接变成财富，必须经过一个技术化和产业化的过程，才能成为市场上受欢迎的商品和服务。文化创意产业是以创意为核心，向大众提供文化、艺术、精神、心理、娱乐等产品和服务的新兴产业。同时，它也是文化产业中最具创造性和先导性的核心组成部分，是文化产业中的高端性与创新性产业。

文化创意产业就其名称本身而言，包含了文化、创意、产业三大内容，分别代表了文化创意产业既相互区别又相互关联的三个阶段。这三个阶段三位一体，共同构成了文化创意产业的内涵。因此，文化创意产业可以定义为文化创意产业是一种通过对文化元素的再造与创新，并经过高新科技和智力的加工生产出具有高附加值的产品，进而形成具有规模化生产和市场潜力的产业形态的发展模式。

作者认为，这一定义符合我国文化创意产业形成的过程。在此定义下，含有文化元素的创意，就是文化创意；通过高科技生产出来的具有高附加值的产品就是文化创意产品；这些产品经过规模化生产并融入市场之后就形成文化创意产业。这三个步骤逐步形成，不可跳跃。总之，虽然不同的国家对文化创意产业有着不同的定义，但其内涵不外乎三点：创意、产品、产业。

二、文化创意学的研究范畴

文化创意学的研究范畴离不开文化创意的实践范畴。实际上，任何一种理论研究都是来自本学科的实践以及对实践的总结，文化创意学的研究范畴同样也来自对于文化创意实践的总结。

从文化创意的实践来看，我国的文化创意虽然真正形成产业的时间比较短，但已经形成了规模化发展并具备了尖端的发展项目，即我国的文化创意产业已具有其自身的发展特色及产生、演变、发展的过程，形成了与中国传统文化相适应的特有的发展史。因此，我国文化创意学的研究范畴首先应该是关于我国文化创意产业发展的历史研究。

文化创意产业的发展是一个实践的过程，在这一过程中，文化创意产业必然有其自身的发展规律。同时，文化创意产业在其发展过程中必然构建起了适合自身发展的组织结构与发展系统。而与文化创意产业的发展规律和组织结构相适应的是理论上的学科体系。在我国，文化创意产业已形成了与中国文化及其全球化相适应的发展体系，从而形成了实践和理论的特有体系。这不仅是我国文化创意产业发展的需要，也是我国的文化创意产业与世界接轨的需要。

从文化创意到形成文化创意产业的实践，我国的文化创意及其产业的发展已取得了长足的进步。而如何进一步推进文化创意产业实践进程的发展不仅是文化创意理论研究的任务，同时也是文化创意学的研究范畴之一。

另外，文化创意学研究文化创意的结构与功能，即研究文化创意形成系统的脉络和文化创意的作用与效果。任何一门学科的架构都离不开形式与内容的有机融合，即学科内涵与外延的统一。同样，文化创意学的研究范畴不是单一的，而是对文化、创意、审美、思维、产品、产业等相关内容的融汇与整合，即文化创意学是一种对相互联系的整体的研究。例如，对主、客体之间，理论与实践之间，历史与现实之间相互联系的、相互融合的研究。

总之，文化创意学的研究范畴包括以下四个方面：①关于文化创意发展史的研究；②关于文化创意产业的发展规律与组织结构的研究；③关于如何推进文化创意产业实践进程的发展的研究；④关于文化创意的结构与功能的研究。

第三节　文化创意产业概论

一、文化产业的定义

文化产业作为一种特殊的文化形态与经济形态，影响着人们对文化产业的本质把握。不同的国家、不同的民族从不同的角度出发，对文化产业有着不同的理解。联合国教科文组织对文化产业的定义：“文化产业是指按照工业标准，生产、再生产、储存以及分配文化产品和服务的一系列活动。”从文化产品的标准化生产、流通、分配、消费的角度进行界定，文化产业是指以生产和提供精神产品为主要内容，以满足人们的文化需要为目标，在文化意义上进行产品的创作与销售的活动。狭义上的文化产业包括文学艺术创作、音乐创作、工业设计与建筑设计、摄影、舞蹈等。

我国对文化产业的定义主要是从产出的角度、所提供产品及服务的精神文化性质着眼，即只要是能够为社会公众“提供文化、娱乐产品和服务”，且能够满足人们精神文化需求的产业，都是文化产业。我国的文化创意产业除了满足个人的精神文化消费需求外，还在生产领域中提升产品的附加值、在经济发展中提升产业的发展结构，从而突出其“生产性服务业”的性质。由此可知，联合国教科文组织对文化产业的界定角度与我国不同。

通常人们所讲的文化产业，是指并非以创意的创造为核心的、仅与文化艺术有关的传统产业。20 世纪 60 年代，随着大众文化的兴起以及人们对大众文化讨论的深入，法兰克福学派关于“文化工业”（Cultural Industry）的批判在沉寂了近二十年之后再次回归到学术讨论之中。20 世纪 70 年代，联合国教科文组织召开了一系列有关文化政策方面的会议，并开始从文化产业化的角度分析大众文化产生的根源、性质及影响，逐渐认识到对文化产业进行研究的重要性。此后，西方的一些经济学家对经济与文化之间的关系展开了较为系统的研究，并阐释了文化成为产业的可能空间和发展特点。因此，现代意义上的文化产业开始进入理论研究的阶段。

20 世纪 80 年代，英国大伦敦政务院在财经政策分析上率先使用了“文化产业”（Cultural Industry）一词。文化产业被正式作为一种政策分析工具，用于对文化生产、消费、投入和分配等活动的描述。此后，文化产业在英国得到了迅速发展，并逐渐成为一种新兴的产业形态。

当今，文化经济日益发展成为一种重要的经济形态。产业内分工的深化与产业边界的不断拓展成为文化产业发展与演进的趋势。文化创意因素正逐渐渗透到社会经济发展的各个层面。因此，文化、创意相结合并与其他产业相渗透、相融合已成为产业发展的重要趋势。文化产业正逐渐由横向拓展转向纵向深耕，由形态单一转向跨界融合。

然而，由于文化产业在不同的国家和地区以及不同的背景下，以不同的形式、模式、速度及目的实践和发展着，因此，目前全球对文化产业的定义尚未达成一致。

例如，英国学者普拉特认为，“文化产业是指以文化形式出现的生产所涉及的各种活动，文化产业可形成巨大的产业链，构成庞大的产业生产体系”。英国学者奥康纳认为，“文化产业是指以经营符号性商品为主的活动，这些商品的基本经济价值源自它们的文化价值”。澳大利亚学者索斯比认为，“文化产业是指生产过程具有创造性，凝结一定程度的知识产权并传递象征性意义的文化产品和服务”。关于文化产业所包含的行业门类，索斯比的看法基本上与奥康纳的一致，不同的是，索斯比根据创造性的强弱把文化产业所包含的行业门类分成三个圈层，这三个圈层分别为：核心（圈层）——极具文化内容和创造性的部门，如音乐、戏剧、文学、工艺等；第二圈层——直接将文化产业化的部门，如电影、电视、广播、书籍等；最外围——具有依附性的文化产品制造、服务部门，如建筑、广告、旅游等。

二、文化产业概念的由来

"文化产业"是阿多诺和霍克海默在《启蒙辩证法》（1947 年）一书中率先使用的概念。他们在书中特别强调："文化产业必须和大众文化严格区分开来。文化产业把旧的、熟悉的东西熔铸成一种新的特质。在其各个分支中，那些适合大众消费的产品，那些在很大程度上决定着消费特性的产品，或多或少地是按计划生产的。某些分支具有相同的结构，或者至少说是彼此互通，它们被置于一个几乎没有差别的系统之中。正是通过技术手段以及经济和管理的集中化，这一切才有可能实现。"由此可见，文化产业的大规模发展使审美的商品属性昭然若揭，并使审美生产与消费呈现出规模化的效应。

另外，阿多诺和霍克海默在《启蒙辩证法》与《文化工业再思考》中将文化工业定义为"文化工业与传统文化的区别在于其复制特征，复制的目的在于将传统的追求艺术价值的文化产品平民化、世俗化，从而实现以追求利润最大化为原则的文化产品的生产与销售。"这一定义客观上对西方国家文化工业发展过程中所产生的文化经济性质做出了准确的解读。西方发达国家用了将近半个世纪的时间，将文化工业发展成为文化产业。在此期间，以网络和信息技术为核心的现代高新科技的发展，使人们逐渐意识到机械、技术必然要参与到艺术创造的过程之中，人类文化表达的手段与方式也会因此而变得更加丰富多样。人们可以轻松地区别艺术作品和文化产品，不再因为文化产品是被大批量地、标准化地生产制造出来的而郁结和不满。这是因为文化产品是以唯一的、拒绝模仿的艺术作品为内容，是文化内容的形式、物质形态或媒介。

总之，对"文化产业"的理解包括哲学意义上的理解与经济学意义上的理解两个层面。哲学意义上的文化产业的概念最早可追溯到阿多诺于 1944 年发表的《文化产业：欺骗公众的启蒙精神》一文，表示的是人们在意识形态上的批判性反思；经济学意义上的文化产业是指一种经济体系或者新兴的发展模式，而从传统意义上讲，文化不属于经济范畴，也不能是产业。

三、文化创意产业的内涵及辨析

（一）文化创意产业的概念

文化创意产业是一个内涵和外延都比较丰富的产业业态。虽然文化创意产业已有半个多世纪的历史，但是目前对其尚未形成统一的概念。例如，文化创意产业有创意产业、创造性产业、创意经济、创意工业等诸多不同的称谓。在不同的国家、不同的地域、不同的文化、不同的导向语境下，文化创意产业的表述及其内涵也不同。一般而言，文化创意产业是创意产业的分支，不仅包括文化、文物、出版等传统的文化概念领域，也包括视觉艺术、传媒音像、工业设计、环境艺术等现代的新兴领域。

文化创意产业强调通过技术、创意和产业化的方式开发和营销主体文化或文化因素，形成具有持续发展活力的产业集群，从而挖掘新的经济增长点。因此，文化创意产业不仅在美国、英国等发达国家成了支柱性产业，在一些发展中国家和城市也成了重要的发展目标或发展战略。例如，我国深圳将文化创意产业提升为该城市的四大支柱产业之一。

不同的国家和地区都有各自不同的自然资源、环境条件、区位条件、社会与生产要素、制度政策和市场机制等。这些因素共同对文化创意产业的兴起和发展产生作用，使其最终形成具有国家和地区特色的文化创意产业体系。因此，不同的国家和地区各自形成了契合本国、本地区文化产业发展的文化创意产业的定义及其对应的具体产业类型。虽然不同的国家和地区对文化创意产业的理解都存在着相似点与不同之处，但总体来看，各国对文化创意产业的理解相似大于相异。

总之，文化创意产业是一种以文化为基础，以创意、创新及创造为核心，通过对文化的深度整合与品质提升，以产业化的形式生产出具有高附加值的产品或服务的新兴产业。它在经济全球化的背景下产生，以智慧创造力为核心，以文化传播为主题，并以技术发明和智力资本产业化为主要特征。另外，文化创意产业主要包括广播影视产业、动漫产业、传媒产业、音像产业、视觉和表演艺术产业、工艺与设计业、广告装潢产业、雕塑产业、环境艺术产业、服装设计产业、软件和计算机服务业等创意行业。虽然创意产业以创意要素为核心，文化产业以文化内容为主导，但是文化产业和创意产业两个概念之间更多的是交集与关联。两者的内涵接近，是你中有我，我中有你的关系。另外，两者各自的概念具有不统一性，愈是要区分二者，愈是容易产生混淆。因此，有的学者认为，文化产业和创意产业存在分歧是普遍的共识，有时两者可以有明确的区分，有时又可以互换使用。

目前，很多国家和地区将创意产业与文化产业转换为文化创意产业予以表述。狭义的文化创意产业，可理解为文化产业和创意产业的交叉部分，即由创意起核心作用的文化产业。通常，文化创意产业应从广义的方面来理解，即文化创意产业是集文化、内容、创意、产业等范畴于一体的大文化创意产业，它代表着文化产业的水平与发展趋势。在我国，北京、上海、深圳、青岛、台湾和香港等地区均采用了文化创意产业这一称谓。

（二）我国对文化创意产业的定义

文化创意产业是一种从经济学的投入—产出—盈利的角度出发，面向文化需求市场，围绕文化要素及其他必要的基础资源，由相对独立经营的各类企业、政府管理和服务机构、从业主体、民间组织机构等对其进行开发与经营的产业。文化创意产业与文化地理既有所交叉，又有所区别，从经济地理学的角度来看，文化创意产业属于地区专业部门，是形成产业地域分工的基础。而文化地理更强调从探究区域文化的“独特性”出发，以经过区域文化的产生、发展、传承、积淀和物化所形成的文化景观为基本对象，重点研究区域文化的产生和发展机理、文化区域的识别与划分、文化的传播与融合以及文化景观的演变等，属于人文地理学学科的重要研究领域。

另外，文化创意产业与日常文化生活也有所区别，后者相当于同计算机硬件系统相对的软件系统。日常文化生活是同居民的物质生活相对应的精神文化生活系统，是从个人精神文化的寄托、慰藉以及文化交流、传承的需要出发，共同维系的精神家园。对于提供日常文化生活服务的机构，其具体的服务内容一般由政府引领、民众主导，根据当地居民的具体需要及时提供文化生活服务，并且不以营利为目的。

（三）文化创意产业相关概念辨析

如前所述，文化创意产业是一种在经济全球化的背景下产生的以创造力为核心的新兴产业，是一种强调主体文化或文化因素依靠个人（团队），通过技术、创意和产业化的方式开发、营销知识产权的行业。同时，文化创意产业又是一种以文化产业与创意产业相交融为基础，同时兼有文化产业的框架基础以及创意产业的本质特征的新的产业形态。

当文化创意产业在国际上如火如荼地开展时，我国的文化创意产业也在悄然萌动。我国对文化创意产业的提出是建立在“文化产业”与“创意产业”基础之上的。20世纪40年代，法兰克福学派提出“文化产业”的概念。此后，我国政府也逐渐认识到文化除意识形态的属性之外，还具有商品属性和产业功能。2000年10月，中共十五届五中全会通过了《中共中央关于制定国民经济和社会发展第十个五年计划的建议》。其中，首次提出了“文化产业”这一概念。2002年11月8日，中共中央在第十六次全国代表大会报告《全面建设小康社会，开创中国特色社会主义事业新局面》中明确指出：“发展文化产业是市场经济条件下繁荣社会主义文化、满足人民群众精神文化需求的重要途径。”

为了贯彻落实中共十六大关于文化建设和文化体制改革的要求，全面加强社会主义文化建设，深化文化体制改革，建立科学的文化产业统计体系，由中央宣传部牵头，国家统计局、文化部、国家广播电视总局、新闻出版总署（现称国家新闻出版广播电影电视总局）、国家文物局、国家发展和改革委员会、财政部、国家税务总局、国家工商行政管理总局（现称国家市场监督管理总局、国家知识产权局）等部门参加，于2003年7月22日成立了“文化产业统计研究课题组”。该课题组研究制定了《文化及相关产业分类》，并于2004年4月1日以国家统计局的名义印发。至此，我国有了一个认同度较高的、法定的“文化产业”概念。由此可见，我国的文化产业概念是在我国自身的语境中被界定的。随着创意产业的概念在全球范围内的广泛传播，我国也逐渐开始接受和应用这一概念。

相比“文化产业”，我国的“文化创意产业”具有更多的外来背景和因素。2006年12月，北京市统计局、国家统计局北京调查总队联合制定并发布了《北京市文化创意产业分类标准》，首次从产业链的角度将文化创意产业定义为“文化创意产业是以创作、创造、创新为根本手段，以文化内容和创意成果为核心价值，以知识产权实现或消费为交易特征，为社会公众提供文化体验的具有内在联系的行业集群。”

上海市相关部门接受了英国“创意产业”的提法，将创意产业定义为“创意产业是以创新思想、技巧和先进技术等知识与智力密集型要素为核心，通过一系列创造活动，引起生产和消费环节的价值增值，为社会创造财富并提供广泛就业机会的产业，主要包括研发设计、建筑设计、文化艺术、咨询策划和时尚消费等五大类。”同时，“十一五”期间，上海市相关部门出台了《上海创意产业发展重点指南》，为创意产业的发展提供了导向。虽然上海市相关部门较多参照了英国关于“创意产业”的概念描述，但其创意产业的发展却是建立在中国丰厚的文化底蕴之上的。

广州市统计局“创意产业课题组”认为，文化创意产业是由“文化、创意、科技”三者深度结合形成的产业集群，它既联系于文化，是各行各业都可以用来提升行业价值、树立行业特色的元素；同时，它又区别于文化，强调更多的是创造、创新、创作，重点在于能够创造出更多的文化导向，带动产品的研发与推广。该课题组认为文化创意产业主要包括两个特征：一是文化创意产业通过创作、创造引领消费、改造技术；二是文化创意产业离不开科技支撑，同时需要接入巧妙的商业模式，使产品和服务的品牌价值无限放大、延伸、辐射，从而创造巨大的经济价值。

中国香港对文化创意产业的界定以英国创意产业的概念为架构，在其第二届香港特别行政区政府的首份《施政报告》中，文化创意产业被定义为文化艺术创意和商品生产的结合，包括电影电视、表演艺术、出版、音乐、建筑、艺术品及古董市场、广告、动画制作、时装、数码娱乐、电脑软件开发及产品设计等行业。该定义强调“文化创意产业是文化艺术创意和商品生产的结合”，力图较好地融合“文化产业”与“创意产业”这两个有所区别的概念。因此，中国香港对文化创意产业的界定，其意不在理论和概念上的区分或争执，而在于促进中国香港实际的经济文化的发展。

2002年，我国台湾地区也借鉴英国创意产业的发展经验，提出要大力发展文化创意产业，并将文化创意产业定义为源自创意或文化累积，透过智慧财产的形式与运用，具备创造财富与就业机会的潜力，并促进整体生活提升之行业。在外延方面，我国台湾地区的文化创意产业与英国的创意产业极为相似，同样包括相类似的13个产业：电影产业、广播电视产业、出版产业、视觉艺术产业、音乐与表演艺术产业、文化展演设施产业、工艺产业、广告产业、设计产业、数字休闲娱乐产业、设计品牌时尚产业、创意生活产业和建筑设计产业等。

之前，在我国的语境里，文化只限于理论和意识形态层面，是一个哲学、美学概念。学者们忽略甚至批评其商品属性和产业功能。随着我国越来越重视发展文化创意产业，学界对文化创意产业的探索与研究也更加地广泛和深入。关于文化创意产业的概念，不同的学者因为学科差异和研究范式的分野，各抒己见，众说纷纭。在此，作者仅列出我国两种不同的具有代表性的观点。

一种观点是以中国人民大学教授金元浦为代表。他认为，“文化创意产业是全球化条件下，以消费时代人们的精神文化与娱乐需求为基础，以高科技技术手段为支撑，以网络等新传播方式为主导，以文化艺术与经济的全面结合为自身特征的跨国、跨行业、跨部门、跨领域重组或创建的新型产业集群。它是以创意为核心，向大众提供文化、艺术、精神、心理、娱乐产品的新兴产业”。由上述定义可知，该定义尤为重视“文化”及“文化精神”在文化创意产业中的作用，强调文化创意产业的文化属性。

另一种观点是以上海社会科学院经济研究所所长厉无畏为代表。他在其著作《创意产业导论》中将创意产业定义为“创意产业内涵的关键是强调创意和创新，从广义上讲，凡是由创意推动的产业均属于创意产业。通常，人们把以创意为核心增长要素的产业或缺少创意就无法生存的相关产业称为创意产业。”由上述定义可知，该定义注重的是文化创意产业的产业性质与创意的产业化。

不论上述两种观点的分歧有多大，或其他观点是从什么角度对文化创意产业进行阐述，这些观点的提出，实际上都客观地促进了我国文化创意产业理论研究的发展，都有利于我国文化创意产业实践发展的不断进步和完善。但与此同时，人们对文化创意产业观点的繁杂不一，也造成了命名混乱、资源浪费等弊端。因此，学者之间要加强交流，对理论研究进行一定的整合。

（四）从文化产业到文化创意产业的嬗变

随着社会经济的发展，文化创意产业作为一种新兴的交易性产业形态应运而生。从文化产业到文化创意产业的嬗变是产业发展的必然结果。两者虽处于产业发展的不同阶段，但相比较而言，文化创意产业适应了新时期文化经济发展的规律，具有文化产业难以企及的优势，这些优势具体表现在以下两个方面。

1. 产业内涵的深化与外延的拓展

如前所述，联合国教科文组织将文化产业定义为按照工业标准，生产、再生产、储存以及分配文化产品和服务的一系列活动。这一定义突出了文化产品与服务的经济属性和产业属性。此外，国际上更多的是从内容生产的角度强调文化产业的意义和内容属性。而我国在 2012 年修订的《文化及相关产业分类》中，将文化及相关产业定义为，为社会公众提供文化产品和文化相关产品的生产活动的集合。

从上述不同的界定中不难发现文化产业所涵括的文化属性与经济属性以及两者之间的互融性。与传统产业相比，文化产业从内涵上指向产业的文化属性和文化价值，强调文化的生产、交换、分配、消费的一般性经济规律。文化属性和经济属性相交融的产业内涵决定了文化产业外延的开阔性和宏观性。文化产业的边界也因此大大地拓宽、稀释，以至变得模糊不清。文化创意产业则强调以文化和创意作为产业的核心价值，并在此基础上形成产业价值链，实现产业的延伸和价值的生产。与文化产业相比，文化创意产业在体现文化内涵的同时，更加强调人的创造力，尤其是可以实现产业化的创意，以及在开发、运用创意形成产业化的过程中而产生的知识产权。因此，相较于以文化作为产业属性和整体价值的文化产业，文化创意产业的内涵更加深邃、更为聚焦、更加能体现创意与文化交互而产生的附加价值。

另外，文化创意产业以创新为动力，以高新技术为基础，将各种文化资源与信息相融合，从而打破了传统文化产业的固有边界，摆脱了原有产业门类的束缚，构建了新的文化生产和消费方式，培育出新的文化消费群体。

文化创意产业中的文化和创意作为无形的资源，具有明显的流动性和附着性特点，可以与不同的行业门类和产品介质相结合，并在不同的载体上实现价值的转移和生产。因此，文化创意产业具有强大的关联性和广泛的渗透性特征。以文化和创意为媒介，文化创意产业可以向其他产业门类延伸、渗透。在此过程中，文化创意产业的外延快速拓展，产业边界显著扩张，价值流向更加多元化。与文化产业相对开阔和愈加不确定的外延相比，文化创意产业的外延以文化创意为轴心呈现出价值链式的拓展和延伸，并且不断有新的产业形态被纳入其中。另外，文化创意产业的产业边界虽然尚未完全明确，但是其产业拓展的脉络是清晰的。

2. 产业理念的创新与价值的提升

相较于以资源消耗、环境污染为主要增长方式的经济发展道路和社会发展模式，文化产业作为一种新的社会生产力形式和财富增长方式，改变了人类社会发展的原有的生产力结构，使知识经济以文化经济的全新形态转变为现代国家发展的关键性产业。文化产业的发展理念是对原有的以物质资源的投入和消耗为特征的传统产业的发展模式的颠覆与创新。文化创意产业则是文化产业发展到一定阶段后出现的新兴产业形态，综合了文化产业和创意产业的特征，强调在文化产业的基础上更多地渗透创意，实现文化资源与个人创造力在产业框架内的充分融合。并且文化创意产业的发展更多的是依赖个人或团队创意的发挥以及现代科技手段的运用，强调在文化、创意、科技等要素的共同作用下将无形的文化资源转化为文化内容产品。

比尔顿（Bilton）在谈及创意时认为，创意建立在一定的文化背景之下，是对文化资源的再提升。与文化产业相比，文化创意产业的发展理念更加强调创造性的观念及其对经济社会发展的推动作用，更加突出知识成果的转化和知识产权的运用。创意在文化创意产业的发展中发挥着“转换器”的作用，能够将文化资源转换成凝结着知识产权的文化产品。总之，文化创意产业整体向智能化、产权化、符号化方向和高附加值领域攀升，是对传统文化产业的结构优化和理念创新。

另外，文化创意产业是以创意价值链的生产与再生产为核心机制的产业形态。在运作形式上，文化创意产业主要通过文化内嵌、创意投入、广泛传播和授权经营等方式对文化进行综合开发与创意利用，从而形成产业链和价值链，并最终形成价值生成与增值路径。通过这一路径，文化创意产品的投入—产出关系呈现出多向循环的联结方式，并形成了全方位延伸的“价值网”。网络中的价值不断被生成，并随着产业链的延伸实现价值总量的不断增加。由此可见，文化创意产业的价值生成模式明显不同于一般性的借助于现代复制技术和媒介传播方式实现文化产品的生产和流通的这一基本的文化产业的价值生成模式。因此，相较于传统的文化产业，文化创意产业更加鲜明地体现了边际成本递减和边际效益递增的成本收益规律，是对传统文化产业的价值实现方式和价值生产方式的提升。

从文化产业到文化创意产业对文化产业发展模式的颠覆，知识创新和文化创意在产业结构中的重要性不断凸显。产业内涵的深化、外延的拓展、理念的创新和价值的提升证明了文化创意产业相对于传统文化产业的卓越性能，并符合当前我国对文化产业结构调整中提质增效、优化升级的要求。

四、文化创意产业的特征与性质

（一）文化创意产业的特征

文化创意产业的出现，意味着外在于劳动过程的创意已成为商品价值形式的一个重要因素，这使得社会财富的创造方式发生了历史性的变化。由此人类社会开始了一种崭新的生产方式，在这种新的生产方式下，创造价值的活动把抽象的、无形的创意作为产业链的源头，改变了以往只有资本以及劳动力等实体才能生产价值的观念。文化创意产业兴起至今，虽然经历的时间较短，却改变了传统产业的发展演变趋势，展现出不同于传统产业的特征。

1. 创新性

虽然传统产业也离不开创新，但是与之不同的是，创新是文化创意产业的本质特征。文化创意产业的创新性，主要是指在文化产品的生产和营销过程中，独具特色的文化创意始终贯穿其中。众所周知，具有文化创意的文化产品，一定要能够充分吸引消费者的眼球和注意力，要能够冲击消费者的心灵，只有这样，文化创意产品才能够既在市场上获得经济效益，又在社会中获得社会效益。因此，以文化、创意为核心，运用知识和技术创造出新的价值，使创意在特定行业能以物化的创意产品的特性，成为推动市场供需的重要因素。

在文化创意产业中，人力资本逐渐成为核心的驱动要素，创新逐渐成为第一生产力。工业时代下规模决定一切的产业模式已经被新时代所淘汰，取而代之的是创新成为经济发展的主导力量。但是，仍然不能忽视生产手段对经济发展的重要意义。在文化创意产业中，只有在生产和服务中融入创新要素和文化元素，使创意与科技相结合，实施严格的知识产权保护机制，建立高度市场化的交易平台，才有可能将创意渗透到经济之中，使其参与经济的循环，为社会创造价值。

2. 文化性

文化创意产业为创意人群发展创造力提供了根本的文化环境，因此其往往与文化产业概念交互使用。实际上，任何文化创意产业都必须以一定的文化为基础；任何创意既是对一定文化的创新，同时创意本身也必须是有关文化的。任何文化创意活动，都是以知识和智慧创造为特征的文化符号的积累、生产、交换和消费的产业活动，并同传统的以自然资源为基础的物质生产活动相区别。因此，文化创意产业生产的是无形的文化产品，传统产业生产的则是有形的物质产品。文化创意产业既有经济属性，又有意识形态属性。并且，文化创意产品不仅具有商品属性、知识性与娱乐性，还会对公众的价值取向和情感，对整个社会的伦理道德、文化环境、人文精神、科学文化等产生重要的影响，从而产生一般物质产品无法比拟的社会效应。另外，文化创意产业还是一种知识密集、信息密集、技术密集的产业形态，数字化、网络化已成为其发展的必然趋势。同时，文化创意产业既是一个国家强大的经济实体，又是一个国家软实力的表现。因此，世界上公认文化及其产业是一个国家的综合国力极为直观、具体的反映，是一个具有无限生机的经济增长点。

3. 高附加值性

文化创意产业属于高附加值产业。这是因为文化创意产业的产品是由人力资本所携带的知识、智力、文化、信息和技术等无形资产转化而来的，是有关文化创意产业的新思想、新技术和新内容的物化形式，具有符号性和象征性的特征。文化创意产品所体现的经济价值主要取决于文化、智力、技术价值，这些价值大多不由物品的使用价值所体现，而在于其所显现的观念。观念的价值不可估量，因此，文化和智力价值也是不可估量的。它们造就了文化创意产业的高附加值属性。

文化创意产业的核心生产要素是信息、知识，特别是文化和技术等无形资产，因此文化创意产业是具有自主知识产权的高附加价值产业。文化创意产业的高附加值性，主要表现为由创意赋予了商品的观念价值。经济发展的状况表明，商品价值中观念价值所占的比重越来越大。在社会经济发展水平较为低下，技术较为落后，物质较为短缺的时代，人们重视的是商品的使用价值。随着知识经济时代的到来，技术交流与扩散的速度大大加快，商品日益丰富并趋向同质化，这使得商品中“精神性”的观念价值所占的比重越来越大。因此，文化创意产业向传统制造业的渗透，有利于推动传统制造业向高附加值产业升级。例如，服装业是一个传统产业，但当把许多创意加进去之后，服装业便成为一个具有高附加值的产业，具备知识密集型的特点，并能够有效地克服城市土地资源瓶颈的约束，实现持续快速的发展。

另外，文化产品，尤其是原创性的文化产品，都是高附加值产品。这是因为从事文化创意产业的劳动是复杂劳动，而复杂劳动的价值是简单劳动的倍加；特别是从事制作原创性文化产品的劳动，其价值更是远远大于简单的劳动。这是完全符合经济学的相关规律的。

正因为投资文化创意产业的回报远高于其他产业，所以众多的投资者才会趋之若鹜。因此，文化创意产业必然是具有高附加值的产业。

4. 融合性

文化创意产业来自技术、经济和文化的交融，因此常被称为内容密集型产业。文化创意产业具有广泛的融合性，即能与各行各业相互融合、渗透。这种融合性把技术、文化、制造和服务融为一体，有利于产业的延伸，大大地拓展了经济的发展空间。一方面，文化创意产业与传统文化产业在互动中融合。由高新技术，特别是信息化催生的文化创意产业具有强大的生命力。这一生命力不仅表现为其具有快速成长的特性，而且表现为其对传统文化产业的高度渗透。另一方面，文化创意产业各个部门之间也互相渗透。由于信息技术的广泛应用及文化产业生产方式的根本转变，传统的各个文化部门之间的界限被逐渐打破，这导致了各部门之间更多的渗透与融合，并使与买卖双方密切相关的市场区域概念逐渐转变为市场空间概念。因此，文化创意产业的发展对优化产业结构、促进产业升级、转变经济增长方式具有广泛而重要的意义。

5. 强辐射性

文化创意产业具有强辐射性，这是由文化创意产业的文化底蕴所具有的辐射性决定的。例如，“韩流”的流行使得韩国的流行音乐、电视剧、电影等在中国风靡一时，并且由其所蕴含的文化内涵催生了一批“哈韩族”——这类群体在接受其文化观念的同时也接受了其产品，如服装、化妆品、小饰品等。在知识经济社会，产品竞争的实质是通过产品所倡导或体现的文化影响或迎合公众的意识形态、价值观念、生活习惯等，从而使公众乐于接受某种产品。放眼市场，任何一种有价值的产品，都凝聚着一定的文化内涵。当人们对文化内涵的追求趋于强烈时，文化的传播和影响就会有力地推动富含文化内涵的产品在市场上的扩张。这就是文化创意产业辐射力的重要体现，即正是由于某种产品包含文化个性、文化精神，这一产品在一定的消费区域和消费层次上才会增值、走俏、辐射。

6. 知识产权性

文化创意产业中有形资产较少，其核心生产要素是信息、知识、文化和技术等无形资产。因此，文化创意产业必然与知识产权有着紧密的联系。另外，由文化创意产业的定义可知，文化创意产业是一种通过知识产权的开发和利用进而创造财富的产业。因此，没有知识产权的开发和利用就谈不上文化创意产业。知识产权的开发和利用成为文化创意产业发展的核心以及创造社会财富的主要方式。如果没有知识产权，文化创意产业将面临任意仿制和随意复制的混乱局面，整个产业都将面临生存和发展的危机。因此，加强知识产权保护是发展文化创意产业之本。

7. 人才特征

如果说创意是文化产品的生命，那么具有创意的高素质人才就是文化创意产业的灵魂。一方面，创意人才决定着文化创意产业的发展乃至生死存亡；另一方面，创意人才十分难得，且其形成和培养方式有别于传统产业人才。创意人才主要是知识型劳动者，是可以激发出创意灵感的设计高手和特殊专才。创意人才的工作有其特殊性和不可替代性，需要不断地创造新观念、新技术和新的创造性内容。创意人才的职业能力既来自个人的经验积累，也来自个人灵感的迸发。创意人才的工作方式主要是通过脑力与体力、手工与信息化等现代化手段相结合，实现对创意的智能生产与实时生产。

在发达国家，随着工业化的发展和后工业化社会的进步，教育、研发、文化、金融等众多领域的创意人群在人口中所占的比重不断增加。因此，加快发展文化创意产业，必须加大培养专业创意人才的力度。只有形成一条创意人才链，将创意人才聚集到一起，才能使其碰撞出创意的火花，把复杂的文化创意产品像流水线一样生产出来。

8. 投融资的高风险性

文化创意产业来源于依赖自主知识产权的创造力和智力资产，因此还被称作智力财产产业。其投融资的高风险性主要源于以下三个原因：其一，市场需求不确定，难以把握。文化创意的产品主要用以满足人们精神层面的需求，而精神需求具有很大的地域性。并且，消费者之间存在极大的个人偏好，这进一步增加了市场的不确定性，从而衍生出投资、融资的不确定性和高风险性。其二，文化创意产品具有易复制、易模仿性。文化创意产品一经产出便会快速地传播。相对于产品开发制造时智力、技能和财力的大投入，其复制产品的成本低廉，这造成了文化创意产品的易复制性与易模仿性。其三，由于知识产权保护机制尚不完善，有利的知识产权保护的相关制度法规和环境尚未形成，导致文化创意产品的研发投入很容易付诸东流。另外，在互联网塑造的扁平世界中，经济全球化、区域经济一体化形势迅猛。世界经济密切相连，彼此依赖。这意味着文化创意产业及企业面临激烈的国内竞争的同时，必须加入国际竞争行列。

（二）文化创意产业的性质

如前所述，文化创意产业的兴起和发展是当代经济、文化、科技的融合发展在产业层面上的具体表现。它以其独特的形态演变和运行方式与其他产业发生广泛而复杂的联系，极大地影响着一个国家、一个地区、一个城市的经济运行和社会文化发展。而引起这一“蝴蝶效应”的核心因素正是文化创意产业所具有的性质。这些性质具体表现为以下四个方面。

1. 文化创意产业的本质是知识服务业

文化创意产业的核心是创意，而创意依赖于知识性的创造劳动，因此创意的产业化相当于知识服务化的过程。从这个角度来讲，文化创意产业的本质是知识服务业，或者说它的性质是知识服务。不同的是，这里的知识与一般的知识内涵不同，指的是创造性的知识——创意。

另外，在知识经济发展的背景下，知识与科技、资本、资源等各种要素相互结合构成“合力”，这导致社会经济发展的速度与传统经济相比一日千里，从而使整个社会加速步入新的经济时代。并且，文化创意产业在这种知识经济大背景下，逐渐形成一种新的运行模式。这种新的运行模式与知识服务、知识发展密不可分。这是因为文化创意产业依赖的是文化资源与其他生产要素的紧密结合，强调文化产业化和产业文化的创新，是一种文化、科技与经济互相渗透、互相交融、互为条件、优化发展的经济模式。具体地来讲，文化创意产业的运行模式以创新为灵魂，强调人的主体地位和主导作用，并使经济运行建立在文化、知识、智慧、价值观念、精神动力、人文环境以及高科技和文化发展所形成的巨大创新能力之上。

2. 文化创意产业的根本观念是跨界与融合

文化创意产业的根本观念，是通过“越界”促成不同行业、不同领域的重组与合作。这种越界主要是基于创意的强渗透性。正是这种产业的强渗透性带动了国民经济产业的新增长，其具体表现：农业注重科技与创意，节省资源耗费，呈现出科技化发展的趋势；第二产业结构升级，并带动企业进行结构调整；第三产业不断细分，打破了第二、三产业的原有界限，服务经济的观念深入人心。

文化创意产业之所以能够产生上述影响，是因为：一方面，文化创意产业是在过去总体的文化产业基础上发展起来的产业；另一方面，它又是一种不同于过去文化产业的新的产业形态。文化创意产业是在制造业充分发展、服务业不断壮大的基础上形成的，是第二、三产业融合发展的结果。但是与原来的第二、三产业的发展不同，在当下全球化的消费时代，市场的全球性，传播的全球性，需求的精神化、心理化、个性化、独特化，消费的时尚化以及网络的一体化，都使得文化创意产业从根本上改变了过去固化稳态的工业发展模式，代之以不断变动的创意策划、创意设计、创意营销、创意消费。而包含这一切的文化创意产业链，主要依赖于创意阶层、创意群体的高文化、高技术、高管理，特别是创意阶层中最富创造性的高端创意人才的才能。

3. 文化创意产业的属性是产业

文化创意产业是产业发展新阶段的产物，特别是在人类进入21世纪之后，文化创意产业已经超越文化产业，成为新世纪的朝阳产业。同时，文化创意的产业属性越来越显著，文化与创意的产业化不断助推社会生产力的发展。而社会生产力在其发展中又蕴含着新的文化，从而促进文化与经济的一体化发展。

文化与创意是受时空限制最小的全球性资源。因此，文化创意产业是极具扩张性、开放性、带动性的产业。它不仅能创造出无穷的新产品、新服务、新市场、新就业机会、新社会财富，而且能极大地提升产业能级。西方许多学者都注意到文化创意产业对优化现有产业结构的重要作用。例如，英国学者奥康纳认为，“可以断言，地方和区域战略后10年的任务是找到一种可以把文化产业与更广泛的制造业部门联系起来的方式。创造性、风险、创新与信息、知识与文化在全球经济中将具有核心作用”。

4. 文化创意产业是一种风险产业

文化创意产业生产的产品不再是基本的物质性必需产品，而是更富有精神性、文化性、娱乐性、心理性的产品。随着生活水平的提高，人们对精神性的产品的需求在总体上日益提升，这是文化创意产业发展的根本动力。但是对于每一个具体的产品，如电影、电视剧、广告片、MTV、动漫、网络游戏等，这种需求又有很大的不确定性。这是因为每一个创意产品对于消费者的需求来说，均存在着时尚潮流、个人嗜好、传媒炒作、时机选择、社会环境、文化差异、地域特色等多种不确定因素，这些不确定因素大大增加了创意产品的风险性。因此，文化创意产业的发展需要政府的扶持与引导。

从当代经济发展来看，文化创意产业无疑是风险产业，因此对文化创意产业的投资是一种风险投资。而风险投资被认为是当代经济增长的发动机。它以知识创新与高新科技为支持体系，具有可能的高收益、高回报和高增长潜力的特性。但这种高收益也可能遭遇风险。例如，即使是在市场十分成熟的好莱坞电影行业，同一个著名导演，也无法保证他的每一部电影都能成功。成功与风险并存，这就是文化创意产业的魅力。

五、图书馆文化创意产业概述

（一）图书馆文化创意产业的概念

在联合国教科文组织提出的文化创意产业统计框架“UNCTAD”（联合国贸易和发展会议）模式中，博物馆与图书馆均位列其中，因此均属于文化创意产业链中的一环。联合国教科文组织将文化创意产业定义为“文化创意产业依靠创意人的智慧、技能和天赋，通过高科技的协助，对文化资源进行创新与提升，并通过知识产权的开发和使用，生产出高附加值文化产品。”同时，文化创意产业包括文化产品、文化产品服务和知识产权等内容。图书馆属于公共产品，公共产品是政府提供的用来满足社会公众需要的商品和服务，其基本属性是非排他性和非竞争性。公共文化产品则是指具有非排他和非竞争性的文化产品与服务。公共文化产品的非排他性需要满足两个条件：一是公众不需要直接支付成本也能够从产品中获益，并与他人共享收益；二是由于技术、资金、产品的使用无法对受众进行分割等方面的限制，个人在消费产品给予效用的同时难以排除与他人共享某个产品的效用的可能性。公共文化产品的非竞争性也需要具备两个条件，即边际生产成本为零和边际拥挤成本为零。当产品的边际生产成本为零时，新增的消费者不会对产品造成额外的成本；而当产品的边际拥挤成本为零时，每位消费者的消费或使用并不会对其他人的消费或使用造成影响。

公共图书馆文化创意产业作为一种提供公共文化产品与服务的文化创意产业形态，是指通过人的智力劳动，对图书馆的资源进行重构，或者融合其他的文化产业资源，以创意理念为核心，形成新的、具有高附加值的服务手段和方式的产业活动。它主要源于人的创造力与技能，以创新思维和创新观念为基本理念，通过人的智力劳动，借助于现代化的高科技手段，对图书馆的自身资源进行重新组织与利用，或者融合其他相关的文化产业资源，形成新的服务模式，如新的服务项目的开发、活动的构想和文化服务的创新等。公共图书馆文化创意产业具有以下三个特征：其一，文化创意是其基本法则。这种创意不仅体现为开发内容设计方面的灵感和创造力，还体现为对文化资源的巧思妙想；其二，公共图书馆文化创意产业具有较高的附加值。创意产业的服务模式不仅是通过创造力、智力带来财富，同时还是技术、经济、文化的交融，具有市场经济条件下经济运作的特征，即具有文化产业所表现出来的生产力。其三，公共图书馆文化创意产业具有较强的融合性。创意产业注重通过创新带来财富，强调人的创造力的贡献。因此，公共图书馆文化创意产业具有宏观的包容性和延展的扩充性特征，有利于与各行各业产生链接，形成产业链。

（二）图书馆发展文化创意产业的作用与意义

图书馆承担着保存人类文化遗产、传播先进文化、开展社会教育等重要职能，是公众接受继续教育和终身学习的学校，是文化典籍的收藏与保护中心，是公共信息的传递与咨询服务中心。图书馆事业的发展水平是一个国家文明进步程度的重要标志之一，对推进科技创新与进步、提高全民素质、促进社会主义和谐社会的建设具有十分重要的作用。另外，图书馆是公共文化服务体系的重要组成部分，是建设和谐社会的重要阵地。它不仅仅是一个文化机构，还体现着一种公共生活的理念：任何一个公民，都有权利接触他所需要的信息。发展与增强公共图书馆的公共文化服务功能，是构建和谐社会、加强公共文化服务体系建设的时代要求。图书馆作为与文化创意产业紧密相关的公共文化设施，已经被很多国家和城市纳入了文化创意产业的规划中。

1. 图书馆发展文化创意产业的作用

（1）对图书馆的可持续发展具有积极的推动作用。文化创意产业是随着知识经济的兴起而崛起的一种产业形态，是文化事业和文化产业向纵深发展的一个原动力。它在新的全球经济、文化和技术背景下产生，实际上代表了整个社会文化的传播构成与产业发展形态的全面创新。文化创意产业适应新的发展格局，跟随时代的发展潮流，把握新的核心要素，是极具商业价值和文化内涵的朝阳产业。同时，图书馆文化创意产业的服务模式是具有发展潜力与发展空间的，它并不是简单的市场运营，而是以内容生产为创新要素，进而形成具有符号经济特征的产业要素和文化资本。因此，在信息化服务竞争中，图书馆文化创意产业具有独特的竞争优势，能够扩大图书馆的发展空间，对图书馆的可持续发展起着积极的推动作用。

（2）图书馆的基本职能决定了图书馆是文化创意产业中不可或缺的主体。随着科学技术的发展及文献信息资源的数字化，图书馆已成为文献信息的集散地和信息交换平台。图书馆所特有的对文献信息资源的保存功能，使得图书馆作为信息交换的平台，比其他信息服务机构更具优越性。图书馆所具有的对文化的收藏、保存，以及为大众文化提供服务等功能与文化创意产业有着十分紧密的联系。因此，图书馆成为发展文化创意产业不可缺少的主体。

（3）图书馆与文化创意产业相结合实现互利发展。从近年来图书馆的经营实践所产生的社会效益和经济效益来看，文化创意产业不仅为图书馆的发展增添了后劲力，激发了其发展活力，还促使图书馆在诸多社会文化和经济活动中扮演了重要的角色。一方面，图书馆发展文化创意产业可以弥补经费的不足，增强图书馆自身的“造血功能”。“多条腿走路”是图书馆必须坚持的办馆方针。政府虽然给予图书馆一定的财政保障，但是用于“公益型”文化事业单位的经费是有限的。因此，“开源节流”，实行产业化运作尤为重要。另一方面，图书馆发展文化创意产业能够优化图书馆内部的功能结构。通过不断调整图书馆经营策略，对图书馆内原有的资源及功能结构进行调整和整合，进而提高图书馆的管理效率与服务水平。因此，从经济的角度看，文化创意产业增强了图书馆自身的造血功能和生存发展能力，图书馆则为文化创意产业提供文献信息资源、数字资源、服务场地空间等物质条件；从文化的角度看，图书馆与文化创意产业相结合，能够为公众提供更多的精神消费和感知消费。图书馆拥有对文献的开发版权，能够立足自身特色开发蕴含古代历史与文化内涵的商品，从而提高图书馆的资源及馆舍场地的利用率。

2. 图书馆发展文化创意产业的意义

（1）拓宽了公共图书馆在信息环境下的发展空间。信息技术的发展重构了社会文化平台。而图书馆只有进行自身的变革，适应信息社会的文化传播特点，才能拥有自身发展的空间。具体来讲，现代信息技术为人类文明注入了新的文化元素与文化形式，在以下两个维度上重新构建了信息文化的物质基础：一是建构全球化的高速网络，推动了全球化文化的形成；二是建构虚拟空间，形成了虚拟文化的世界。信息技术对社会文化的重构主要表现为以网络重构社会文化。人类社会发展到今天，构建了各式各样的网络，形成了信息文化时代关键性的物质基础，并在此基础上重构了各种社会关系和社会行为。例如，政治、经济、人们的生活与学习、人与人之间的关系都获得了新的形式。另外，数字化革命正在深入地改变着人类的生存环境和生活形态。数字化是信息文化的首要标志，它已经融入人类的生活空间，给人类的生产和生活带来了巨大的变革，形成了一个新的信息文化环境。例如，从传媒的技术革新到传统产业的技术改造，从家庭生活的信息化到虚拟的赛博空间的构建，无不是通过数字化的技术改造和支持完成的。信息化已经成为一种独特的文化。无论是作为一种政策取向、意识形态，还是作为一种技术行为，信息化都已经融入社会文化当中，形成一种独特的文化。这样的信息文化环境，为读者提供了一个开放的信息需求环境，使人们获取、评价和使用信息资源的方式发生了很大的变化。广大用户从面向部门的信息需求转向了面向社会的信息需求，从而加速了其信息需求的社会化。社会需求的精化、技术手段的优化等一系列的变化，使任何一个信息服务机构的服务内容、手段和形式都将发生转变和更新。因此，作为信息服务主体的图书馆，在时空范围的扩大、服务内容的深化、服务方式的多样性方面都在发生着改变，其传统单一的信息服务模式正越来越难以满足广大读者的要求。而创意产业作为一种在全球化消费时代的大背景中发展起来的新兴产业，其主要特点便是推崇创新，强调个人创造力，并强调文化对经济的支持与推动，因而代表了一种新兴的发展理念、思潮和经济实践，从而可以有效地调整图书馆的服务观念、服务视野、服务手段，创新和建立全新的信息服务模式，以促进图书馆的不断发展和进步。

（2）为图书馆的生存与发展注入了新的活力。随着知识经济、信息社会的到来，人们的生活习惯、工作方法、价值观念和思维方式等都发生了改变。同时，人们对信息服务机构的社会认同进一步提升，其服务内容的社会需求进一步精化，且其所采用的技术手段也在进一步优化。因此，对于信息服务机构来说，其服务的内容、形式和手段都应发生相应的转变和变更。然而，图书馆在服务观念、服务视野、服务手段、服务过程等方面却显得有些故步自封、刻板单调，从而造成了比较被动的局面。尤其是在面临当前多极化信息服务的局面下，图书馆信息服务的主体地位正在削弱。虽然目前图书馆界正在对图书馆的产业化进行探讨，试图将图书馆事业由公益型转变为生产经营型，使其以市场为导向，并将图书馆信息服务产品的诸多环节形成一个相对完整的产业系统，对其进行产业化经营，从而借此作为图书馆可持续发展的一个突破点。然而，图书馆产业化一经提出，便受到了质疑，并被指责是违背了图书馆公益性的原则。另外，图书馆要想实现产业化发展还缺乏一个成熟的发展模式，其是否能应对市场的激烈竞争还有待于实践的检验。而图书馆文化创意产业的服务模式有其自身的特性，是作为图书馆公益性服务的一个附加模式而进行的产业化发展。它的产业化进程并不是对信息资源进行简单的市场运营，而是通过人们的知识和智慧的创造，借助高科技和文化资源的再提升创造新的产品。因此，图书馆文化创意产业具有高知识性的特征和较高的附加值，并能够通过与其他行业进行链接形成产业链。另外，这种以创作、创造、创新为根本手段的文化创意产业，可以充分利用信息资源，发挥自身的特点，发展并创新信息服务模式，从而多层面地开展信息服务活动，促进图书馆服务工作的不断进步和发展。

（3）有助于更加充分地发挥图书馆的社会功能。图书馆的社会功能是图书馆功能在一定的社会环境下所具有一定社会特征的表达形式。其核心价值是维护知识自由，满足人们的知识获取、知识交流，以及知识创新的需要。图书馆社会功能的社会性体现在其社会职能的发挥上。图书馆的社会性是图书馆作为一个社会组织和社会事业生存与发展的决定因素，决定着图书馆可持续发展的态势。另外，图书馆生存与发展的客观条件和现实基础受一定历史条件下社会环境的影响和制约。实质上，图书馆事业可持续发展的整个社会实践过程，即为图书馆与社会环境持续不断的互动过程。这一互动过程能否和谐健康地发展，是决定图书馆的社会功能能否有效发挥的直接因素。而文化创意产业作为一种知识型产业，在获取经济效益的同时还能够提升人们的人文素质，从而取得更大的社会效益。随着人们对信息需求的多样化，文化创意产业可以以其特有的创意特性，利用有限的资源，最大限度地满足人们日益增长的文化需求。因此，文化创意产业的服务模式，可以有效地促进图书馆的发展与社会环境的融合，充分地发挥图书馆的社会功能，从而推动图书馆事业的可持续发展。

第四节　文化创意产品概论

一、文化创意产品的定义

文化创意产品是指一种产品创意来自对文化的产品设计，通过将文化器物本身所蕴含的文化因素分析转化成设计要素，并运用设计手段为文化因素寻求一个符合现代生活形态的新形式，然后探求这种新形式在使用后是否能够满足精神层面的需求的产品形态。文化创意产品与一定的民族和地区的文化背景相联系，源自个人的才情、灵感或智慧，并通过产业化的方式进行生产、消费和营销，以满足人们的精神需要和欲望。另外，文化创意产品是人类知识、智慧、灵感、想象力的物化表现，属于知识产品的范畴，是在生产过程中将文化或精神价值赋予创意活动，从而具备知识产权特征并能够满足人们实际使用需求的有价产品和服务，具有高附加值性、高知识性、强融合性、智能化等特性。根据联合国教科文组织的解释，文化创意产品是表达创意思想、符号和生活方式的消费性产品，具有以下三个特征：第一，从文化创意产品的最终形态分析，文化创意产品包括相互依存的两方面——产品物质载体和文化创意内容，后者是文化创意产品的核心价值；第二，文化创意内容需要创意设计师的创造性设计，能够表达人类精神活动的内涵及其影响；第三，文化创意产品能够满足人们精神文化的需要，如知识需要、审美需要、情感需要、体验需要等。一般来讲，在大的范围内以文化为基础，通过发挥创意能力去设计、研发的产品，都可称为文化创意产品。常见的文化创意产品包括电影、电视、动漫、游戏、卡通形象等。

二、图书馆文化创意产品概述

（一）图书馆文化创意产品的定义

图书馆文化创意产品，是指与图书馆的图书典藏与当地的文化特征相关的，并具有一定的文化性和纪念价值的产品。它通过遴选、重组、设计馆藏信息资源中蕴涵的丰富历史文化元素，使这些文化元素附着在一定的载体上，从而形成具有一定文化性和纪念价值的产品。另外，图书馆文化创意产品蕴涵文化与创新思想、新技术运用、资本组合等要素，是图书馆的重要组成部分之一，同时还具备地方特色，承载着与图书馆主题相关的历史、文化和人文信息。因此，图书馆文化创意产品的开发具有重要的意义。一方面，图书馆文化创意产品用以满足用户对文化产品的需求，使用户得以获取文化带来的精神享受，认同文化产品背后沉淀的历史价值；另一方面，图书馆文化创意产品的开发能够加大信息资源开发利用的力度，拓展其开发利用的深度，进而促使陈旧的信息资源焕发出新的活力，重新找到其现实价值，从而利于信息资源共享与图书馆文化创意产品品牌的塑造。

（二）图书馆文化创意产品的特征

图书馆文化创意产品的特征主要体现在以下九个方面。

1. 创新性

创新是文化创意产品最重要的特征。图书馆文化创意产品的创新性一般是指产品的研发过程具有原创性，并且每种文化产品都具有自主知识产权。图书馆文化创意产品的开发往往是将古代文化与现代手法进行完美融合的再创作行为，在开发过程中需要集思广益，将图书馆的历史文化底蕴与产品有机结合，实现艺术审美与实用价值的统一。只有面向不同年龄、不同学历层次开发更加多元化的一流产品，才能满足各类人群的需求。

2. 文化性

任何一种文化创意都应以文化底蕴为基础。同样，图书馆文化创意产品的开发应既能满足人们的精神文化需求，同时也应赋予文化产品以文化内涵。只有这样，图书馆文化创意产品才是具有真正生命力的文化创意产品。而每个图书馆因情况不同，文化内涵也千差万别。因此，图书馆作为蕴含历史文化底蕴的载体，应当重复利用具有自身特色的文化内涵，将文化创意产品作为传播当地特色文化内涵的载体。只有“站稳脚跟”，挖掘文化特色，才能创造出具有深厚文化底蕴的文化产品。

3. 教育性

图书馆既是青少年教育的第二课堂，也是成年人的终身学校。因此，图书馆文化创意产品的开发能够加强图书馆社会教育的职能。图书馆文化创意产品作为图书馆公共教育功能的扩展，对文化教育的传播具有重要的作用。即使读者走进图书馆只是对图书进行简单的浏览，也会使其加深对图书馆的文化印象。因此，图书馆应结合自身的馆藏特色，将图书馆所蕴含的文化与创意相结合，帮助读者了解图书馆中的各类藏书、典籍，并使其了解其中的文化内涵，这样有助于加强和巩固图书馆文化知识的公共教育作用。图书馆也可以利用产品本身或者印刷在产品包装及说明上的文字，帮助读者以简单轻松的方式更加亲近馆藏所涵盖的文化内涵，从而增强图书馆的教育推广功能。

4. 知识产权性

文化创意产品的核心生产要素是知识产权和技术之类的无形资产。只有加强对图书馆文化创意产品的知识产权保护，防止侵权复制行为与盗版产品的泛滥，才能促进图书馆文化创意产品开发的可持续发展。

5. 品牌性

每个图书馆都有代表图书馆与图书馆文化产品的特殊符号。这些标识和符号，既是图书馆文化创意产品开发的无形资本，也是图书馆文化创意产品品牌效应的积累要素。文化创意产品在重复生产和加工的过程中，被生产、复制的次数越多，其所蕴含的品牌价值就越高。

6. 唯一性

图书馆文化创意产品开发所依托的资源主要是馆藏资源。其中，又以文化遗产资源最为重要。因此，文化遗产资源的独特性直接规定和约束了图书馆文化创意产品的开发方向。具体而言，图书馆文化创意产品是以藏品、陈列展览资源为基本元素，并从中扩展延伸出来的包含历史文化元素特性的产出物。

7. 特殊性

图书馆文化创意产品相比市场上的其他同类产品，具有更高的人文内涵，需要人们更多地对人类历史文化有所领悟和把握。图书馆文化创意产品的开发，尤其要注意科学性、审美性、历史性与现代性的结合。这些特点特性的结合，增加了图书馆文化产品的附加值，并能够创造出更多的社会经济效益。

8. 传播性

每个图书馆均有能够呈现历史上某个特定时空中的人们的审美情趣、生产生活、人生礼仪等的元素，以及代表图书馆和图书馆文化产品的特殊符号。这些元素符号，是图书馆文化创意产品开发的无形资本。图书馆通过对这些元素及古老的象征符号的借鉴与提炼，让过去的社会事实得以传播，从而起到传播文化、提供精神文化层面的消费、提高受益人的文化素养等作用。

9. 反哺性

图书馆文化创意产品是一种商品，必然会带来经济效益用以支持图书馆文化事业的发展，具有反哺的作用。图书馆利用文化创意产品商品流通的普遍性，吸引读者到图书馆挖掘文化创意产品的相关资源，从而实现对文化创意产品更进一步的研究。

三、图书馆文化创意产品开发应坚持的方向

（一）以需求为导向，注重人文效应

一个优秀的创意设计作品应很好地体现用户的意愿或是对未来生活方式的展望。因此，文化创意产品开发要认真研究消费者的需求。例如，手工业时代人们的需求是手工制品，工业时代人们的需求是功能产品，信息时代人们的需求则是满足情感、兴趣的物质产品以及自我发展和休闲消遣所需的非物质形态服务。每个文化创意产品都是文化象征品，都承载着历史、文化，以及故事。因此，产品设计只有将实用功能和人文效应相结合，再运用美学的形式感将其设计出来，才能使产品的使用价值和审美价值有机融合。好的设计应该是将文化融入产品本身，并由创意设计赋予产品以教育、审美、认知、娱乐等多种功能。例如，物质类产品，如故宫博物院开发的朝珠耳机既时尚好玩，又有特定的文化内涵；非物质形态产品，如故宫博物院从《雍正行乐图》中选图，将雍正设计成动画版，性格多疑、严谨刻板的雍正瞬间变身为自信坦然、不乏幽默的君主，因此很快“走红”。总之，文化创意产品开发要学会利用文化和消费者沟通，使消费者获得文化认同感和满足感。

（二）以品牌为目标，坚持精品战略

图书馆文化创意产品的核心竞争力在其特色馆藏资源、品牌活动和各类文化、信息服务。因此，图书馆文化创意产品开发应该立足这些来打造品牌，具体做法如下：一是从文献入手，除精选古籍珍本、孤本制作复仿品和礼品书外，还可以整理出版特色文献。例如，国家图书馆典籍博物馆的文化创意产品开发工作主要是做古籍资料整理。国家图书馆一年的文化创意产品销售额为 1 400 万元，其中，典籍博物馆占到 1 000 多万元。典籍博物馆之所以能够产生如此巨大的销售额，主要在于其与国家中医药管理局合作编辑中华医藏。二是从讲座、展览等品牌活动开发定制文化创意产品。例如，大英图书馆擅长围绕展览引进相关商品，如在举办“哥特文学展”时在馆内的商店里销售黑色包装的唇霜和香水。又如，我国各大图书馆的讲座也均通过整理编辑成书或制作光盘进行相关产品的销售。三是加强馆藏资源的深度开发与利用，制作专题数据库，拍摄地方文化专题片，研发益智游戏。例如，山西省图书馆充分挖掘地方文献资源，先后制作建设了《山西古代建筑》《山西传

统手工技艺》等数据库，拍摄了《山西古村落》《赵树理》等专题片，开发了《山西戏曲动漫》等文化创意产品。另外，创意性信息服务也属于广义的服务类文化创意产品。图书馆应利用信息资源和大数据分析为企、事业单位提供开发决策信息与情报分析等智库服务，并进一步提升服务层次，深度开发文化创意产品。

（三）以创新为保障，制定配套措施

图书馆开发文化创意产品不是对文献的简单复制，而是赋予文献资源以灵感和想象力的升华，通过创作、创造、创新等手段实现其自身价值的突破，从而为读者提供更为深远，更具高附加值的文化产品。同时，文化创意产品的开发尤为强调创新能力，且文化创意产品的推广也需要创新，另外，要善于利用互联网平台对文化创意产品进行推广。例如，故宫的文化创意产品在阿里巴巴的聚划算平台上开展促销，一天成交量达 1.6 万件。

创新一靠人才，二靠制度。在人才方面，图书馆文化创意产品开发除了借力跨界融合外，还要注重培养自身的文化创意人才。要结合馆员的专业素养和学科背景，选拔培养专业队伍，建设图书馆、企业和高校等社会机构合作的培养平台，培养既熟悉馆藏资源，又精通文化创意的“创客”型馆员。在制度方面，要探索配套的收入分配与激励机制，调动创新能动性。例如，《关于推动文化文物单位文化创意产品开发若干意见的通知》就明确文化文物单位文化创意产品开发取得的事业收入、经营收入等可以部分用于人员绩效奖励。试点单位可以将绩效工资总量核定与文化创意产品开发业绩挂钩，奖励做出重要贡献的人员。

（四）以融合为路径，形成可持续发展的产业链

图书馆文化创意产品的开发，在自身的设计与开发力量不足，经营推广缺乏经验的情况下，必须坚持社会化合作的道路，将自身的资源优势与企业、社会组织对接，实现与创意设计、旅游等相关产业的跨界融合。例如，国家图书馆经典文化创意产品《庆赏升平》中人物形象的深度开发便是与浙江一家动漫企业合作完成的。另外，国家图书馆还与景德镇大学商议合作开发了瓷器类文化创意产品，并计划与西班牙有关部门合作，以西班牙著名作家塞万提斯的纪念日为主题开展旅游活动。

在融合发展方面，图书馆界应该向文博单位学习先进经验，搭建统一的设计研发和展示销售平台。例如，国家博物馆通过与阿里巴巴集团合作，实现了文化创意产品的线上销售。国家博物馆只做产权包，由阿里巴巴集团对接海量的设计人员，招标设计公司，实现网络销售，最后双方分成收入。另外，国家博物馆与上海自贸区管委会签署战略合同，实现文化创意产品的线下销售。双方企业实体通过开展联合运营，利用国际通道开展境外合作，拓展国外市场。同时，国家博物馆为业界打造了“文创中国”平台，面向全国文博单位征集产权包，并与阿里巴巴集团共同打造文化创意产品的开发、设计、销售平台。各馆只需与国家博物馆签署授权协议，便可在此平台上进行文化创意产品的设计与开发工作，最终的收入则由三家单位分成。

四、图书馆文化创意产品开发需遵循的原则

（一）创意核心原则

习近平总书记在十八届中央政治局第十二次集体学习时强调指出：“要系统梳理传统文化资源，让收藏在禁宫里的文物、陈列在广阔大地上的遗产、书写在古籍里的文字都活

起来。”所谓“活起来”就是按照现代需求，对传统文化资源中有借鉴价值的内涵与元素加以创造性的转化，赋予其新的意韵，以激活其生命力。“问渠那得清如许？为有源头活水来。”图书馆文化创意产品开发要想实现文献内涵与元素的创造性转化，核心在于拥有创意。只有这样，才能获得持久稳定的市场。

创意是产品设计研发的基础，是产品的核心竞争力。产生创意的前提是进行思想和理念的不断创新。因此，创意是一种流动性的思想和文化资源。图书馆文化创意产品开发要善于从馆藏资源中提取有形或抽象的文化元素，并经由创意设计转换成具有实用价值的现代产品。例如，国家图书馆利用馆藏古地图元素开发的“舆图领带”、以甲骨及甲骨文字形为灵感设计开发的甲骨文生肖手工皂等都极富创意。

（二）基于体验的实用原则

随着体验经济的到来，人们已经不满足于简单的物质需求，而是将需求升级为情感和精神诉求。因此，以用户为中心，强调用户体验，让其充分享受创意产品背后的文化内涵成为提高产品认可度、加强文化传承的重要途径。通常，人们对文化创意产品的感官体验最为直观，因此，使用户在体验的过程中加深对文化的记忆与参与感，形成主观的认知情感，产生对美的兴奋感，能有效地刺激用户的购买欲望。优秀的文化创意产品一般都抓住了用户的体验感受，对产品做到了个性化追踪服务，实现了从标准化到定制化的转变。因此，图书馆要利用好馆内文化创意产品体验店的展示体验功能，让读者不仅能近距离感受产品的创意美感，还能充分体验其实用性和舒适性。例如，上海博物馆文化创意产品主打实用性，读者可以在实体店尽情体验卡通颈枕、时尚手机壳、造型卷笔刀等潮品。同时，上海博物馆还对读者的体验意见和淘宝店铺点击量进行调研分析，及时地调整商品种类。另外，图书馆还应举办体验性文化创意活动。例如，山西省图书馆通过制作推出线装书、碑拓、木版年画等体验类文创活动，让体验者体验复制拓印文献的乐趣，并且体验者复制拓印的文献还被附以精美的封皮，以便其带回家收藏。这样的体验活动既能让体验者亲自参与，还能使其产生美好的文化记忆，从而在寓教于乐中弘扬了传统文化。体验者经过体验后带回家的产品还能够引导其产生后续的购买欲望，使其在遇到类似的产品时还会产生其新的购买行为。

（三）社会效益首位原则

图书馆属于公益性文化事业单位，并且大部分属于公益类单位。文化单位分类改革强化图书馆的公益职能，明确其主要是依靠财政拨款，以非营利的方式满足公众基本的公共文化需求的公益性单位。而图书馆的公益化性质导致其对公益服务以外的经营行为容易引发公众质疑。因此，图书馆应通过知识产权作价入股等方式投资设立企业，或者以现有的下属企业为主体参与市场竞争，从事文化创意产品的开发。这样既符合事企分开的政策规定，又拓展了下属企业的盈利空间。图书馆文化创意产品开发的基础是资源和服务，开发的目的是弘扬中华传统优秀文化，满足人民群众精神文化的多样化需求。这决定了文化创意产品开发要始终把社会效益放在首位，实现社会效益和经济效益相统一。文化创意产品开发工作的前提是履行好图书馆的公益服务职能，确保文献不受破坏；文化创意产品开发在实施过程中不能挤占公益服务空间，不能影响图书馆的基本免费服务；不能让商业性掩盖了图书馆的教育意义，要在开发推广文化创意产品的同时，履行好图书馆的社会教育职能。另外，文化创意产品开发收入要纳入本单位预算，统一管理，这样可以弥补财政投入不足的弊端，加强公益服务，促进藏品征集。图书馆文化创意产品开发要借鉴国际上对非营利组织收入分配管理的通行办法，定期通过媒体、官网等平台发布文创开发资金收入、分配及使用情况，接受社会监督。

（四）产权保护原则

文化创意产品开发在树立品牌意识的同时，还要提升知识产权创造、运用、保护和管理的能力。图书馆文化创意产品的创意源于馆藏文献与文化活动等资源，并且凝聚着设计人员的心血。因此，研发出来的文化创意产品要及时申请专利，取得法律保护。产权保护既是对文化创意产品开发设计与创意的保护，也是对珍贵文献资源的延伸保护；它既是维护文化创意产品开发的经济利益的需要，也是确保图书馆文献产权和文化形象不受损失的可靠保障。另外，图书馆文化创意产品开发要建立健全品牌授权机制，扩大优秀品牌产品的生产和销售。例如，可以探索多种授权模式，包括图像授权、著作授权、品牌授权等，以委托或合作的方式授权其他机构、企业开发文化创意产品。另外，还可尝试以产品著作权或自身品牌等无形资产入股，设立文化企业，委托其经营文化创意产品开发的工作。

（五）文化为本原则

文化元素是图书馆文化创意产品区别于其他普通产品的基本因素，以文化为本进行文化创意产品开发是图书馆开发文化创意产品的根本原则。因此，图书馆文化创意产品的设计应充分表达图书馆的文化内涵。另外，各个图书馆作为各地文化特色的聚集地，其独特的文化内涵是开发图书馆文化创意产品的思想来源，也是各个图书馆文化创意产品开发差异化的前提。因此，要利用图书馆独特的文化内涵这一天然优势，成功定位图书馆独一无二的文化，把图书馆独特的文化元素蕴含于每件图书馆文化创意产品中，开发出具有图书馆灵魂的文化创意产品。

（六）情感寄托原则

丹麦教授罗尔夫·詹森（Rolf Jensen）曾提出“情感购买”的观点：“当人们在购物时，买的并不是产品，人们其实是在购买情感。因为事实上人们是在商品中寻找故事、友情、关怀、生活方式和品行。”罗尔夫教授的这一观点尤为切合图书馆文化创意产品的设计法则。这是因为图书馆即是一个凝聚故事和情感寄托的场所。人们在购买图书馆文化创意产品时，即是在购买一段故事，寄托一种情感。因此，图书馆文化创意产品开发应贯穿情感寄托这一原则，使人们对图书馆文化创意产品产生价值认同感和情感归属感。

（七）美感本能反应原则

Bonny Ding Leong（2003）制定了一个研究文化对象的简单框架。他认为，文化应该分为三个不同的层次：有形的、物质的外在层次；行为的、习俗的中间层次；无形的、精神的内在层次。图书馆文化创意产品作为无形的、精神的内在层次的重要代表，具有明显的美感特征，因此，图书馆文化创意产品能够迅速吸引读者的眼光，引发读者的购买欲望。

（八）实用性转换原则

图书馆文化创意产品不同于普通的文化产品和旅游纪念品，不仅蕴含着丰富的文化信息，以其自身的美感吸引读者，还具有一定的实用功能。当人们把图书馆的文化创意产品带回家并投入实际的运用中时，就完成了对其实用功能的转换。这也是人们对图书馆文化创意产品爱不释手的真正原因。只有人们在使用和利用图书馆文化创意产品时，图书馆文化创意产品本身所蕴含的其他功能才能得到淋漓尽致的发挥和体现。因此，实用功能是图书馆文化创意产品与外界发生直接联系的桥梁，是将其文化属性转换为实用属性 的一种成功转换方式。

（九）时代化原则

图书馆文化创意产品要符合时代文化的特征，增加人们的时代认同感。每个时代都有其专属的文化特征，同时，人们的社会心理和思想文化也会对同时期的产品设计风格产生一定的影响。因此，图书馆文化创意产品的设计应与时俱进，以人为本。

（十）品牌识别原则

品牌是商品生产经营者为使自己的产品与其他生产经营者相同或类似的产品有区别而加在自己的产品上或在经营活动中使用的特定标识。品牌主要由名称和标志构成，属于无形资产。图书馆文化创意产品开发应利用图书馆自身独特的品牌标识形成蕴含自身独特价值的无形资产，从而打造品牌效应。例如，国家图书馆在其文化创意产品中运用品牌化策略，大到瓷器、背包、文化衫，小到手机链、钥匙扣、食品等都印有品牌标识，从而彰显了国家图书馆独特的文化。

（十一）适度包装原则

包装在现代消费中体现着产品的档次和价值，是延伸品牌识别的重要载体。对于图书馆文化创意产品而言，包装既能够带来附加值，又能起到保护产品不受损坏的作用。另外，包装的内容也在一定程度上具有文化和教育的作用。适度包装可以体现产品的美感和文化内涵，使人们更加乐意接受文化创意产品。

（十二）系列化为主原则

系列化为主原则越来越成为图书馆文化创意产品开发的主要原则。通过对人们在图书馆商店消费情形的观察可以看出，卖点突出、引领市场潮流的图书馆文化创意产品都是具有馆藏特色、形成系列化的产品。在图书馆文化创意产品开发设计的过程中，一个主题产品的系列化开发具有绝对的优势。一方面，系列化开发有利于主题元素的推广，可使主题元素被赋予到不同产品的色彩、造型、结构、材质等方面，从而使产品具有很强的协同关联性。另外，主题元素在读者视线中重复出现，也可加大读者对主题元素的注意力。另一方面，系列化开发有利于挖掘产品深度，拓展产品广度，完善产品结构。

图书馆文化创意产品的系列化开发应具有明确的主题，应瞄准市场动向，根据人们的需要灵活地开发出完备的产品，做到既能满足当下市场的需要，又能节约资源。作者通过对工艺品、纪念品及生活用品等相关文化创意产品类别可能运用到的关键词进行归纳，来粗略展示图书馆文化创意产品的系列化开发设计可从以下六个方面进行。

（1）妙趣横生。关键词：萌，酷，幽默，自嘲，无厘头，混搭，别出心裁。

（2）新颖时尚。关键词：时尚，现代感，新奇，多元化，未来主义，前卫。

（3）艺术性。关键词：艺术，观赏性，设计感，美，思想性，深刻。

（4）实用性。关键词：功能性，便利性，日用，家居，文具，器皿。

（5）经典再造。关键词：国宝，古典主义，民间艺术，文化遗产，传承，手工艺。

（6）吉祥喜庆。关键词：祈福，吉祥，平安，消灾，招财，礼庆。

第二章　文化创意产品开发工作的相关政策

第一节　国家有关文化创意产品开发工作的政策及其解读

文化创意由文化和创意两部分组成。其成功的关键在于二者的结合，文化创意进而可以形成文化创意产品和文化创意产业，最终实现经济效益和社会效益。文化创意产品是一种新的市场产品形态，是优化整合文化与创新思想等精神元素、先进科技等核心知识要素，以及资本、制造等技术要素而形成的符合现代发展与现代生活信息的商品。文化创意产业是指借助人们的智力，充分运用新技术（如云计算、物联网、大数据等互联网技术）优化整合与开发文化文物单位馆藏的各类文化资源，从而形成高知识性、高附加值及智能化的产品，并被付诸知识产权保护的产业。如前所述，文化创意产品或文化创意产业往往以文化、创意理念为核心，通过人们的知识、智慧和灵感在特定行业的物化表现，最终达到全面提升人民群众文化素质的目的。文化创意产品的设计需要根据现代审美与现实生活的需要，针对传统文化、流行文化与世界文化，挖掘、提炼出产品表达的概念、意义与美学。要通过内容、功能、造型、包装、工艺到营销的综合创意来实现文化创意产品的开发设计，力争在各个方面独树一帜、增彩吸睛。

一、《中华人民共和国公共图书馆法》《博物馆条例》等法规中关于推动图书馆文化创意产品开发工作的法理基础

随着社会经济发展进入新时代，文化产业将成为国民经济新的增长点。2017 年 11 月 4 日，第十二届全国人民代表大会常务委员会第三十次会议通过的《中华人民共和国公共图书馆法》第三十二条明确规定："公共图书馆馆藏文献信息属于档案、文物的，公共图书馆可以与档案馆、博物馆、纪念馆等单位相互交换重复件、复制件或者目录，联合举办展览，共同编辑出版有关史料或者进行史料研究。"第四十一条规定："政府设立的公共图书馆应当加强馆内古籍的保护，根据自身条件采用数字化、影印或者缩微技术等推进古籍的整理、出版和研究利用，并通过巡回展览、公益性讲座、善本再造、创意产品开发等方式，加强古籍宣传，传承发展中华优秀传统文化。"《博物馆条例》（国务院令第 659 号）第十九条、三十四条的相关规定："博物馆从事其他商业经营活动，不得违反办馆宗旨，不得损害观众利益。""国家鼓励博物馆挖掘藏品内涵，与文化创意、旅游等产业相结合，开发衍生产品，增强博物馆发展能力。"由此可见，图书馆与博物馆具有天然的合作关系。上述两个法律法规为图书馆开展文化创意产品研发工作提供了法理基础。

二、《关于推动文化文物单位文化创意产品开发的若干意见》的出台

随着文化创意产业的兴起和发展，越来越多的文化创意产品受到关注和青睐。该类产品具有高知识性、高附加值、传播效果强等特征，并由文化艺术、创意设计、传媒产业、软件及计算机服务等多领域的创意群体开发设计。

在此背景下为推动我国文化创意产品的开发，国务院于2016年3月印发了《国务院关于进一步加强文物工作的指导意见》（国发〔2016〕17号），强调拓展利用文化文物，打造文化创意品牌。

2016年4月，国务院总理李克强在国务院常务会议中确定了推动文化文物单位文化创意产品开发的四个方面措施，指出要选择一批国有博物馆、美术馆、图书馆开展试点示范，开发文化创意产品。因此，图书馆的文化创意产品开发工作是伴随着国家对文化产业工作的日益重视而形成和发展的。

在“十三五”规划中，国家明确赋予了文化产业新的历史使命，即“我国公共文化服务体系基本建成，文化产业成为国民经济支柱性产业。”文化产业首次被国家提升到支柱型产业的高度。

2016年5月，国务院办公厅转发了文化部等四部委《关于推动文化文物单位文化创意产品开发的若干意见》（以下简称《文创开发意见》）。其中，明确指出：“文化文物单位主要包括各级各类图书馆、博物馆、美术馆、文化馆、群众艺术馆、纪念馆、非物质文化遗产保护中心及其他文博单位等掌握有各种形式文化资源的单位。文化文物单位馆藏的各类文化资源，是中华民族五千多年文明发展进程中所创造的博大精深的灿烂文化的重要组成部分。”“依托文化文物单位的馆藏文化资源，开发各类文化创意产品，是推动中华文化创造性转化及创新性发展、使中国梦和社会主义核心价值观更加深入人心的重要途径；是推动中华传统文化走向世界、提升国家文化软实力的重要渠道；是丰富广大人民群众精神文化生活、满足多样化消费需求的重要手段；也是增强文化文物单位服务能力、提高服务水平、丰富服务内容的必然要求。对推动优秀中华传统文化与当代文化相适应、与现代社会相协调，以及推陈出新、以文化人具有重要意义。”因此，图书馆应积极地开发兼具文化内涵与经济价值的文化创意产品，以满足观众的文化需求、促进图书馆事业的发展为出发点，抓住机遇，自我提高，开拓创新，积极探索文化创意产品开发工作发展之路。同时，要适应转型期的文化消费市场，在文化产业的发展进程中发挥应有的作用。

三、《关于推动文化文物单位文化创意产品开发的若干意见》政策解读

《文创开发意见》下发后，文化部办公厅、国家文物局办公室又下发了“关于开展文创开发试点工作的通知”，要求国家级、部分省级和副省级博物馆、美术馆、图书馆积极行动起来，在开发模式、收入分配和激励机制等方面进行探索，开发符合文创工作实际、具有较强实用性和推广价值的文化创意产品，带动文创工作的全面发展和提升。同时，开发文化创意产品要弘扬“工匠精神”，深入挖掘价值内涵和文化元素，坚持艺术性和实用性的有机统一，开发出更有内涵、更有温度、更有灵魂的文化创意产品，进而形成文化文物单位充分参与、文化驱动力充分释放、新技术新模式充分应用、地域特色充分彰显的文化创意产品开发体系。截至2017年，文化部确定的国家级试点单位中图书馆共有37家。但长期以来，图书馆作为公益性的事业单位，做得更多的是公共服务，因此对文创产品的开发及经营缺乏经验。特别是《文创开发意见》中缺少如何开展文创开发工作具体的实施方案。在政策层面上，文创开发工作的开展与现行的政策法规还有不符之处；在实践中，文创开发工作可借鉴的成熟文创模式化较少，而遇到的问题又比较多。现就文创开发工作中遇到的问题展开以下思考。

（一）《文创开发意见》对图书馆文化创意产品开发工作内容的促进

“馆藏”是图书馆中最常提起的专业术语，但不同的人对其又有不同的见解。一般来讲，馆藏不只是特指馆藏资料本身，还包含与资料内容有关的收集、整理、储存、利用等馆藏过程。因此，从这个角度来讲，对馆藏资源的深度挖掘，使得图书馆开发文化创意产品的工作又有了新的工作视角。《文创开发意见》旨在通过深入挖掘馆藏文化资源，开发文化创意产品，发展文创产业。其中，明确指出：“鼓励依托高新技术创新文化资源展示方式，提升体验性和互动性。”这表明，围绕将馆藏内容用高新科技的方式方便快捷地展示给用户所做的开发工作，也应属于文化创意产品开发工作。例如，国家图书馆与阿里巴巴集团人工智能实验室合作研发了不落俗套的产品——“翰墨书香”便携式书法文具盒。这相当于实现了由传统文化向智能教育平台功能的转化。

另外，《文创开发意见》明确提出：“推进文化文物单位各类文化资源的系统梳理、分类整理和数字化进程，明确可供开发资源。”按此要求，可以对图书馆的地方文献等特色资源进行合理开发、系统整理，并加快其数字化进程，改变由社会力量将图书馆馆藏资源数字化，再将产品卖给图书馆的被动局面。图书馆可以自己进行馆藏资源的数字化工作，这样不仅保证了资源安全，也避免了将馆藏资源交由营利企业开发所产生的知识产权、侵权等一系列的问题的发生。同时，《文创开发意见》指出：“鼓励文化文物单位与社会力量深度合作，建立优势互补、互利共赢的合作机制，拓宽文化创意产品开发投资、设计制作和营销渠道，加强文化资源开放，促进资源、创意、市场共享。”

2017年9月12日，由文化部大力推动与指导、由全国图书馆文创试点单位本着公正、平等、自愿的原则申请加入而组建的全国图书馆文化创意产品开发联盟正式成立。该联盟属于非营利性行业组织，通过积极优化整合不同类型的图书馆资源、渠道、产品设计、生产、销售等环节，构建“全国图书馆文化创意产品开发一体化平台”，进而实现线上与线下相结合的销售。全国图书馆文化创意产品开发联盟通过整合各个图书馆的力量，补足短板，聚水成河，搭建全国图书馆文化创意产品研发服务共享平台，并委托平台进行设计或在线授权、生产、销售、宣传等活动。

《文创开发意见》提出：“鼓励开发兼具文化内涵、科技含量、实用价值的数字创意产品。”这极大地启发了图书馆应充分利用自身馆藏资源开展各种特色数据库建设的文创开发工作，从而发挥图书馆不同馆藏类别的资源优势。与此同时，《文创开发意见》指出：“促进文化创意产品开发的跨界融合。支持文化资源与创意设计、旅游等相关产业跨界融合，提升文化旅游产品和服务的设计水平，开发具有地域特色、民族风情、文化品位的旅游商品和纪念品。”另外，《文创开发意见》鼓励文化科技创新，鼓励加强关键技术与核心工艺研发攻关，鼓励通过采用新技术、新工艺、新材料，提高文化创意产品研发制作水平。同时，鼓励文创开发工作应积极探索多维数据采集、虚拟现实等先进技术在文化创意产品的生产与展示中的应用。

总之，图书馆文创开发不仅仅是将馆藏内容做成复制品、出版品和衍生品，而是应积极创新，按照《文创开发意见》文件的指导精神，全面挖掘馆藏资源，开发多种形式的文化创意产品。例如，在馆藏内容、馆藏收集、馆藏整理、馆藏利用等方面进行全方位开发。

二、《文创开发意见》背景下图书馆开展文创工作存在的问题

1. 文创开发相关政策不完善

（1）试点单位难以取得合法经营资格。《文创开发意见》指出："允许试点单位通过知识产权作价入股等方式投资设立企业，从事文化创意产品开发经营。"但是，多家图书馆试点单位去当地工商部门咨询时，工商部门仍以原政策"机关事业单位不得兴办企业"为由不予办理相关手续。因此，图书馆首先面临着无合法经营资格的困境，从而无法实质性地迈出以企业形式开展文创工作的步伐。

（2）现行《事业单位人事管理条例》不允许领导干部参与文创经营。按单位属性来分，图书馆属于参公事业单位；按照《公务员法》及人力资源和社会保障部、监察部颁发的《事业单位工作人员处分暂行规定》，领导干部不允许从事经营性活动或兼职领取报酬。而作为全新事业的文创工作，要想发掘馆藏资源，需要图书馆各部门通力合作、协调发展。图书馆领导干部只有深度参与文创开发工作，才能有力地引导和推动文创工作的开展。因此，如何处理好现行的干部权限管理办法与图书馆领导干部需要参与文创工作之间的平衡关系也是目前图书馆面临的实际问题。

（3）专项资金使用细则模糊。为促进文创工作的开展，《文创开发意见》提出，可以考虑使用文化产业发展专项资金来扶持文创工作。但对于这类资金如何使用，《文创开发意见》并没有作出明确的规定。例如，扶持资金能否作为图书馆兴办企业的投资款，或者能否作为图书馆与社会资本设立合作企业的股本金并由图书馆占据一定的股份，以获取未来所得的收益。财政部门是否允许这样使用资金，还有待相关政策的出台。

（4）知识产权不清。《文创开发意见》指出，图书馆可以以知识产权作价入股合作企业。知识产权是指权利人对其创造的劳动成果所享有的财产权利，主要包括对智力成果、发明、文学和艺术作品享有的权利。另外，还包括对商业中使用的名称、标志、图像及外观设计等享有的权利。对于图书馆来说，在产品开发之前，本身只拥有馆藏资源，而馆藏资源在未经挖掘之前并没有形成新的智力成果。那么，如何对馆藏资源进行价值认定；如何防止馆藏资源无形资产价值的流失；如何保护著作权及防范盗版。这些都是图书馆在开展文创工作前要面对的问题。

2. 如何保证图书馆在文创开发工作中的主导地位

图书馆开展文创工作，可以依托丰富的馆藏文献信息资源，结合自身的实际情况，积极主动地采用授权、合作、独立开发等形式开展文创工作活动。授权模式简单易行、方便操作，通过将馆藏资源以一定的价格授权给社会力量开发，使双方共享馆藏开发的收益。但这样做会面临馆藏价值被低估或易被合作者过度开发及利用，从而造成无形资产价值流失的问题，最终并且会给图书馆造成损失。另外，图书馆可以兴办企业。但如果图书馆以较少股权与社会力量合作，极易造成图书馆无法控制企业发展方向的局面。因此，图书馆如何以较少资源占据企业的经营控制权，是图书馆与社会力量进行合作时需要考虑的问题。

3. 如何制定合理的奖惩制度

图书馆目前主要执行的是事业单位会计制度，实行的是收支两条线的管理模式。按照我国事业单位财务制度的相关规定，自身投入精力开发经营文化产品的销售所得，不得直接用于本单位开支。为更好地开展文创工作，《文创开发意见》规定："其（文化文物事业单位）文化创意产品开发取得的事业收入经营收入和其他收入等按规定纳入本单位预算统一管理，可用于加强公益文化服务、藏品征集、继续投入文化创意产品开发、对符合规定的人员予以绩效奖励等。”但除此之外，《文创开发意见》没有提出更加具体详细的政策。而文创工作作为图书馆的一个全新服务项目，是对图书馆业务提出的一个新的要求。文创人员从事开发工作将面临残酷的市场竞争，承受较大的工作压力，工作时间、工作难度以及工作模式相比以前均会有很大改变。对于文创工作人员来说，其既应获取文化创意产品开发成功的奖励，也应承担相应的责任和风险。因此，图书馆应该考虑如何建立合理的奖惩制度。

4. 如何处理好公益性服务与文创开发工作之间的人事和职责关系

开展文创开发工作需要调整工作思路、工作流程以及岗位设置。其中涉及人员安置及服务职能的改换问题。如何将公益性服务与文创开发工作区别开；如何使用好专业技能人才又不耽误其日常工作；如何让员工理解文创工作的意义并全力配合。这些都是图书馆应认真考虑的问题。

（三）《文创开发意见》背景下图书馆开展文创工作的理性思考

1. 积极争取政策法规支持

（1）健全与完善图书馆地方条例。目前，很多地方的图书馆条例无论是对公益服务工作还是对文创开发工作都不能从法律层面上提供更多的支持。一些地方政府虽然颁发了图书馆条例及地方性图书馆法规，但条例中均未能出现规定图书馆可以开展经营性活动的条款，仅出现图书馆可以购买服务的条款。例如，《广州市公共图书馆条例》第五十一条规定：“公共图书馆可以向社会组织购买服务，吸纳社会组织参与公共图书馆的运营与管理。”这一条例规定与《博物馆条例》相比，差之甚远。2015 年 3 月 20 日，我国博物馆行业首个全国性法规文件《博物馆条例》正式施行。该条例明确规定“博物馆在不违背其非营利性属性、不脱离其宗旨使命的前提下，可以开展经营性活动。”该条例的出台，为加速博物馆文创产业的发展带来了新机遇。然而，图书馆条例中却没有相应的明确规定，从而不利于图书馆开展文创工作。因此，一方面，地方政府要与时俱进，以科学发展观的思路看待地方法规。另一方面，地方政府要根据国家相关政策的规定，调整与补充图书馆文创工作条款，进一步完善不同地域的图书馆条例，建议在不同地方性图书馆法规文件中增设文创工作的相关规定。

（2）制定相关政策。在没有相关法律条款支持的情况下，文创主管部门应积极主动地与相关部门沟通协调，尽早出台相关政策。例如，可以依据《文创开发意见》，就国家级文创试点单位兴办企业与工商部门洽谈沟通，以尽快使试点图书馆能够合理合法地开展文创工作。又如，可以将文创开发工作业绩纳入图书馆评估体系中，从而使文创工作成为图书馆的正常业务范畴，解决领导干部不重视或无法从业务角度指导文创工作的现实困难，充分发挥其领导作用。再如，从文化产业发展专项资金扶持方面给予支持。按照国务院要求，财政部于 2008 年设立了专项资金用以支持文化产业的发展。截至 2015 年，已累计安排专项资金 242 亿元，支持的文化项目达 4 100 多个，有力地推动了文化体制改革与文化产业的发展。因此，文化创意产品开发工作作为文化产业的重要组成部分，可以借助国家相关政策积极争取专项资金，同时，应将文创开发工作纳入重点扶持项目，利用现有完善的资金管理办法将扶持资金更好地用于文创开发工作。

（3）强化知识产权保护。图书馆应充分挖掘馆藏价值，在解决好版权、著作权的前提下，发挥其专业技能，结合创意、发明等智力成果，将知识产权通过设计股权比例的方式体现在文化创意产品的价值中。图书馆应主动与经济行为接轨，了解市场行情，在与合作方共同开发文创产品的过程中，维护自身的正当权益。特别是要保护好知名产品的商标权、著作权等知识产权。同时，规范图书馆品牌授权运营。品牌授权，又称品牌许可，是指将商标或者品牌等知识产权以合同的形式授予代理商和被授权者，授权者通过合同上设立的规定获取经营所得的一种企业经营方式。但在授权过程中，授权者需给予被授权者一定的资源。例如，给予组织的设计、人员的培训、经营管理方式等方面的指导。

2. 选择长期稳定的合作模式

目前，图书馆开展文创开发工作多采用授权开发的模式。例如，国家图书馆开办的“国图旺店”，通过利用自身的馆藏资源及创意开发，授权厂家生产相关产品，再利用网络平台销售来完成文创开发工作。但这种松散型的合作模式不利于文创工作长期稳定地开展。图书馆开发文化创意产品，基于对其馆藏资源的历史价值、文学价值及现实意义进行挖掘的基础，依赖于对馆藏资源的深度了解。如果仅依靠授权第三方去开发，很难体现出馆藏资源的文化内涵。因此，图书馆应承担起开发工作的主体责任。图书馆可以依据《中华人民共和国公司法》，利用股份制的方式将各方利益联合起来形成利益共同体。例如，可以依据馆藏价值及图书馆的创意开发能力，并将其作为知识产权定价入股。为激励开发人员，可以鼓励开发人员投资入股，从而使得图书馆能够占据开发工作的主导地位。另外，可以充分发挥社会力量，选择愿意从事文化产业，具有人才、资本及网络营销优势的企业与图书馆共同开发文化创意产品。为保证文创开发工作的顺利进行，图书馆既要考虑经济效益，又要维护社会效益。这要求图书馆应合理地占据股份，借鉴股份化的商业运作模式，以便把握文创开发的发展方向。

《中华人民共和国公司法》规定，当公司股东股份大于 67% 时，股东可以对重大事件拥有完全表决权。因此，作为文创开发工作主体的图书馆，可以以其知识产权及馆藏开发资源占据一定的股份，并且不能让外部股份拥有控股绝对权。通常，图书馆仅以知识产权作价入股，一般不适合占据更多的股份。但作为文创合作的主体，图书馆至少应拥有否决权，即保证其他股份不应超过 67%，这样才能保证文创开发工作的正确方向。因此，图书馆主体所占股份不应低于 34%。同时，为了保证开发工作的顺利进行，达到图书馆占据多数股份的目标，可以让专业开发人员凭借专业技能以现金的形式占据一定的股份，专业人员股份与图书馆的知识产权股份合计占比应在 52% 以上，从而达到控股的目的，即图书馆的馆藏资源至少占股 34% 以上，专业技能人员至少占股 18% 以上。另外，再根据资金需求、新技术引进、营销网络等几方面考虑是否引进社会力量或对其分配多少股份。如果图书馆暂时无法兴办企业，在与社会力量进行联合开发时，可以借鉴这种股份比例，以合约形式明确各自的投资占比、人员配比及利润分成，来保障图书馆自身权益。

3. 完善文创人员的选用与培养体系，处理好公益服务与文创工作之间的关系

（1）逐步完善文创工作人员的选用与培养体系。图书馆的文创事业属于一个全新的行业，不仅对参与人员有较高的业务技能要求，还要求其具备强烈的事业心和高度的责任感，需要其不断地去学习、去思考。例如，20 世纪 90 年代初，一批图书馆工作人员被允许停薪留职，从图书馆走出去从事经营活动，这些人不仅十分熟悉图书馆的业务，也十分了解市场需求。因此，可以鼓励这些人员充分发挥其聪明才智，积极参与文创工作的开发。

同时，图书馆应做好新人培养工作，要选拔一些善于思考、对图书馆创新服务有着浓厚兴趣的年轻人，使其把对创新服务的激情投入文创工作中。另外，除了选用图情专业的人员外，图书馆在引进新人时也要考虑文创专业技能人员的选拔与培养。例如，公开选聘软件开发、艺术设计、市场营销、企业财务管理等相关专业的人员，为文创工作储备丰富的人才资源。

（2）处理与平衡好公益服务与文创工作的关系。图书馆文创工作的开展需要有关馆员的积极参与，要妥善处理好这些人员的原职工作与兼职文创工作之间的关系。图书馆馆员参与文创工作可能要付出更多的劳动，相应地，其也会取得额外的报酬。因此，图书馆要对文创工作做好宣传，讲清楚文创工作的意义，说明文创人员面临的新的责、权、利等，让文创工作人员放心，让本职工作人员安心。另外，图书馆也要积极做好本职公益服务，满足广大读者的基本需求。同时，图书馆要通过文创开发工作，增添更多的文化创意产品，达到通过挖掘馆藏资源更好地服务社会的目的。

总之，随着国家对文化产业的日益重视，文化行业肩负着要成为国民经济支柱性产业的历史使命。图书馆文创工作迎来了前所未有的发展机遇。但是，由于缺乏现成的发展模式与充足的实践经验，图书馆文创工作也是图书馆服务面临的一个重大挑战。为了使图书馆的文创工作更好、更快地开展，各文创工作管理部门应在《文创开发意见》的指导下，尽快出台具体的相关政策，为图书馆文创工作的开展提供政策保障与法律支持。各试点图书馆及其他文创单位应集思广益、科学决策，充分调动馆员对文创工作开发的积极性，鼓励馆员发挥其聪明才智，同时，积极引入优质的社会资本，深入挖掘馆藏资源。另外，图书馆应以人民群众的需求为导向，通过运用创意和科技手段，加深人民群众对文化消费的理解，将文化创意产品切实地融入现代生活，从而实现文化产业社会效益与经济效益的双丰收。

4. 设立合理的奖惩机制

文创开发工作离不开健全的激励机制。由于文创开发工作是图书馆业务的一种创新模式，所以图书馆在从事文创工作时，需要重新探索，要充分发挥文创参与人员的聪明才智，开发出能够被社会认可的产品。这要求图书馆工作人员要结合市场需求，仔细研究馆藏资源，发挥其专业技能优势，寻找馆藏资源与市场需求的契合点。因此，文创人员会付出大量的时间与精力，理应得到相应的包括经济奖励在内的各种回报。除了上面所述的经济激励外，还可以在文创开发人员在图书馆的评先、职称晋级等方面加以倾斜，以鼓励文创开发人员开发出更多更好的产品。对此，可以借鉴文创工作开展比较成熟的文博系统中的一些政策，参考国家文物局于 2016 年发布的《关于促进文物合理利用的若干意见》（以下简称《意见》）。《意见》明确指出，可参照《中华人民共和国促进科技成果转化法》相关条款规定，适当增加绩效工资总量，在净收入中提取最高不超过 50% 的比例用于奖励在开发设计、经营管理等方面做出突出贡献的人员。另外，既然出台了激励机制，那么相应的处罚条例也必不可少。例如，因过度开发馆藏资源造成损失、因缺乏市场调研能力造成产品滞销、与社会力量形成不正当利益关系等行为都应受到处罚，特别是要谨防“富了和尚穷了庙”现象的发生。因此，图书馆应制定合理的奖惩机制，有力地促进文创开发工作。

第二节　部分省份有关文化创意产品开发工作的政策

一、四川省《关于推动文化文物单位文化创意产品开发的实施意见》

关于推动文化文物单位文化创意产品开发的实施意见

文化厅　省发展改革委　财政厅　省文物局

为切实推动我省文化文物单位深入发掘文化资源，促进文化创意产业发展，根据《国务院办公厅转发文化部等部门关于推动文化文物单位文化创意产品开发若干意见的通知》（国办发〔2016〕36号）精神，结合我省实际，制定本实施意见。

一、工作目标

四川历史悠久，文化资源十分丰富。我省文化文物单位主要包括各级各类博物馆、美术馆、图书馆、文化馆、纪念馆、非物质文化遗产保护中心、文物考古科研单位、演展院团等。依托文化资源开发各类文化创意产品，是丰富群众精神文化生活、满足多样化消费需求、促进四川文化产业繁荣发展、提升四川文化影响力的重要举措，对于加快推进四川文化强省建设以及巴蜀文化传承创新具有十分重要的意义。

力争到2020年，全省培育5家以上文化创意产品开发领军单位，创建5～10个文化创意产品开发示范基地，打造10～15个拥有自主知识产权且在全国具有一定影响力的文化创意品牌，力争全省文化创意产品种类达到1 000种；深入推进成都“国家文创中心”建设和四川“五大经济区”文化创意产业整体发展，努力构建巴蜀文化鲜明、民族文化浓郁的文化创意产品体系。

二、主要任务

（1）充分调动文化文物单位积极性。鼓励具备条件的文化文物单位依托馆藏资源、形象品牌、陈列展览、主题活动和人才队伍等要素，积极稳妥推进文化创意产品开发。鼓励文化文物单位与社会力量深度合作，建立优势互补、互利共赢的合作机制，拓宽文化创意产品开发投资、设计制作和营销渠道，加强文化资源开放，促进资源、创意、市场共享。

（2）发挥各类市场主体作用。加强文化创意产品市场研究、开发和培育，探索建立适应市场规律的多种经营模式。优化与出版、制造、旅游、演艺、影视、动漫等产业的衔接，完善文化创意产品开发产业链。将文化文物单位文化创意产品开发纳入“大众创业、万众创新”总体部署，吸引社会力量广泛参与研发、生产、经营和推广。

（3）加强文化资源梳理与共享。文化文物单位要加强对文化资源的系统梳理、分类整理，推进数字化进程，明确可供开发资源。做好知识产权无形资产登记和价值评估，加强知识产权保护。加强信息化建设，积极参与“互联网＋中华文明”行动计划，结合精品文物、精品展览以及重要教育活动，创新文化创意产品开发和传播手段。用好各类已有文化资源共建共享平台，面向社会提供知识产权许可服务，促进文化资源社会共享和深度发掘利用。

(4)提升文化创意产品开发水平。鼓励有条件的文化文物单位建立研发机构和工作室，培育研发团队，提升自主研发能力。加强与创意设计机构、科研院所、高等院校等的合作，提升创意水平和开发能力。充分运用现代技术手段开发文化创意产品，鼓励兼具文化内涵、科技含量、实用价值的数字文化创意产品的研发与推广。结合蜀道、茶马古道、南方丝绸之路、三国文化、红色文化、名人名士文化、藏羌彝文化走廊、巴蜀画派、川剧等文化遗产保护传承项目，打造具有巴蜀特色记忆的文化创意产品。结合构建中小学生利用博物馆学习的长效机制，开发符合青少年群体特点和教育需求的文化创意产品。

(5)完善文化创意产品营销体系。支持文化文物单位将自有空间用于文化创意产品展示、销售。鼓励有条件的单位在国内外旅游景点、重点商圈、交通枢纽等开设专卖店或代售点，综合运用各类电子商务平台，提升文化创意产品网络营销水平。鼓励结合陈列展览、主题活动、馆际交流等开展相关产品推广营销。推广文化创意产品体验式营销。

(6)加强文化创意品牌培育和保护。培育四川文化创意产品开发领军单位，打造优秀文化创意品牌。强化知识产权创造、运用、保护和管理，建立健全知识产权交易机制和品牌授权机制。加强文化创意品牌保护制度建设，加强市场监管和执法，加大侵权惩处力度，创造良好市场环境。

(7)促进文化创意产品开发的跨界融合。支持文化资源与创意设计、旅游等相关产业跨界融合。推动优秀文化资源与新型城镇化、幸福美丽新村建设紧密结合。鼓励依托优秀演艺、影视、音乐、动漫等资源开发文化创意产品，延伸产业链条。

三、支持政策和保障措施

(1)推动机制创新。文化文物单位在确保公益目标、保护好国家文物、做强主业的前提下，可依托馆藏文化资源，采取合作、授权、独立开发等方式开展文化创意产品开发。文化文物事业单位要严格按照分类推进事业单位改革的政策规定，坚持事企分开原则，将文化创意产品开发与公益服务分开，原则上以企业为主体参与市场竞争，其文化创意产品开发取得的事业收入、经营收入和其他收入等按规定纳入本单位预算统一管理，可用于加强公益文化服务、藏品征集、继续投入文化创意产品开发、对符合规定的人员予以绩效奖励等。促进国有与非国有文化文物单位交流合作。非国有文化文物单位开发文化创意产品同等享受相关政策支持。

(2)稳步推进试点工作。按照试点先行、逐步推进原则，在文化部、国家文物局确定或备案的省级和成都市的博物馆、美术馆、图书馆中开展开办符合发展宗旨、以满足民众文化消费需求为目的的经营性企业试点，在开发模式、收入分配和激励机制等方面进行探索。允许试点单位通过知识产权作价入股等方式投资设立企业，从事文化创意产品开发经营；试点单位具备相关知识和技能的人员在履行岗位职责、完成本职工作的前提下，经单位批准，可以兼职到本单位附属企业或合作设立的企业从事文化创意产品开发经营活动；涉及的干部人事管理、收入分配等问题，严格按照有关政策规定执行。参照《中共四川省委办公厅四川省人民政府办公厅关于印发〈四川省激励科技人员创新创业十六条政策〉的通知》(川委办〔2016〕47号)建立激励机制，通过转让或许可取得的净收入，以及作价投资获得的股份或出资比例，允许提取不低于70%的比例用于奖励。通过单位自行实施或与他人合作实施的，从开始盈利的年度起连续5年，每年可从实施该项文化创意产品开发的营业利润中提取不低于5%的比例用于奖励。在研究开发和成果转移转化中做出主要贡献的人员，获得奖励的份额不低于奖励总额的50%。探索将试点单位绩效工资总量核定与文化创意产品开发业绩挂钩。文化创意产品开发取得明显成效的单位可适当增加绩效工资总量，并可对在开发设计、经营管理等方面做出重要贡献的人员在绩效工资总量中按规定予以奖励。

（3）落实完善支持政策。积极探索建立多渠道、多元化投入体系，支持文化创意产品开发。要将文化创意产品开发纳入文化产业投融资服务体系支持和服务范围，支持符合条件的文化创意产品开发企业在成都（川藏）股权交易中心、“新三板”挂牌、融资，在主板、中小板、创业板和境外市场上市融资，发行公司债券、企业债券，利用银行间市场各类债务融资工具融资。加大财政支持力度，将文化创意产品开发纳入文化产业发展专项资金等的重点支持范畴。创新财政支持方式，采取贷款贴息、以奖代补等方式，支持文化创意产品开发。鼓励银行业金融机构根据文化创意产品开发的内在特点，开发设计特色信贷产品。建立完善文化创意产品开发单位无形资产评估体系。积极引导四川文化产业股权投资基金、创业投资基金、私募股权投资基金及各类投资机构投资文化创意产品开发。认真落实推进文化创意和设计服务与相关产业融合发展、发展对外文化贸易等扶持文化产业发展的税收政策，支持文化创意产品开发。将文化创意产品开发经营企业纳入各级文化产业示范基地、非遗生产性保护示范基地评选范围。

（4）充分发挥平台作用。积极对接国际国内相关机构，引进、申办相关文化文物会展节庆活动。积极参与四川四季音乐季、中国博物馆及相关产品与技术博览会、中国成都国际非物质文化遗产节、中国西部国际博览会、成都创意设计周、香港国际授权展等重大活动。定期举办四川优秀文化创意产品遴选推介、创意设计竞赛等活动。借助国际文化文物交流活动，促进四川优秀文化创意产品走向世界。

（5）强化人才保障和扶持。加强文化创意产品开发人才培养。将文化创意产品开发的人才培养纳入各类文化文物人才扶持计划支持范围。采用馆校结合、馆企合作等方式，探索现代学徒制、产学研结合等人才培养模式。通过考核招聘等多种形式引进急需短缺人才。鼓励开展省内外、国内外文化创意产品设计开发、经营管理人才交流与合作以及赴外研习活动。

（6）加强组织实施。各级文化、发展改革、财政、文物等部门（单位）要建立文化创意产品开发协调机制，加强部门间、地区间的协同联动，做好文化创意产品开发的组织实施、政策跟踪和相关测评监测工作。强化开发过程中的文物保护和资产管理，制定严格规程，健全财务制度，防止破坏文物，杜绝文物和其他国有资产流失。充分发挥四川文化创意产业研究院、四川省博物馆学会等各级各类研究机构、行业协会、中介组织等在行业研究、标准制定、交流合作等方面的作用。文化文物单位要落实责任，稳步推进文化创意产品开发。

（7）强化责任落实。各级文化、发展改革、财政、文物部门（单位）要按照本实施意见要求，根据本地实际情况，建立健全文化创意产品开发工作考核与监督机制。文化创意产品开发工作监督考核结果作为被考核文化文物单位评先评优及单位职工评优、晋职晋级、职称评定等的依据。

二、浙江省《关于推动文化文物单位文化创意产品开发的实施意见》

关于推动文化文物单位文化创意产品开发的实施意见

省文化厅　省发展改革委　省财政厅　省文物局

为贯彻落实《国务院办公厅转发文化部等部门关于推动文化文物单位文化创意产品开发若干意见的通知》（国办发〔2016〕36号）精神，深入发掘我省文化文物单位馆藏文化资源，推动文化创意产品开发，加快文化产业发展，现提出如下实施意见。

一、总体目标

依托各类博物馆、美术馆、图书馆、文化馆、纪念馆、非物质文化遗产保护中心及其他文化文物单位的馆藏资源，推动文化创意产品开发，培育一批领军单位和创新型市场主体，布局一批资源对接服务平台，建设一批示范园区基地，集聚一批高端专业人才，打造一批知名产品品牌。力争到2020年，基本形成形式多样、特色鲜明、富有创意、竞争力较强的文化创意产品开发体系，我省文化文物单位文化创意产品开发工作走在全国前列。

二、主要任务

（1）加强文化资源的共享利用。用好用活我省第三次全国文物普查、第一次全国可移动文物普查和全省非物质文化遗产普查成果，编制文化资源总目录。推进文化文物单位文化资源的系统梳理、分类整理和数字转化，完善文化资源数字化标准，推动全省文化创意资源信息数据库建设。用好各类文化资源数据库共建共享平台，充分展示利用全省文化资源，面向社会提供文化创意产品知识产权许可服务，推动全省文化文物单位文化资源社会共享和深度开发。

（2）创新文化创意产品开发模式。在确保公益目标、保护好国家文物的前提下，具备条件的文化文物单位可以注册成立文化创意企业，依托馆藏资源，采取合作、授权、知识产权作价入股、独立开发等方式，积极稳妥推进文化创意产品开发。文化文物事业单位要严格按照分类推进事业单位改革的政策规定，坚持事企分开的原则，将文化创意产品开发与公益服务分开，原则上以企业为主体参与市场竞争。构建多元化、多渠道的投入机制，鼓励引导社会资本以众创、众包、众扶、众筹等方式，支持文化创意设计企业通过限量复制、加盟制造、委托代理等形式参与文化创意产品开发。促进文化资源与创意设计、旅游、演艺、影视等深度融合，延伸产业链条。推动特色文化资源融入新型城镇化建设，在特色小镇、美丽乡村建设中体现文化元素，提高地域文化与公共空间、公共设施、公共艺术的关联度。

（3）提升文化创意产品开发水平。支持文化文物单位与企业协同合作，申报参与“互联网＋中华文明”行动计划。实施传统工艺振兴计划，以创意设计为核心，促进文化创意产品开发与特色文化元素、传统工艺技艺、先进科技应用和现代消费需求相结合，丰富创意设计内涵，提升产品附加值。鼓励文化文物单位与旅游景区、特色小镇、文化创意街区、创意设计机构等合作开发具有地域特色的文化创意产品。开展文化创意设计比赛，征集产品设计方案，推动设计作品成果转化与应用。推动文化文物单位、文化创意设计机构、高等院校等开展合作，建立文化创意产品开发设计智力资源库，吸引优秀人才参与产品研发设计。鼓励文化科技创新，加强关键技术和核心工艺研发攻关，采用新技术、新工艺、新材料，提高文化创意产品研发制作水平，探索多维数据采集、虚拟现实等先进技术在文化创意产品生产与展示中的应用。

（4）完善文化创意产品营销体系。创新营销理念，运用“互联网＋”营销手段，大力推动文化创意企业采用移动电子商务、众筹营销、网上定制等模式，逐步形成线上线下融合的文化创意产品营销体系。支持有条件的文化文物单位在保证公益服务的前提下，将自有空间用于文化创意产品展示、销售，探索体验式营销模式，鼓励在国内外旅游景点、重点商圈、交通枢纽等开设专卖店或代售点。将文化创意产品纳入引导城乡居民扩大文化消费试点建设范围。鼓励文化文物单位参加国内具有较大影响力的文化会展，支持在公共空间展示推广文化创意产品，扩大城市文化消费。利用海外中国文化中心、国际展览展示交易活动、文物进出境展览和交流等平台，展示推广优秀文化创意产品。

（5）稳步推进试点工作。按照试点先行、逐步推进的原则，在全省遴选一批博物馆、美术馆、图书馆、文化馆、纪念馆、非物质文化遗产保护中心开展开办经营性企业试点工作。试点单位具备相关知识和技能的人员在履行岗位职责、完成本职工作的前提下，经批准可以到本单位附属企业或合作设立的企业兼职从事文化创意产品开发经营活动；涉及干部人事管理、收入分配等问题，严格按照有关政策规定执行。通过试点，加强文化品牌建设和知识产权保护，培育一批拥有较高知名度和美誉度的文化创意品牌和若干骨干文化创意产品开发示范单位，形成可供借鉴的成功经验和做法，在全省逐步推广。探索建立文化文物单位文化创意产业区域联盟，共同开展产品开发、销售等经营活动。

三、保障措施

（1）加强组织实施。文化、发展改革、财政、人力社保、文物、税收等部门要按照本实施意见的要求，加强统筹协调，共同推动文化文物单位文化创意产品开发。在开发过程中，要强化文物保护、知识产权保护和资产管理，杜绝文物和其他国有资产流失。

（2）加大财政扶持。各级财政要进一步完善资金投入方式，在创意设计研发、品牌培育推广、专业人才培养和公共服务平台建设等方面加大支持力度。各市、县（市、区）要结合实际，安排扶持资金支持文化文物单位文化创意产品开发。将符合条件的文化创意产品开发项目纳入文化产业基金和各级文化产业发展专项资金支持范围，列入文化产业投融资服务体系支持服务范围。

（3）健全激励机制。文化文物单位从事原创性临时展览、文化创意产品开发取得的事业收入、经营收入和其他收入等按规定纳入本单位预算统一管理，可用于加强公益文化服务、藏品征集、继续投入文化创意产品开发以及对符合规定的人员予以绩效奖励等。文化文物单位文化创意产品开发试点单位在文化创意产品开发中取得的收益，可以用于补充绩效工资资金来源，探索将绩效工资总量核定与文化创意产品开发业绩挂钩。文化创意产品开发取得明显成效的试点单位可以参照激励科技人员创新创业有关政策，适当增加绩效工资总量，在绩效工资总量中对在开发设计、经营管理等方面做出重要贡献的人员按规定给予奖励。文化创意产品开发纳入文化文物单位评估定级和绩效考核范围。

（4）落实税收优惠。落实国家有关扶持文化创意和设计服务产业发展的税收优惠政策。对经认定为高新技术企业的文化创意和设计服务企业，减按15% 的税率征收企业所得税。文化创意和设计服务企业发生的职工教育经费支出，不超过工资薪金总额8%的部分，准予在计算应纳税所得额时扣除。企业发生的符合条件的创意和设计费用，执行税前加计扣除政策。符合拓展海外市场概念的文化创意企业，享受相关退税免税优惠政策。

（5）加强人才培养。文化、文物部门要创新人才培养模式，重点培养文化创意研发、经营管理、营销推广高端人才。畅通国有企业与民营企业、事业单位与企业之间的人才流动渠道；探索现代学徒制、产学研结合等人才培养模式。推动文化文物单位制定实施文化创意人才培养计划，建设兼具文化文物素养和经营管理、设计开发能力的人才团队。

三、河北省《关于推动文化文物单位文化创意产品开发的实施意见》

关于推动文化文物单位文化创意产品开发的实施意见

省文化厅　省发展改革委　省财政厅　省文物局

为贯彻落实《国务院办公厅转发文化部等部门关于推动文化文物单位文化创意产品开发若干意见的通知》（国办发〔2016〕36号）精神，深入发掘我省文化文物单位馆藏文化资源，开发文化创意产品，弘扬优秀传统文化，提高我省文化软实力，结合我省实际，提出如下实施意见。

一、总体要求

推动文化创意产品开发，要坚持把社会效益放在首位，实现社会效益和经济效益相统一；要在履行好公益服务职能、确保文化资源保护传承的前提下，充分运用创意和科技手段，积极开发文化创意产品，推动文化资源与现代生产生活相融合，实现文化价值和实用价值的有机统一。力争到2020年，逐步形成形式多样、特色鲜明、富有创意、竞争力强的文化创意产品体系，满足广大人民群众日益增长、不断升级和个性化的物质和精神文化需求。

二、主要任务

（1）鼓励文化文物单位积极开发、经营文化创意产品。推进文化文物单位各类文化资源的系统梳理、分类整理工作，用好用活全省文物普查和非物质文化遗产调查数据，明确可供开发资源，建立文化创意资源目录。具备条件的文化文物单位要结合自身情况，依托馆藏资源、形象品牌、陈列展览、主题活动和人才队伍等要素，制定文化创意产品开发规划和实施计划，积极开发文化创意产品。鼓励文化文物单位与社会力量深度合作，拓宽文化创意产品开发投资、设计制作和营销渠道。支持有条件的文化文物单位在保证公益服务的前提下，将自有空间用于文化创意产品展示、销售，鼓励有条件的单位在旅游景点、重点商圈、交通枢纽等开设专卖店或代售点。（责任单位：省文化厅、省文物局）

（2）注重开发富有文化内涵的文化创意产品。深入挖掘文化资源的价值内涵和文化元素，努力开发兼具思想性、艺术性、观赏性、知识性、实用性的文化创意产品。把传承弘扬优秀传统文化作为文化创意产品开发的重要任务，从馆藏资源和地方历史文化中汲取可供开发的思想、素材和元素，根据现代生活方式进行创造性转化、创新性发展、创意性开发，让文化遗产活起来。注意发现和捕捉现实生活中的真、善、美，艺术化地融入文化创意产品开发中，传播正能量，弘扬社会主义核心价值观。鼓励依托优秀演艺、影视等资源开发文化创意产品，延伸相关产业链条。（责任单位：省文化厅、省文物局）

（3）打造具有河北特色的文化创意品牌。围绕阳原泥河湾文化、涿鹿三祖文化、西柏坡红色文化、太行山文化、长城文化、大运河文化、崇礼冰雪文化、正定古城文化、世界级和国家级文化遗产等品牌文化资源，开发生产一系列彰显文化品牌形象、深受大众喜爱、能够进入百姓生活的文化创意产品，实现优势文化资源向优质文化产品转变。促进文化文物单位、文化创意设计企业提升品牌培育意识，积极培育拥有较高知名度和美誉度的文化创意品牌。依托重点文化文物单位，培育一批文化创意领军单位和产品品牌。支持文物单位与旅游景区、创意设计机构合作，注重采用国际标准和国外先进标准，贯彻相关国家标准、行业标准，强化相关地方标准修订和实施，提升文化旅游产品和服务的设计水平，开发具有地域特色、文化品位的旅游商品和纪念品。（责任单位：省文化厅、省文物局、省版权局、省知识产权局、省旅游发展委、省质监局、省工商局）

（4）充分运用现代科技开发文化资源。推进馆藏资源和优秀传统文化资源数字化建设，建成一批主题突出、特色鲜明、内涵丰富的文化资源数据库。鼓励依托高新技术创新文化资源展示方式，通过门户网站、专题网站、微信平台、移动APP、VR、纪录片、动漫游戏等方式，提升吸引力、体验性和互动性。加快推进数字博物馆、数字图书馆、数字美术馆建设，实施精品文物数字产品和精品展览数字产品推广项目。积极采用新技术、新工艺、新材料，提高工艺美术品、文物复仿制品、新型文化产品研发制作水平。鼓励开发兼具文化内涵、科技含量、实用价值的数字创意产品。综合运用各类电子商务平台，积极发展社交电子商务等网络营销新模式，提升文化创意产品网络营销水平。（责任单位：省文化厅、省文物局、省科技厅、省工业和信息化厅）

（5）推进文化资源共享与跨界融合。积极利用各种渠道和平台传播推广特色文化资源，推进免费开放单位编制藏品总目录并向社会公布。支持文化文物单位加强馆藏资源的知识产权管理、保护和开发，面向社会提供知识产权许可服务，促进文化资源社会共享和深度发掘利用。鼓励企业通过限量复制、加盟制造、委托代理等形式参与文化创意产品开发。支持文化资源与创意设计、旅游等相关产业跨界融合，推动优秀文化资源与新型城镇化紧密结合，更多融入公共空间、公共设施、公共艺术的规划设计，丰富城乡文化内涵，优化社区人文环境。（责任单位：省文化厅、省文物局、省教育厅、省版权局、省知识产权局、省旅游发展委、省住房城乡建设厅）

（6）加强文化创意产品支撑平台建设和利用。积极探索成立全省文化创意产品开发联盟，加强文化文物单位与相关企业和其他社会力量的交流与合作。支持河北演艺集团依托创意资源和市场化机制，建设河北省文化创意产品研发交易服务中心，搭建产品开发、体验展示、营销推广、版权交易等平台。支持有条件的地方和企事业单位建设文化创意产品开发生产园区基地。通过举办河北省文化创意设计大赛、文化创意产品展交会以及邀请公众参与设计等方式，促进文化创意产品开发交易。充分利用国内大型文博会和河北省特色文化产品博览交易会，促进优秀文化创意产品的展示推广和交易。借助各种国际化文化交流和贸易平台，推动优秀文化创意产品走出去。（责任单位：省文化厅、省文物局、省工商局、省商务厅）

三、保障措施

（1）创新体制机制。逐步将文化创意产品开发纳入文化文物单位评估定级标准和绩效考核范围。文化文物事业单位要严格按照分类推进事业单位改革的政策规定，坚持事企分开的原则，将文化创意产品开发与公益服务分开，原则上以企业为主体参与市场竞争；其文化创意产品开发取得的事业收入、经营收入和其他收入等按规定纳入本单位预算统一管理，可用于加强公益文化服务、藏品征集、继续投入文化创意产品开发、对符合规定的人员予以绩效奖励等。国有文化文物单位应积极探索文化创意产品开发收益在相关权利人间的合理分配机制。促进国有和非国有文化文物单位之间在馆藏资源展览展示、文化创意产品开发等方面的交流合作。鼓励具备条件的非国有文化文物单位充分发掘文化资源开发文化创意产品，同等享受相关政策支持。（责任单位：省文化厅、省财政厅、省文物局、省人力资源社会保障厅）

（2）稳步开展试点工作。国家级文化文物单位文化创意产品开发试点名单报文化部、国家文物局确定，省级文化文物单位文化创意产品开发试点名单由省文化厅、省文物局确定并报文化部、国家文物局备案。各试点单位要在开发模式、收入分配和激励机制等方面积极进行探索，形成符合文化文物单位实际、具有较强实用性和推广价值的经验。允许试点单位通过知识产权作价入股等方式投资设立企业，从事文化创意产品开发经营。参照激励科技人员创新创业的有关政策完善引导扶持激励机制。试点单位具备相关知识和技能的人员在履行岗位职责、完成本职工作的前提下，经单位批准，可以兼职到本单位附属企业或合作设立的企业从事文化创意产品开发经营活动，由此产生的收入归个人所有。试点单位要认真落实绩效工资政策，不断完善绩效考核分配办法，并对在开发设计、经营管理等方面做出重要贡献的人员予以倾斜。（责任单位：省文化厅、省财政厅、省文物局、省人力资源社会保障厅）

（3）落实完善支持政策。各级财政通过现有资金渠道，加大对文化创意产品开发工作的支持力度。认真落实推进文化创意和设计服务与相关产业融合发展、发展对外文化贸易等扶持文化产业发展的税收政策，支持文化创意产品开发。积极推荐将符合条件的文化创意产品开发建设项目纳入专项建设基金支持范围。将文化创意产品开发纳入文化产业投融资服务体系支持和服务范围。面向从事文化创意产品开发的企事业单位，培育若干骨干文化创意产品开发示范单位。将文化创意产品开发经营企业纳入各级文化产业示范基地评选范围。鼓励各级政府创新文化创意产品开发机制，用机制创新促进产品创新。（责任单位：省文化厅、省发展改革委、省财政厅、省国税局、省地税局、省商务厅）

（4）强化人才培养和扶持。以高端创意研发、经营管理、营销推广人才为重点，充分利用北京、天津的高校和人才资源，加强对文化创意产品开发经营人才的培养和扶持。将文化创意产品设计开发纳入各类文化文物人才扶持计划支持范围。通过馆校结合、馆企合作等方式大力培养文化文物单位的文化创意产品开发、经营人才。支持文化文物单位建设兼具文化文物素养和经营管理、设计开发能力的人才团队，并通过多种形式引进优秀专业人才。举办多种形式的文化创意人才培训、研讨、交流活动。（责任单位：省文化厅、省财政厅、省文物局、省人力资源社会保障厅）

各级文化、发展改革、财政、文物等部门要协同联动、密切配合，加强对文化创意产品开发工作的组织实施，做好政策解读、业务指导、统计监测和监督管理工作。人力资源、版权、知识产权、工商、税务、统计、教育、旅游、商务、科技、工业和信息化、住房城乡建设等部门要根据各自职能，积极给予支持。强化开发过程中的文物保护和资产管理，督导文化文物单位制定严格规程，健全财务制度，防止破坏文物，杜绝文物和其他国有资产流失。充分发挥各级各类行业协会、中介组织、研究机构的作用，加强行业研究、标准制定、交流合作等方面工作。

四、云南省《关于推动文化文物单位文化创意产品开发的实施意见》

关于推动文化文物单位文化创意产品开发的实施意见

省文化厅　省发展改革委　省财政厅　省文物局

为贯彻落实《国务院办公厅转发文化部等部门关于推动文化 文物单位文化创意产品开发若干意见的通知》（国办发〔2016〕36号）精神，深入发掘我省文化文物单位馆藏文化资源，推动 文化创意产品开发，结合我省实际，现提出以下意见：

一、总体要求

（1）指导思想。全面贯彻落实党的十八大和十八届三中、四中、五中、六中全会精神，认真贯彻落实习近平总书记、李克强总理关于文物工作的重要指示，贯彻落实省第十次党代会精神，根据文物和非物质文化遗产保护工作方针，推进文化资源合理利用，让文物“活起来”，充分发挥文物价值。

（2）基本原则。坚持社会效益优先，实现社会效益和经济效益相统一，在履行好公益服务职能、确保文化资源保护传承的前提下，加强文化资源系统梳理和合理利用．坚持创新发展，充分调动文化文物单位积极性，不断增强文化文物单位服务能力，丰富人民群众精神文化生活，满足多样化消费需求。坚持发挥市场作用，采取多种方式鼓励和引导社会力量和资本参与文化创意产品开发。坚持创新和实用相结合，推动文化文物资源开发利用和现代生产生活相适应，实现文化价值和实用价值的有机统一。坚持跨界合作，注重文化创意产品开发与旅游、休闲、设计和时尚等产业的融合发展。坚持试点先行，稳步推进文化文物单位文化创意产品开发，促进文创产业实验示范园区和基地建设。

（3）工作目标。力争到2020年，形成一批形式多样、地方和民族特色浓郁、富有创意、具有一定市场的云南文化创意产品，满足广大人民群众日益增长、不断升级和个性化的物质和精神文化需求。

二、主要任务

（1）调动文化文物单位积极性。积极支持全省具备条件的文化文物单位结合自身实际，依托馆藏资源、形象品牌、陈列展览、主题活动和人才队伍等要素，稳妥推进文化创意产品开发， 促进优秀文化资源的传承传播与合理利用．鼓励文化文物单位与社会力量深度合作，建立优势互补、互利共赢的合作机制，拓宽文化创意产品开发投资、设计制作和营销渠道，加强文化资源开放，促进资源、创意、市场共享。（责任单位：省文化厅、财政厅、旅游发展委，列第一位的为牵头单位，其他为配合单位，各单位按照职责分别负

责，下同）

（2）鼓励和引导社会力量参与。鼓励众创、众包、众扶、众筹，以创新创意为动力，以文化创意设计企业为主体，开发文化创意产品，打造文化创意品牌，为社会力量广泛参与研发、生产、经营等活动提供便利条件。鼓励企业通过限量复制、加盟制造、委托代理等形式参与文化创意产品开发。鼓励和引导社会资本投入文化创意产品开发，努力形成多渠道投入机制。（责任单位：省文化厅、文产办、质监局）

（3）强化文化资源梳理和共享。推进全省各级文化文物单位对文化资源的系统梳理、分类整理和数字化工作，明确可开发资源和潜力。在我省第三次全国文物普查和第一次全国可移动文物普查工作的基础上，依托省、州市重点文博单位建设文物数据库和信息共享平台，面向社会提供知识产权许可服务，促进文物资源社会共享和深度挖掘利用。（责任单位：省文化厅）

（4）提高文化创意产品开发能力。深入挖掘和深度提取文化资源的价值内涵和文化元素，广泛应用多种载体和表现形式，开发艺术性和实用性有机统一、适应现代生活需求的文化创意产品。积极构建中小学生利用博物馆学习的长效机制，开发符合青少年群体特点和教育需求的文化创意产品。推动文化文物单位、文化创意设计机构、高等院校和职业学校开展合作，提高文化创意产品设计开发能力。鼓励开发兼具文化内涵、科技含量和实用价值的数字创意产品。（责任单位：省文化厅、文产办、教育厅）

（5）促进文化创意产品开发的跨界合作。支持文化资源与创意设计、旅游等有关产业跨界合作，提升文化旅游产品和服务的设计水平，开发具有地域特色、民族风情、文化品位的旅游商品和纪念品。鼓励文化单位和企业依托优秀演艺、影视等资源开发文化创意产品，延伸产业链条。推动优秀文化资源与新型城镇化、美丽宜居乡村建设相结合，使之更多融入公共空间、公共设施、公共艺术的规划设计，丰富城乡文化内涵，优化社区人文环境。（责任单位：省文化厅、旅游发展委、财政厅、文产办、住房城乡建设厅，省委农办）

（6）推进旅游和文化的深度融合。充分利用文化文物资源发展旅游文化产品业态，大力组织互动性强、参与性强、体验性强的文化旅游活动，培育民族文化节庆品牌和旅游演艺品牌，积极开发具有地方和民族特色的旅游工艺品、纪念品。推动旅游文化产业要素集聚发展，重点建设一批旅游文化产业集聚区、休闲度假区、主题文化游乐园、旅游文化休闲街区、旅游文化商品加工和装备制造基地。鼓励支持旅游文化企业参与文化创意产品开发和经营，推动旅游文化企业跨地区、跨行业、跨所有制兼并和重组，做大做强龙头企业，做精做优骨干企业，做特做活特色企业。（责任单位：省旅游发展委、文产办、文化厅）

（7）构建文化创意产品营销体系。支持有条件的文化文物单位在保证公益服务的前提下，将自有空间用于文化创意产品展示、销售。鼓励各级博物馆结合陈列展览、主题活动、馆际交流等开展文化创意产品推广营销。鼓励有条件的单位在省内外重要旅游景点景区、重点商圈、交通枢纽等开设文化创意产品专卖店或代售点。鼓励文化文物单位和文化企业开展文化创意产品销售的电子商务服务。（责任单位：省旅游发展委、文产办、文化厅、商务厅）

（8）重视文化创意品牌建设和保护。依托省级重点文化文物单位和省内高校的艺术设计学院，培育文化创意领军单位和产品品牌.建立健全品牌授权机制，扩大优秀品牌产品的生产和销售。（责任单位：省文化厅、文产办、教育厅、质监局）

三、政策支持

（1）创新体制机制。鼓励具备条件的文化文物单位在确保公益目标、保护好国家文物、做强主业的前提下，采取合作、授权、独立开发等方式开发文化创意产品。省文物局按照国家文物局要求，逐步将文化创意产品开发纳入文化文物单位评估定级标准和绩效考核范围．文化文物事业单位要严格按照分类推进事业单位改革的政策规定，坚持事企分开的原则，原则上以企业为主体参与市场竞争；文化创意产品开发取得的事业收入、经营收入和其他收入等按照规定纳入本单位预算统一管理，可用于加强公益文化服务、藏品征集、继续投入文化创意产品开发、对符合规定的人员予以奖励等。国有文化文物单位应积极探索文化创意产品开发收益在有关权利人间的合理分配机制。促进国有和非国有文化文物单位之间在馆藏资源展览展示、文化创意产品开发等方面的交流合作。鼓励具备条件的非国有文化文物单位充分发掘文化资源开发文化创意产品，同等享受有关政策支持。（责任单位：省文化厅、财政厅）

（2）稳步推进试点。从我省重点旅游城市，馆藏文物资源丰富、基础条件较好、专业力量较强、观众游客量较大的文化文博单位中遴选试点单位，开展符合发展宗旨、以满足人民群众文化消费需求为目的的经营性企业试点，在开发模式、收入分配和激励机制等方面进行探索，取得经验后再逐步推广。允许试点单位通过知识产权作价入股等方式投资设立企业，从事文化创意产品开发经营；试点单位具备相应知识和技能人员在履行岗位职责、完成本职工作的前提下，经单位批准，可兼职到本单位附属企业或合作设立的企业从事文化创意产品开发经营活动；涉及的干部人事管理、收入分配等问题，严格按照有关政策规定执行；参照激励科技人员创新创业有关政策完善引导扶持激励机制，探索将试点单位绩效工资总量核定与文化创意产品开发业绩挂钩， 文化创意产品开发取得明显成效的单位可适当增加绩效工资总量，并可在绩效工资总量中对在开发设计、经营管理等方面做出重要贡献的人员按照规定予以奖励。（责任单位：省文化厅、财政厅、人力资源社会保障厅）

（3）完善有关政策。通过现有省级财政资金渠道，进一步完善资金投入方式，加大对文化文物单位文化创意产品开发工作的支持。贯彻落实推进文化创意和设计服务与有关产业融合发展、发展对外文化贸易等扶持文化产业发展的税收政策，支持文化创意产品开发。将文化创意产品开发纳入文化产业投融资服务体系支持和服务范围。通过试点，在从事文化创意产品开发的企事业单位中，遴选培育示范单位。探索将文化创意产品开发经营企业纳入省级文化产业示范基地评选范围。（责任单位：省财政 厅、地税局、文化厅、文产办，省国税局）。

四、保障措施

（1）搭建支撑平台。发挥省级文化文物单位作用，支持其实施具有示范引领作用的开发项目。支持有条件的地区和企事业单位建设文化创意产品开发生产基地。实施 “互联网＋中华文明”行动计划，实施精品文物数字产品和精品展览数字产品推广项目。开展馆校合作，以设计大赛等多种形式吸引学生参与文化创意产品开发，与动漫产业相结合，开拓青少年教育市场。借助中国—南亚博览会、云南文化产业博览会等国际国内展览展示交易活动，促进优秀文化创意产品走向省外、走出国门。（责任单位：省文化厅、文产办、教育厅、商务厅）

（2）着力培养人才。将文化创意产品设计开发纳入各类文化文物人才扶持计划支持范围.鼓励文化文物单位、文化创意产品开发经营企业和传统技艺类非遗项目代表性传承人参与各级各类学校有关专业人才培养，探索现代学徒制、产学研结合等人才培养模式，并为学生实习提供岗位，提高人才培养的针对性和适用性。支持文化文物单位通过馆校结合、馆企合作等方式大力培养文化创意产品开发、经营人才，建设兼具文化文物素养和经营管理、设计开发能力的人才团队。鼓励开展文化创意产品设计开发、经营管理人才的国际交流与合作。（责任单位：省文化厅、教育厅、人力资源社会保障厅）

（3）加强组织实施。各级文化、文产、旅游、发展改革、财政、文物等部门要按照本意见要求，结合当地实际，加强对推动文化创意产品开发工作的组织实施，搞好宣传发动和协同联动。加强规范引导，因地制宜，突出特色，科学论证，确保质量，防止一哄而上、盲目发展。注意强化开发过程中的文物保护和资产管理，制定严格规程，健全财务制度，防止破坏文物，杜绝文物和其他国有资产流失。

五、吉林省《关于推动文化文物单位文化创意产品开发的实施意见》

关于推动文化文物单位文化创意产品开发的实施意见

省文化厅　省发展改革委　省财政厅

为传承弘扬中华优秀文化和吉林特色文化，有效利用文化文物单位馆藏文化资源大力发展文化创意产业，助推文化强省建设和全省经济社会协调发展，根据《国务院办公厅转发文化部等部门关于推动文化文物单位文化创意产品开发若干意见的通知》（国办发〔2016〕36号），结合吉林省实际，提出以下实施意见。

一、总体要求

以全省各级各类博物馆、美术馆、图书馆、文化馆、展览馆、纪念馆、非物质文化遗产保护中心及藏有各种形式文化资源的文化文物单位为实施对象和范围，以文化领域供给侧结构性改革和文化强省建设为引领，创新体制机制，融合多方力量，加大文化创意产品开发力度，推动全省文化文物资源合理利用、创造性转化和可持续发展。把社会效益放在首位，实现社会效益与经济效益相统一，进一步发挥文化资源在推动经济发展、满足消费需求和传承弘扬优秀传统文化方面的作用。

通过在全省文化文物单位中开展文化创意产品开发试点，各试点单位基本形成完善的开发模式、收入分配和激励机制，文化创意产品开发的经济效益和社会效益显著增强。到2020年，力争在全省文化创意产品开发领域培育一批市场主体，集聚一批专业人才，打造一批文化品牌，建成富含吉林文化特色、形式多样、布局合理、富有创意、竞争力强的文化创意产品开发体系和营销体系。提升吉林文化软实力，满足广大群众多种文化消费需求。

二、主要任务

（1）深入挖掘整理并合理利用全省文化资源。加强对全省文化文物资源的系统梳理、科学分析和专业提炼，用好用活文物普查、古籍图书、美术品普查成果及非物质文化遗产等各种资源，支持文化文物单位建设历史文化资源信息库和创意资源数据库，整合一批具有开发潜力的文物、典籍、标本、工艺等文化资源，并依托可移动文物数据共享平台、互联网等渠道向社会发布，为文化创意产品开发提供资源信息保障。依托版权保护机构和版权交易平台，对接文化文物资源知识产权专业保护、鉴定评估和许可授权服务，促进文化文物资源的社会共享和合理开发利用。

（2）积极探索，大胆创新，努力做好试点工作。积极推进吉林省博物院、伪满皇宫博物院、吉林省图书馆等3个国家级文化创意产品开发试点单位的各项工作。有关行业主管部门要指导试点单位突出公益导向，结合理事会、基金会制度建设，加强文化创意产品经营管理。允许试点单位在文化创意产品开发模式、收入分配和激励机制等方面开展探索。鼓励试点单位与社会力量深度合作、跨界融合，建立优势互补、互利共赢的合作机制，拓宽文化创意产品开发投资、设计制作和商务营销渠道，实现文化文物资源开放共享。鼓励试点单位采取联合或自主方式，通过网络平台、平面媒体、社会组织等渠道，开展文化创意产品设计方案征集、创意产品设计比赛，推动设计作品成果转化和应用。鼓励和引导社会资本投入文化创意产品开发，努力形成多渠道投入机制。鼓励文化文物单位创新文化创意产品开发形式，积极制作和引进特色展览，在保证公益服务的前提下为社会提供有偿服务，满足群众多元精神文化需求。按照国家有关要求，逐步推进市县级文化创意产品开发试点工作。

（3）提升文化创意产品开发水平。有效利用吉林文化资源的价值内涵和文化元素，着力丰富文化创意产品结构，做强文物、图书、音像制品、工艺美术品等传统品类，注重与展览、演艺、影视、旅游、教育相结合，彰显地域和民族特色。针对不同消费群体，应用多种载体和表现形式，开发艺术性和实用性有机统一的、适应现代生活消费需求的文化创意产品。全省各级各类文化文物单位特别是国家一、二、三级博物馆，要结合自身特色，依托地区珍贵文化资源、特色形象品牌、文物陈列展览和创意人才队伍等要素，积极稳妥推进文化创意产品开发，促进优秀文化文物资源的弘扬传播与合理利用。结合博物馆青少年教育工作，开发符合青少年群体特点和教育需求的文化创意产品。鼓励开发兼具关东文化内涵、科技含量大、实用价值高的数字创意产品。组织文化创意产品开发试点单位优先申报 “互联网＋中华文明”行动计划项目。倡导利用新材料技术、高科技手段和现代化工艺设计开发文化创意产品，丰富内涵，完善品质，不断提升我省文化创意产品水平，培育并着力打造吉林文化品牌，加强文化品牌的保护、管理、宣传和推广。

（4）健全和完善文化创意产品营销体系。建立利用省内外主流媒体宣传推广优秀文化创意产品的长效机制，积极组织我省优秀文化创意产品参加国内外文化交流活动和知名展会。依托社会力量建立文化创意产品集中展销点，重点布局在旅游景点、重点商圈、交通枢纽、大型文化设施等区域。文化文物单位在保证公益服务的前提下，可将自有空间用于文化创意产品展示、销售，鼓励有条件的单位多点布局专卖店或代销点。结合陈列展览、主题活动、馆际交流，配合流动展览进乡村、进社区、进校园、进军营、进企业等活动，开展相关产品推广营销。用好 “互联网＋”营销手段，推动文化文物单位发展电子商务和体验式营销。

三、保障措施和支持政策

（1）加强文化创意产品开发工作的组织领导。全省各级文化（文物）、发展改革、财政等部门要协同配合，会同工商、人力资源社会保障、教育、审计、旅游、科技、税务、新闻出版广电、商务、统计等相关部门建立完善政策制度体系和发展规划，在企业设立、资金投入、人员调配、物价核准、税收优惠、知识产权保护及营销平台搭建等方面为我省文化创意产品开发营造良好环境。做好政策宣传、引导扶持、产权保护和统计监测等工作。

有关部门、各试点单位及其他文化文物单位要协同联动，确保各项任务措施落到实处。要加强规范引导，因地制宜，突出特色，科学论证，确保质量，防止一哄而上、盲目发展。强化开发过程中的文物保护和资产管理意识，制定严格规程，健全财务制度，防止破坏文物，杜绝文物和其他国有资产流失。强化文化市场监管和执法，依法加大对侵权行为的惩处力度，创造良好市场环境。

（2）落实好国家支持文化创意产品开发的各项政策。

①在坚持正确文化导向的前提下，鼓励有条件的文化文物单位依托自身资源，采取多种方式开发文化创意产品。允许开展试点的文化文物单位自主投资设立经营性企业或与社会力量合资合作设立企业；允许开展试点的文化文物单位授权其他企业开发经营，采取限量复制、加盟制造、委托代理等形式进行文化创意产品开发与营销。

②有关行业主管部门要指导、培育文化创意产品开发示范单位，将文化创意产品开发经营企业纳入各级文化产业示范基地评选范围。要将文化创意产品试点开发项目纳入省或市县有关支持文化产业发展的专项资金扶持范围。

③利用国有资产投资取得的收益，按照预算管理及财务和会计制度有关规定纳入单位预算，统一核算、统一管理。各级财政通过现有资金渠道，进一步完善资金投入方式，对试点单位给予项目补助、贷款贴息等扶持，加大对文化创意产品开发工作的支持力度。推进文化创意和设计服务与相关产业融合发展，落实扶持文化产业发展的税收政策。鼓励引导试点单位以众筹、众扶等方式带动社会资本投入，拓展经费来源渠道。鼓励具备条件的非国有文化文物单位利用自身文化资源，开发文化创意产品，同等享受相关政策支持。

（3）有效实施文化创意产品开发试点单位激励政策。指导试点单位健全文化创意产品开发收入分配机制和激励机制，完善经营管理制度和财务制度。在全省文化文物单位定级评估和免费开放绩效考核中突出文化创意产品开发的重要性和指标权重，引导文化文物单位加强文化创意产品开发工作。在文化创意产品开发方面取得的相关收入按规定纳入本单位预算管理，可用于加强公益文化服务、藏品征集、继续投入文化创意产品开发和按规定给予相关人员绩效奖励等。开展试点的文化文物单位有关人员在完成本职工作前提下，经单位批准，可以兼职到本单位附属企业或合作设立的企业从事文化创意产品开发经营活动；涉及干部人事管理、收入分配等问题，按照有关政策规定执行。参照激励科技人员创新创业的有关政策完善引导扶持激励机制。探索将试点单位绩效工资总量核定与文化创意产品开发业绩挂钩，文化创意产品开发取得明显成效的单位可适当增加绩效工资总量，并可在绩效工资总量中对在开发设计、经营管理等方面做出重要贡献的人员按规定给予奖励。鼓励文化文物单位探索构建不同经营模式下文化创意产品开发收益在相关权利人之间的合理分配、多赢互利机制。

（4）强化文化创意产品开发运营人才培养。加强全省文化创意专业人才培养和储备工作，将文化创意产品开发人才培养列入重点培训项目，着重培养高端创意研发、经营管理、营销推广人才。推动文化文物单位和文化创意产品开发经营企业积极参与相关专业院校人才培养，探索现代学徒制、产学研结合等人才培养模式，为学生实习提供岗位，提高人才培养的针对性和适用性。推动文化文物单位制订人才培养计划，建设兼具文化素养和经营管理、设计开发能力的人才团队。通过多种形式引进优秀专业人才，进一步畅通人才流动渠道。

第三章 国内外文化创意产品的研究及开发现状

第一节 国外文化创意产品的研究及开发现状

一、关于国外文化创意产品开发的理论研究现状

葛偲毅通过对欧美发达国家博物馆文化产品开发营销的考察，提炼出对我国博物馆文创产品的开发与营销具有普遍借鉴意义和指导意义的方法论。

王毅等通过对美国公共图书馆文创产品的现状进行梳理，认为美国公共图书馆文创产品注重经济效益和社会效益，产品创意以图书馆、阅读和地方文化为来源，产品贴近生活且内涵独特。并且，针对我国公共图书馆文化创意产品工作提出了应重视该项工作带来的机遇与挑战、凝聚有志于文化创意与公益服务的社会力量、促进图书馆与文化创意元素的深度融合、发掘地方特色与历史人文价值的创意符号、注重产品物质载体实用性和读者创意体验、创新图书馆文创产品营销体系等建议。

叶舒然通过对国外博物馆文化创意产品的开发进行分析，进而对我国博物馆如何开发文化创意产品提出借鉴建议。

刘佳欣等认为欧美图书馆文化创意产品开发主要有“传统产品型开发”“数字化开发”“创新型开发”三种形式，并提出我国图书馆在开发文化创意产品的过程中，应从促进图书馆和文化元素的融合、注重产品的实用性和创意性、深入馆藏资源数字化、善用社交媒体平台、创新文化服务形式、注重读者参与和实践、寻求多元化合作伙伴等方面入手，弥补图书馆文创产品开发的短板。

综上所述，国外发达国家的文化创意产品的运营，早在20世纪70年代起就已经走向社会化，在文创产品的开发方面也形成了一套成熟而完整的开发机制，尤其是善于调动社会力量参与到博物馆或图书馆文创产品的设计中。国外的博物馆大多建立有规范的博物馆商店，博物馆商店的目的在于延伸博物馆的服务，创造收入，销售以博物馆文物收藏品为创作来源开发的具有教育性的文创商品。

二、国外文化创意产品的开发现状

（一）美国博物馆文化创意产品开发现状

早在1955年，美国就创建了非营利性、国际性的组织“博物馆商店协会”（Museum Store Association，MSA），为博物馆和厂商的合作提供平台，形成一个体系成熟、分工明确的文化创意产品生产链。博物馆可通过该组织找到专业的设计者和生产者。厂商也可通过该组织将自己的设计与生产向博物馆进行推介。该组织对于衍生品的分类格外细致。例如，家居和花园用品一类就细分为酒吧酒具、洗浴用品、蜡烛、时钟、装饰玻璃、面料、家具、园艺工具、草药、厨房产品、灯、地毯、彩色玻璃、餐具、纺织品、花瓶、

风铃、纱 / 羊毛等近 30 类。此外，供应商提供的不仅包括有形产品，也包括与博物馆文化创意产品相关专业服务。例如，商店设计、平面设计、产品开发、互联网、库存系统设计、零售管理系统等。专业化的分工与合作，协调了文化产品的开发过程，从而有益于制作精致的产品。

在美国的知名博物馆的运营中，文创概念的渗透处处可见。

1. 美国纽约大都会艺术博物馆

大都会艺术博物馆（Metropolitan Museum of Art）成立于 1871 年，是美国最大的艺术博物馆，也是世界著名的博物馆之一，位于美国纽约第五大道 82 号大街，与著名的美国自然历史博物馆和纽约海登天文馆遥遥相对。美国自然博物馆主要回顾了大自然中其他物种的发展历史，并满足了人类探索未知世界即外太空的好奇心。大都会艺术博物馆则主要回顾了人类自身文明史的发展历程。

大都会艺术博物馆的占地面积为 13 万平方米，它是与英国伦敦的大英博物馆、法国巴黎的卢浮宫、俄罗斯圣彼得堡的艾尔米塔什博物馆齐名的世界四大博物馆之一，并与同在纽约的联合国总部一起构成了人类（或者叫作世界）过去跟未来的两大交汇点。这是因为大都会艺术博物馆记录着人类的过去，而联合国总部则在规划和展望着世界或者说人类的未来。截至目前，该馆共收藏有 300 万件展品，是世界上首屈一指的大型博物馆，也是世界上最著名的现代艺术博物馆之一，同时，也是最早开发博物馆文化产品并取得显著成效的博物馆之一。在文化产品开发方面，美国纽约大都会艺术博物馆堪称杰出代表，其商店年营业额超过 1 亿美元。博物馆商店在馆内拥有 5 000 多平方米的营业厅，在纽约的一些大商场、机场甚至其他城市均设有销售点，销售图书 6 000 多种，拥有商品近 2 万种，从 1 美元一张的印有宋朝米芾书法的明信片，到 400 美元一张的凡·高或莫奈的油画复制品，这些都使游客趋之若鹜。另外，该商店的大部分商品都是经过博物馆的艺术家、历史学家、设计师仔细研究，由专家操作，以确保较大程度上还原原作，或者是经过著名的当代设计师从古典艺术中获取灵感重新设计的衍生品。这些艺术博物馆还会举办各种各样的活动，让更多的人参与到艺术与文化的事业当中。美国大都会艺术博物馆不仅设有庞大的文化产品商店，同时还设立了相对应的网上商店，且其网上商店年度业绩相当可观。其中，书籍、影音品占 19%，办公用品占 19%，服饰、饰品占 19%，首饰占 18%，儿童用品占 13%，家居、复制品占 12%。

2. 纽约现代艺术博物馆

纽约现代艺术博物馆（the Museum of Modern Art，MoMA），坐落于纽约市曼哈顿城，位于曼哈顿第 53 街（在第五和第六大道之间），是当今世界上最重要的现代美术博物馆之一，与法国蓬皮杜国家文化和艺术中心、英国伦敦泰特美术馆等齐名。纽约现代艺术博物馆最初以展示绘画作品为主，后来其展品范围渐渐扩大，增加了版画、雕塑、电影、摄影、印刷品、建筑、商业设计、家具及装置艺术等项目。目前，其艺术品数量有 15 万件之多。

纽约 MoMA Store 的名气丝毫不低于 MoMA 本身，除了在纽约有一栋与 MoMA 相邻的专卖店外，MoMA Store 在东京也开设了分店，其规模甚至比主店还要大。MoMA 2006 年运营收入表显示，MoMA 附属产业收入占其总收入的 35.5%，可见附属产业在 MoMA 中得到了足够的重视。MoMA Store 的文化产品共分为新品上架、书籍和媒体、畅销品、家具照明、家用配件、海报和印刷品、厨房和桌上用品、文案用具、珠宝和手表、个人配件、特价货品、游戏和儿童用品、展览相关产品、MoMA 设计藏品和 MoMA 独家商品等 15 类。其中，既有可取得广泛宣传效果的实惠的大众化商品，也有可给人们带来“独此一家”的珍贵感受的限量商品。同时，MoMA 的文化产品具有明确的定位，具备较高的文化品质和质量。另外，MoMA 不仅允许观众对其馆内的原创展览进行拍照，对所有外借文物也允许观众拍照。

3. 创意城市芝加哥——一个工业城市的华丽转身

芝加哥是美国的第三大城市，地处北美大陆的中心地带，是美国最重要的铁路、航空枢纽，同时也是美国的金融、文化、制造业、期货和商品交易中心之一。历史上，芝加哥所在的五大湖地区是美国传统的钢铁、牲畜和农产品中心，但自 20 世纪 60 年代以来，芝加哥与底特律、匹兹堡等重工业城市一样，面临着经济下滑、人口流失、城市衰退等严重问题。经历了 40 年的调整，芝加哥凭借其优越的地理位置、多元化的产业战略，成功实现了从制造业基地到现代服务业大都市的转型，成为美国中西部的经济中心和一座国际化大都市。芝加哥成功转型的关键是城市管理者研究确定并贯彻执行了“发展以服务业为主导的多元化经济”的发展思路和“打造世界文化目的地和会展目的地”的发展目标。

芝加哥麦考密克会展中心（McCormick Place）是全美最大的会展中心，自 1960 年创办后，又经过几十年的扩建，形成了东南西北四个展馆，总面积达 25 万平方米。该会展中心每年举办 2 000 多场专业展览和会议，接待人数超过 250 万。会展中心每年可为芝加哥创造 80 多亿美元的收入，提供 85 000 个就业机会。芝加哥市政府把文化作为重要的公共产品，设置了专职机构“文化事务与特别活动处”，并在 1986 年通过了规模庞大的文化计划，其中，伦道夫剧场区建设、海军码头重建计划大获成功，从而极大地促进了城市文化的发展。芝加哥市共有 46 座博物馆，其中，芝加哥艺术博物馆、科学和工业博物馆、菲尔德自然历史博物馆、舍德水族馆和阿德勒植物园等均属世界一流，因此，芝加哥有“博物馆之城”的美誉。同时，芝加哥公共图书馆是世界上最大的公共图书馆，包括 1 个总馆、2 个地区馆和 79 个分馆。另外，芝加哥拥有 110 多家报纸、15 家电视台和 100 家电台，还有 200 多家剧院，市区内则拥有 95 所大专院校，包括著名的芝加哥大学、伊利诺伊大学、伊利诺伊理工学院、西北大学等。总之，这些重要的文化资源和人才优势，成为芝加哥振兴和持续发展的关键所在。

4. 文化归属——博物馆与社区的互动

一些历史建筑类博物馆，虽然其建筑历史并不悠久（一般有一百多年的历史），但是这类博物馆一方面会深入挖掘本地区的文化名人、历史事件，并通过展览展示及讲故事的方式，实现对社区特色历史文化的传承、彰显及发展；另一方面会利用自身场地，举办各种各样的社区文化活动，构建连接社区居民的情感纽带，增强居民对社区及邻里之间的认同感和归属感。

例如，理查德 · H. 德里豪斯博物馆会特别提供场地以供社区组织或个人举办活动，其二层可以举办可容纳 125 人参加的鸡尾酒会或 100 人参加的晚宴。同时，该博物馆会定期与社区、学校联合，帮助社区发展文化事业，参与促进学校教育，努力地承担社会责任。该博物馆的活动内容丰富多彩，活动组织自主灵活。而且，该博物馆本身就是当地极为知名的历史建筑和旅游景点之一，这使得居民信任、喜爱自己的社区，并为自己所在的社区感到自豪。在该博物馆举办的各种各样的活动，又增强了其与社区居民之间的联系，让居民能在社区中找到与自己共通的文化价值，从而使其获得社区归属感和认同感。

又如，芝加哥艾姆赫斯特历史博物馆（Elmhurst Historical Museum）举办有“卡尔·桑德堡在艾姆赫斯特”展（Carl Sandburg in Elmhurst）。卡尔·桑德堡（Carl Sandburg，1878—1967）是美国的著名诗人、历史学家、小说家、民谣歌手、民俗学研究者。他在美国享有盛名，被誉为“普通人民的诗人”与“工业美国的诗人”，曾两度获得普利策奖及美国文学艺术学院历史奖。为纪念他的75岁生日，伊利诺伊州将这一天定为“卡尔·桑德堡日”。1954年，海明威在获得诺贝尔奖时曾说过：应该得奖的是桑德堡。由此可见桑德堡在美国文学史上的重要地位。1919—1930年期间，卡尔·桑德堡曾在艾姆赫斯特居住。对于这样一位历史名人，尽管他并非出生在这里，但当地居民仍为其能够居住在这里而骄傲。因此，其曾居住的房屋被辟为艾姆赫斯特历史博物馆的一部分，占据展厅一层的展览，面积虽然不大，但内容极为丰富，并通过图片、影像、文字、多媒体、场景复原等多种形式，向观众展示了卡尔·桑德堡在当地的生活情况和在此期间的创作成果。该博物馆虽小，但拥有一个图书室，藏书和资料都极为丰富、专业。无论是社区居民还是研究者，都可以在这里查阅有关艾姆赫斯特的历史及卡尔·桑德堡等名人的资料。

另外，芝加哥科学与工业博物馆始建于1893年，是美国历史最悠久、规模最大的现代科技馆。展馆共有三层，共分为75个展厅，每层均有四个楼梯，并以红、黄、蓝、绿四种颜色区分，非常醒目。该博物馆的展览内容涉及很多领域，并按知识点划分展区，该博物馆内的展品有二战期间的德军潜水艇、人造卫星太阳神8号等实物，且馆内最受孩子们喜欢的展览内容是互动项目。例如，科学风暴大型展览，再现了7种自然现象，包括大火、龙卷风、闪电、热带风暴、雪崩、太阳光以及原子运动等，孩子们可通过动手体验探索其中蕴含的物理和化学基本原理。并且，该博物馆对每一个知识点的研究都非常深入，每一个展品都可以让观众动手参与。另外，针对6~12岁的儿童，该馆还推出了能在博物馆里过夜的活动项目“Snoozeum”，这一活动项目的内容包括闭馆后探索博物馆的展品、参加特别的科学活动、制作自己的科学玩具、寻宝游戏、与波音727飞机相伴入眠等。无独有偶，菲尔德自然历史博物馆也有过类似的活动——与恐龙一起过夜（Overnight-Dozin With the Dinos）。该馆方对此活动的宣传是：“在菲尔德博物馆过夜！与霸王龙SUE来一个彻夜狂欢！快来加入我们吧，这一晚有家庭作坊、自助游览，以及其他一些有趣的活动，然后把你们的睡袋铺在那些最受欢迎的展览旁边。”这样的活动极大地吸引了家长和孩子们。作者还了解到，开展类似“博物馆奇妙夜”活动的博物馆为数还有很多，纽约的美国自然历史博物馆、古根海姆博物馆、匹兹堡的卡耐基科学中心、华盛顿的国际间谍博物馆等。

5. 美国博物馆与图书馆互动

1906年，美国博物馆协会（AAM，现已更名为美国博物馆联盟）成立，其在成立时便宣称：“博物馆要成为民众的大学。”而且，很多美国博物馆的办馆宗旨也都把教育服务纳入其中，不少博物馆的网站后缀都为“. edu”，如芝加哥艺术博物馆和盖蒂博物馆。另外，芝加哥艺术博物馆（the Art Institute of Chicago）至今仍保留着美国博物馆创建之初的“馆院一体制”模式，即一座博物馆附设有一所艺术学院（校）的办馆模式；大都会艺术博物馆设有专门的“教育中心”，负责组织各种各样的教育活动，其举行的教育项目每年有2万多个，且教育中心有教室、研讨厅和图书馆；芝加哥大学的艺术博物馆（Smart Museum of Art）还专门辟出展厅空间让学生们学习做展览并展示自己的作品，且该博物馆的部分图书馆对公众开放，是艺术研究者和爱好者的好去处；芝加哥菲尔德自然历史博物馆每年会在馆内和馆外共推出 12 000 场次的教育活动，参与人数达 350 000 人次。其中，“皇冠家庭游戏室”（Crown Family Playlab）是一个针对 2~6 岁儿童的早期教育中心，致力于培养幼小观众对科学和大自然的终生热爱之情，且其活动不额外收费。

美国很多的博物馆和图书馆都有专门面向学生的教育项目，绝大多数博物馆都提供 K–12 教育（美国基础教育）项目。美国的图书馆不仅设有儿童阅览室，还设有青少年活动室。例如，在芝加哥公立图书馆的儿童活动室，孩子们可以使用最先进的苹果电脑玩游戏、查资料，也可以使用最时髦的 3D 打印机“打印”玩具。该图书馆的管理者认为接触最先进的设备有利于孩子未来的职业发展。美国的一些博物馆也和学校存在联系，博物馆可以利用自己的专家力量和资源优势培训教师，也可以按照课程需要提供相应的博物馆藏品作为教学标本。例如，大都会艺术博物馆充分利用本馆专家的专业知识，帮助学校培训美术教师、设计美术教学大纲。芝加哥菲尔德自然历史博物馆在馆内开设学生课堂，并提供标本供学校使用，同时在其博物馆的网站上设有专门的“学校 / 教育”栏目。

著名学者古德（G. B. Goode）认为，“博物馆不在于它拥有什么，而在于它以其有用的资源做了什么”。美国博物馆和图书馆的公共服务周到细致，让博物馆和图书馆不仅仅是一个供人们学习的地方，更是一个让人们休闲放松与培养情操的地方。下面就其所提供的公共服务展开详细描述。

（1）导览服务。美国的博物馆和图书馆通过多种方式提供导览服务。例如，观众可通过其官方网站下载参观导览，馆内咨询台也会提供纸质的简介。简介共分为两种，一种是介绍博物馆近期的展览、主题活动、讲座的，一种是供招募会员和志愿者用的，简介的册子大多为单页形式，设计精美，观众可根据自己的需要领取，这样既避免了浪费，又很有灵活性。另外，很多博物馆还提供语音导览租用服务。一般来讲，大型博物馆的简介和语音导览都是多语种的。例如，大都会博物馆和盖蒂博物馆都有中文的简介册与语音导览。此外，美国的博物馆还通过大量的志愿者服务为观众提供主题导览和定时导览服务。例如，盖蒂博物馆每天大概有 100 名志愿者提供服务，服务中心有当天的导览项目介绍供观众领取，观众可以根据兴趣安排参观时间和参观路线，并且，博物馆内每个展厅负责“看厅”的志愿者也可以向观众提供展览和展品的相关信息。

（2）除展览外的公共服务项目。在美国，无论博物馆还是图书馆都定期举办讲座和各种培训。博物馆定期举办讲座、音乐会、诗歌会等丰富多彩的活动是吸引观众对其进行持续关注与支持的有效手段。美国公立图书馆的角色定位为社区中心，其在发挥传播知识的功能的同时，也扮演服务大众、扶助弱势群体和稳定社会的新角色。图书馆不仅为公众提供查阅书籍、借书和提供音像资料方面的服务，还提供免费上网服务，既为携带笔记本电脑的读者提供充足的电源及无线、有线的上网手段，也为低收入者提供大量的台式电脑，还向读者开设免费的电脑培训课程。另外，美国绝大多数博物馆的收入依靠社会团体和个人的捐赠、会员会费、场租和其他经营收入。其中，场租收入是经过严格控制的，若超过一定比例，博物馆将失去税收方面的优惠政策。因此，博物馆在公共关系的维系、会员的招募等方面的营运至关重要。

（3）藏品的开放使用和服务。美国的大部分博物馆允许观众在不开闪光灯的前提下拍照。而且，美国的博物馆和图书馆都在进行数字化工作，通过把馆藏资源发布到网站上或通过“Google艺术计划”等全球性项目供世界各地的人们学习、欣赏和使用。美国同行对馆藏资源的开放性管理及其全球共享的服务理念值得我们学习借鉴。此外，大都会艺术博物馆的文物库房设有品鉴研究室，可供研究人员研究藏品时使用。很多图书馆对其开放借阅的图书都一视同仁，除有些书籍需经家长许可才能借阅外，其余大部分都不分年龄和专业等级。

(4)公共空间的服务功能。美国博物馆都设有服务中心，设有咨询台、卫生间、衣帽间、咖啡厅、餐厅、商店等服务设施，且对残障人士和婴幼儿更表现出特殊的关爱。例如，很多博物馆在卫生间设有残障人专用间，提供轮椅和童车，还设有家庭专用间和哺乳室。另外，美国博物馆的商店出售书籍、明信片、贺卡以及各种各样的纪念品。与我国博物馆不同的是，除巧克力外，美国博物馆一般不出售食品和饮料，这是因为展厅里禁止饮食。但很多博物馆都有专门的餐饮服务区域。例如，大都会艺术博物馆的公共餐厅提供多种类的餐饮，其中的蔬菜、水果、肉类和饮料都新鲜可口。芝加哥工业与科技博物馆除设有餐厅之外，还提供自制冰激凌等孩子们喜欢的食品。

6. 美国博物馆文化创意产品的开发

美国博物馆的纪念品商店及文化创意产品都相当丰富且颇具特色。在美国，大型博物馆内的商店不止一个，面积也比较大。而且，某些大型博物馆在机场、商业繁华区等地带也设有分店。在盖蒂中心，一些博物馆甚至设有专门的儿童商店。除开设实体店外，美国博物馆的文化创意产品也会在其官方网站上进行销售。

美国博物馆商店内的商品琳琅满目，各具特色，商店收入可观。其经营的商品品种主要为书籍和纪念品。纪念品主要为立足于本馆特色的藏品，且很少出现多馆雷同的商品。在某些特展举办期间，美国博物馆还会在比较醒目的地方开辟专门的区域或柜台，重点销售与之有关的文化创意产品，而且，由一件藏品可以开发出多种不同的纪念品。因此，通过销售文化创意产品取得的收入在博物馆的全部收入中所占的比重比较高。一些大型博物馆，如大都会艺术博物馆，其文化创意产品的年销售收入超过1亿美元。

美国博物馆开发的纪念品主要依托于本馆藏品和展览，承载深厚的历史文化信息，并被赋予独有的文化个性、鲜明的地方特色、高雅的艺术品位，从而满足或进一步激发了观众的精神文化消费需求，大大提升了博物馆的形象。极具特色、设计精美、令人爱不释手的纪念品，不仅传播了历史文化，还在潜移默化中对人们进行了审美教育。

(三)英国博物馆文化创意产品开发现状

在英国，不同博物馆本身就有不同的侧重。例如，大英博物馆以面向全世界的博物馆自居；维多利亚与艾尔伯特博物馆是世界上最重要的设计史博物馆，博物馆中各种门类的工艺品和服装收藏都非常丰富；泰特现代美术馆则收藏20世纪以来的现代艺术。各博物馆文创产品的开发也与各馆的特点和定位相结合。英国博物馆衍生品在文化消费市场中的受宠，得益于成熟的开发模式和不断创新的独特创意。

大英博物馆不仅设有庞大的文化产品商店，同时还设立了相对应的网上商店，且其年度业绩相当可观。在网上商店中，家居、办公用品占26%，复制品占23%，首饰占17%，书籍、影音品占16%，服饰、饰品占10%，儿童用品占8%。另外，大英博物馆拥有丰富的藏品。例如，镇馆之宝——罗塞塔石碑，是一块历史意义大于美学意义的大玄武岩。它在文化创意产品中的头等地位可谓不可撼动。常见的文化创意产品，如拼图、明信片、钥匙圈、海报、T恤衫、笔、围裙、隔热手套等，都是将罗塞塔石碑上的纹样提取出来直接印在其上，因此拥有特色感和系列感，其制作也十分简便。

大英博物馆于2015年发行小黄鸭系列产品时，提出的推广口号是“和历史一同洗个澡”。在浴缸里放上黄色橡皮玩偶，是儿童最美好的童年回忆。此外，大英博物馆的文化创意产品——《彼得兔的故事》（古埃及象形文字版）也十分受欢迎。这个设计的巧妙之处在于其外表是一本普通的儿童书，一打开却发现其内文全是用古埃及象形文字书写的。外表的童稚感结合内部历史积淀的神秘感，充满了感官和思想的碰撞感与错位感。彼得兔是英国童话的一个代表角色，自1902年亮相以来一直活跃在世界儿童文学的长廊中，可谓声名远播；埃及学部则是大英博物馆历史最为悠久的部门之一，因此，二者的跨界融合产生了巨大的价值。而这样的设计既不是基于图案造型，也不是基于功能用途，而是基于一种创意理念。

西方发达国家的博物馆文化创意产品设计比我国起步早，很多博物馆的艺术衍生品的开发已趋于成熟。大英博物馆就是依靠其庞大而多元化的馆藏设计优秀的文化创意产品的范例。目前，我国博物馆文创事业正在快速发展，很多国家级的重点博物馆设施先进、藏品众多，已经达到国际知名博物馆的水准，但我国博物馆文化创意产品的开发工作还有待发展。如今，政府大力推动文化创意产业的发展，为博物馆艺术衍生品的开发创造了有利环境。在此背景下国内博物馆可以借鉴欧美国家博物馆的文创产品开发经验，使自身的文化创意产品创意突出，具备国际先进水平，以便更好地发挥博物馆传承文化与教育民众的职能作用。

（四）美国公共图书馆文化创意产品开发现状

美国公共图书馆经营文化产品由来已久，最初是以经营图书为主，后来，随着网络技术和数字资源的发展，图书经营受到了很大的影响。与此同时，图书馆商店发现，一些有趣的小礼品更受读者青睐，于是图书馆开始通过礼品商店的形式经营文化创意产品，经营的产品品类也从文具、玩偶、纪念品发展到融入艺术创意的手工制品。

1. 圣迭戈公共图书馆

圣迭戈公共图书馆（San Diego Public Library）位于美国加利福尼亚州，是圣迭戈市的信息、教育和娱乐中心，其宗旨为“架起知识与人们彼此之间的桥梁，鼓励终身学习。”圣迭戈公共图书馆文化创意产品商店也为图书馆的发展提供了支持，其网站首页的宣传标语为：“我们是一个经营精美图书和创意礼品的商店，作为一个非营利机构，所有收益均用于支持圣迭戈公共图书馆的发展。”商店经营的文化创意产品融入浓厚的地区特色、文学元素和图书馆符号，产品类别包括精选图书、礼品、艺术品、服饰、儿童玩具等。例如，一款精美实用的手提袋以绚烂的鲜花为图案设计，称为“John Keats Splendor Tote Bag”（约翰·济慈绚烂的花手提袋）。2014年，购物期刊 *San Diego Magazine* 将圣迭戈公共图书馆文化创意产品商店评选为“最佳文学精品店”。圣迭戈公共图书馆文化创意产品商品之所以能够获此殊荣，主要源于以下原因。

（1）文化创意产品融入图书馆和文学元素。圣迭戈公共图书馆文化创意产品商店的文化创意产品类别丰富，且融入图书馆和文学元素，如印有图书馆标志的卡片，带有禁书图案和“爱阅读”图案的丝巾、袜子、水杯、手提袋、唇膏、胸针等。

（2）用户创意的融入。以圣迭戈公共图书馆文化创意产品商店举办的“母亲节礼物”——制作多肉植物盆栽的活动为例，每位读者只要向商店支付50美元的活动费用（包括材料、工具和指导费），就能够亲身体会、自己动手、发挥创意、个性定制心仪盆栽的乐趣。通过自身的创意让产品变得更加独特、更富创意，这也是文创的魅力所在。

（3）用户社交媒体的分享。圣迭戈公共图书馆文化创意产品商店借助Facebook、Instagram、Twitter等社交媒体，分享读者在商店中的精彩瞬间和生活感悟，这种做法既有互动性又富有新意，同时也起到宣传推广的作用。将文化创意产品的展示融合用户的分享，这也是Web2.0视角下用户参与和用户体验的精髓所在。

（4）多方力量加盟支持。圣迭戈公共图书馆文化创意产品商店由图书馆基金会管理运营，吸引了很多社会机构和志愿者加盟合作。例如，当地木匠协会帮助设计图纸、货架，志愿者帮助募集资金、组织活动等。另外，圣迭戈公共图书馆文化创意产品商店诚邀经销商和设计师加盟合作，并提供了专门的意见征集和商品设计采购渠道，经销商、设计师甚至是普通读者都可以通过表单提交的形式反馈创意想法或与图书馆文化创意产品商店负责人取得联系。

（5）通过举办读者活动拉近距离。以图书馆文化创意产品商店于2017年4月26日晚7点举办的文学知识之夜活动为例，每个参赛团队仅需支付10美元的报名费，便可用于支持图书馆的发展建设。因此，多样化的读者活动能够拉近图书馆与读者的距离，而且，文学知识主题的活动也促进了图书馆文化教育职能的发挥。

（6）新媒体宣传。图书馆文化创意产品商店开设了社交媒体Facebook主页，定期以图文形式介绍商店即将举办的活动和专为近期节日定制的文化创意产品（如母亲节和父亲节的定制礼品）。

2. 纽约市公共图书馆

纽约市公共图书馆（New York Public Library）是美国最大的市立公共图书馆，由1个主馆和85个分馆组成，收藏有包括英国文学名著的最早版本、知名作家手稿和珍贵的古籍资料等。纽约市公共图书馆已经成为纽约城市文化的重要组成部分，很多知名人士都曾在这里学习、思考研究。馆内的文化创意产品商店以“读者和作者的商店”（Readers & Writers Shop）命名，其面积约111平方米，吸引了成千上万的图书和文学爱好者。近年来文化创意产品商店的收益持续增长，而其所得收益均用于纽约市公共图书馆的发展。

纽约市公共图书馆文化创意产品设计师注重实用性和文化性的融合，其文化创意产品销售主管Helene Silver讲道：“我们每一个产品都是和谐自然的，仿佛在讲述着一个故事。”通过访问纽约市公共图书馆文化创意产品商店的主页可知，商品中的产品分为珠宝配饰、家居生活、办公用品、儿童图书等几大类别，种类齐全、琳琅满目。下面就其中受欢迎的两款产品展开详细介绍。

（1）大理石狮挡书板。这是一个由大理石精制而成的石狮，摆放在桌上既美观沉稳又能固定图书，更重要的是它蕴含着纽约人民的历史情怀。这是因为纽约市公共图书馆至今已有百年历史，地处纽约的繁华地带，其宫殿式的馆舍建筑具有新古典主义风格，两座骄傲的石狮分别站立在图书馆门口，自然地成为纽约人民日常生活的地标。另外，在20世纪20年代末的大萧条时期，纽约市长拉瓜迪亚为鼓励市民重启斗志，在著名的“星期日夏日广播”结束时讲道：“这座城市的人们有两个可贵的品质：坚忍与刚毅。”人们就此赋予这两座狮子“坚忍”与“刚毅”的名字，以鼓励纽约人民在当时经济不景气的时期，继续为生活而奋斗下去。在纽约人民的心目中，图书馆石狮是最具纽约城市精神的雕塑。因此，设计师 Edward Clark Potter 匠心独运地根据石狮形象设计了这款大理石挡书板，使这款美观又实用的文化创意产品凝聚了历史气息与人文情怀，从而激发了市民的认同感和归属感。

（2）Lumio 书灯。书灯就像一本图书，树皮状封面搭配棕色皮带，显得古朴而沉稳。但是，随着图书慢慢地打开，灯光亮度也逐渐增加，从而给人们带来感官上的精彩和刺激感。Lumio 书灯的创意来源于折纸，具有简约、精致、便捷、防水等特点，并且强力磁片配合 8 小时锂电池可以满足用户的不同需求。

3. 洛杉矶公共图书馆

美国洛杉矶公共图书馆（Los Angeles Public Library）提供大量的教育知识、休闲资源、技术支持和生活信息，是人们学习交流、休闲娱乐的中心。洛杉矶公共图书馆文化创意产品商店将产品经营由馆内拓展到馆外。例如，洛杉矶公共图书馆将一辆 6.7 米长的邮政卡车改造成蓝色图书馆文化创意产品商店专用车，使商品的整理及运输成本减少，且扩大了服务面积，成为一个“车轮上的图书馆商店”。卡车里面装有文学主题的礼品、作者签名的图书、独特且有教育意义的儿童用品、以洛杉矶为主题的艺术品等。卡车可以将多种多样的文化创意产品输送到各分馆及边远图书馆，这不仅有助于图书馆的宣传推广，而且这部分收入也为图书馆的发展提供了资金来源。另外，洛杉矶文创商店中的生活用品既融入了文化阅读元素，又不失幽默色彩。例如，印有洛杉矶公共图书馆借阅卡卡片图案的袜子上面会提到“借图书馆的图书超期了没有？”；一个手提袋上印的图案是小女孩抱着好几本刚从图书馆借的图书，并满怀欣喜地说：“我爱图书馆。”作者将洛杉矶公共图书馆开发的文化创意产品进行简单的归类，主要归为以下五种类别。

（1）作者签名的图书，包括传记、历史、童话故事等。其中，一部分图书源自图书馆基金会举办的“Aloud Reading”活动的捐赠，因此，能够保证作者亲笔签名的真实性。另外，这些图书也能够反映城市的风土文化。例如，《Gourmet Ghosts 2》介绍了洛杉矶城市的饮食文化；《Los Angeles in the 1970s》描述了 20 世纪 70 年代洛杉矶的真实风貌；《One Golden Moment》（1984 Olympics）通过照片的形式真实地记录了 1984 年洛杉矶奥运会中的金牌时刻。

（2）以“爱阅读”为主题的生活用品，包括印有“A BOOK LOVER”（爱读书人）的马克杯、印有“BOOKWORM”（书虫）的袜子以及印有“PRIDE&PREJUDICE”（傲慢与偏见）的丝巾等。

（3）印有洛杉矶图书馆符号的手提袋、T 恤衫和水杯等，其中包括介绍洛杉矶图书馆历史、建筑、文化、发展的精装图书；印有洛杉矶图书馆名称和标志的手包；描绘洛杉矶图书馆总、分馆分布地图的手提袋等。

（4）为儿童提供的绘本、彩笔、玩具等，这些可以体现图书馆对少年儿童的成长和阅读的关爱。例如，可以让小朋友发挥想象力自由组合以形成多种风格的玩具小兔；可以探索太空、火箭、动物等方面知识的趣味儿童绘本；像月光般伴随孩子睡眠的台灯等。

（5）体现加利福尼亚地区特色的创意产品。例如，描绘加州风景的图册；印有加州州旗（灰熊图案）的钢笔、水杯等。这充分体现了对地方特色文化的传承与推广。

4. 西雅图中央图书馆

美国西雅图中央图书馆（the Seattle Public Library）是美国西雅图公共图书馆系统中的旗舰馆，其以独特的建筑风格、丰富的图书资源、现代化的技术设备和宽阔的容纳面积成为当地的文化知识交流中心。西雅图中央图书馆文化创意产品商店始建于2004年，其前身是由图书馆合作伙伴经营的一个文具柜台，如今，西雅图中央图书馆的合作伙伴雇用了当地的一个销售顾问帮其设计和管理图书馆三楼的一个创意空间。这个创意型图书馆文化创意产品商店由开放性书架构成，通过滑轮轨道控制商店的开、关门，既节省空间，又新奇美观。西雅图中央图书馆文化创意产品商店凝聚了浓厚的地方文化特色，邀请了70位当地的设计师进行文学主题的创意产品设计。商店经理Lisa Lee从读者和来访馆员中获取反馈信息，并吸收当地设计师的创意作为文化创意产品的采购依据。

因为西雅图中央图书馆的建筑风格别具一格，所以当地设计师以图书馆建筑物图像为元素设计的文化创意产品深受公众喜爱。另外，西雅图中央图书馆文化创意产品商店官方网站提供畅销文化创意产品的网上销售服务，其产品贴近生活、风趣幽默，并与图书馆阅读存在千丝万缕的联系。例如，印有西雅图中央图书馆独特建筑标志的运动水杯、木制咖啡杯垫、眼罩，以及印有“爱阅读”图案的大黄鸭、手提袋等。并且，这些文化创意产品上大都印有激励性的标语，如手提袋上印有“读书还是不读书，这毫无疑问”“这个手提袋可以将你的图书安全保管”；运动水杯上印有“读书时间长了容易口渴，请用这个便携式不锈钢杯补充水分吧”；一个印有“图书馆员”标志的徽章上写到“向大家展示一下你的图书馆员地位”。

如前所述，西雅图中央图书馆文化创意产品商店由其合作伙伴组织运营，该合作伙伴是一个公益性社会组织，以帮助西雅图中央图书馆筹集资金、支持图书馆的发展为使命。图书馆文化创意产品商店每年的收益约数十万美元，均用于帮助西雅图中央图书馆宣传、教育和举办各项活动。例如，2014年举办的工作技能培训、电影放映活动和读书活动所需的资金均源于商店收益。西雅图中央图书馆文创产品商店2015年度收支报告中指出，文化创意产品的经营和图书销售所得的利润分别占资金募集总额的38%和57%，除去商品成本管理等基本开支外，文创产品商店提供了56 650美元以帮助图书馆提供社区参与、空间创意再造、青少年家庭教育和技术支持等活动。西雅图中央图书馆文化创意产品商店注重社会志愿者的参与、帮助，在网站上公开招募志愿者，以帮助读者挑选礼物、实行电话订购，给商品贴标签，整理货源等。另外，商店接受来自个人和企业的图书捐赠，捐赠的图书会经图书馆文化创意产品商店整理后以低廉的价格售卖。个人图书捐赠会为图书馆带来部分税收减免的福利，企业图书捐赠能够为其带来走进社区、读者宣传、全面推广的机会。

5. 费城自由图书馆

费城自由图书馆（Free Library of Philadelphia）坐落于美国宾夕法尼亚州的东南部，以发展文学教育、激发求知、指导学习为宗旨，以建立终身学习的文明社区为愿景。费城自由图书馆文化创意产品商店的文化创意产品是基于图书馆独特的馆藏与文学主题设计的，种类齐全、设计精美。文化创意产品的种类主要包括亲笔签名的图书，类别有人文、历史、自传等；基于图书馆特色的产品，如以图书馆的标志建筑、宣传标语和阅读活动为主题设计的U盘、T恤衫、手提袋等；基于文学主题的产品，如印有莎士比亚经典语句的马克杯、印有美国著名诗人埃德加·爱伦·坡诗句的咖啡杯等。商店利用所有收益，通过图书馆基金会为图书馆举办特色活动提供资金支持，如文学阅读推广活动“夏日阅读活动”“一本书和一座城市”“针对K-12的信息素养教育”等。费城自由图书馆的文化创意产品设计契合了其“文学教育”理念，并体现出以下两方面的特色。

（1）以文学历史人物为原型设计精致玩偶。这些玩偶以诙谐幽默的漫画风格展现人物特点，人物原型既有现实中的文学作家，也有文学作品中的虚拟人物。例如，英国著名作家简·奥斯汀、查尔斯·狄更斯，美国著名作家海明威，童话故事《爱丽丝梦游仙境》中的爱丽丝与“疯帽匠”等。另外，每一个人物玩偶都蕴含着深刻的历史背景与意义。例如，玩偶Betsy Ross（贝特西·罗斯）一只手拿着针线，另一只手臂上搭放着设计师设计的美国国旗。Betsy Ross女士是一位优秀的服装设计师，1777年她制作了第一面美国国旗——星条旗。星条旗由围成一个圆形的13颗星（象征美国独立初期的13个州）和13条红白间纹（象征后成为美国独立13州的13块殖民地）构成。当时这面国旗普遍被称为“贝特西·罗斯旗”，具有重要的影响力，其设计地点就在费城。而设计师将这一段历史故事凝结成一个栩栩如生的人物玩偶，既向人们传达了知识，也让人们铭记住了这段历史。

（2）以文学纪念日为专题开发文化创意产品。费城自由图书馆文化创意产品商店以文学作品、人物、作者为专题开发系列文化创意产品。例如，为纪念经典童话《爱丽丝梦游仙境》创作150周年设计的漫画人物文化创意产品；以美国著名儿童漫画家莫里斯·桑达克（Maurice Sendak）的代表作《野兽国》为专题设计的文化创意产品；还有为纪念美国作家菲茨杰拉德（Fitzgerald）120周年诞辰设计的文化衫以及其为纪念代表作《了不起的盖茨》（The Great Gatsby）所设计的徽章等。此外，还有以图书馆收藏的照片“读书的小狗Knee Hi”为主题设计的钥匙扣等。

（五）美国图书馆文化创意产品实例：创客空间

1. 创客与创客空间

（1）创客的定义。“创客”的英文名称是Maker。《连线》杂志的原主编Anderson Chris认为创客应具备以下四个特点：一是为非全部技术人员团体；二是具备一定基础的知识技术（特别是具备自己的动手能力）；三是成果可以进行有效分享；四是有创新实践的美好愿望，可以根据技术标准将技术顺利地转换成所设计的产品。有些学者认为这是狭义上对创客的解释，其内容还不够全面。相对一致的观点则是，创客是指那些具有特殊兴趣的群体，他们坚持分享和传播知识，并实现知识创新，为追求美好的人生价值，持续努力地将其创意转化为现实。在我国，创客还没有一个统一的概念。

（2）创客空间的定义。创客空间一般是指一个供人们在电脑、数字、技术、电子艺术等领域分享兴趣爱好并进行合作及技术创新的地方，其英文名称有hackerspace、hackspace、hack-lab、creative space和makerspace等。创客空间的概念最早出现在《创客空间》杂志中，该杂志给创客空间下的定义为：“创客空间是指同时具有加工生产与工作室功能的客观存在的物理场所，可作为开放交流的实验室和技术加工室。”维基百科则对创客空间的概念做了如下阐述：“创客空间是具有开放功能的工作室和加工车间，那些具有共同兴趣的人们在创客空间里面共享技术知识，将他们的创意转化为现实产品。”

从这个意义上讲，创客空间就是一个可供创客们分享各种创意和信息技术，并积极开展合作、参与技术创新的实际场所。1981 年，德国柏林出现的“混沌电脑俱乐部”可以说是创客空间的雏形。当时的社会变革激进者利用最新发明的电脑硬件和软件实现人与人之间的交流与合作，以此来推动社会变革。随着信息技术的不断推广，类似的组织不断出现。据 hakerspace.org 网站数据统计，全世界共有近 600 家创客空间，其中，欧美占据了 2/3。

（3）美国高校图书馆创客空间的建设。2012 年，美国高校图书馆开始将创客空间服务付诸实践。2013 年，美国图书馆协会专门开展了一项“图书馆创客空间运动”，从此，创客空间服务激起了人们对高校图书馆及其馆员价值的讨论热情，进而成为美国高校图书馆的一个热点议题。美国图书馆协会普遍存在这样一种看法，即创客空间在很大程度上给整个社会带来了生机与活力。同时，也为创新改革图书馆服务项目增加了新的动力。如今，美国已有很多高校图书馆积极推行创客空间服务，如美国内华达大学的德拉梅尔科学工程图书馆、肯特州立大学的塔斯卡罗瓦斯图书馆、瓦尔多斯塔州立大学的奥达姆图书馆。这些图书馆都积极开展了创客空间服务，且服务的实施效果非常好。

创客空间所需的硬件资源包括计算机、投影仪、扫描仪、机械工具、电路元件以及以 3D 打印机为首的各类新兴数字制作工具等；需要的软件资源包括 3D 建模软件、开源的程序代码以及各类应用软件等；人力资源则包括创客空间内的馆员、学生志愿者以及本地的专家、学者等。

图书馆创客空间举办的活动分为两类，即团体协作型和个人独立创作型活动。用户可以根据自己的需求自由选择。创客空间服务的开展，使更多的人开始使用图书馆的资源，并对图书馆有了新的认识。另外，不同的学校，其创客空间形式也不同。例如，有的学校将现有的空间改造为临时创客空间，让学生们课后在这里自由地创作、交流；有的学校受创客文化的影响，注重在现有的课程设置中培养学生的创新意识与动手能力；有的学校进行课程改革，专门开设了相关的课程，来引导学生进行创新型的探索。内达华里诺大学的 DeLaMare 科学和工程图书馆（the University of Nevada Reno’s DeLaMare Science and Engineering Library）是美国第一个向学生提供 3D 打印机的高校图书馆。2012 年 7 月，Mary Washington 大学图书馆将一个未被使用的教室改造成为一个创客空间，并提供了 3D 打印机 replicator、printrbot 和其他工具。这个空间面向大学的所有成员，任何人都可以在这里制作一切其想要的东西。另外，瓦尔多斯塔州立大学（Valdosta State University）的奥达姆图书馆（the Odum Library）也正在开创创客空间。

图书馆要想开展创客空间服务，首先应举办创客文化交流活动。通过展示各类创意产品、开展某些典型数字制造工具，如 3D 打印机的入门培训等方式，激发读者的兴趣，让读者了解并体验 3D 打印等高端技术，接受创客空间服务的开放、分享、创新的理念，从而让更多的读者参与进来，享受图书馆创客空间提供的资源和服务。创客空间是技术与资源的分享地。为了鼓励人们进行深入交流，图书馆不仅可以提供实体空间，还可以提供在线论坛等虚拟空间，以满足人们的多元需求。在在线论坛上，人们可通过上传自己的设计原型与他人进行交流，而对该设计有不同见解的人可以附上自己的修改意见。通过深层次的互动，设计者不断受到启发，从而使原型不断得到完善。例如，美国就建有著名的 3D 模型展示网站 Thingive 和 Shapeways。因此图书馆构建此类的在线平台，能保证这些宝贵创意的保存与开放获取。并且，在线平台还可以作为图书馆创新空间动态、专家招募信息的发布平台，从而能够及时传递各类信息。另外，各种工具、设备、仪器的引进、维护以及人员培训必然是一笔很大的花销。因此，要对图书馆开展创客空间服务的积极意义进行广泛宣传，以鼓励社会各界爱心人士热心捐款；也可与厂商洽谈，鼓励他们捐赠产品，这样还有利于他们产品的推广。同时，高校图书馆应与设计、实验相关的专业（如建筑、机械、物理、化学、材料、数学、航空航天、汽车、装潢、服装设计、鞋类设计等）合作，将图书馆作为他们的实验基地，并由各专业各自提供各种软硬件。

（4）美国公共图书馆创客空间的建设实例——旧金山图书馆。旧金山图书馆为 13 ～ 18 岁的青少年提供了一个良好的数字媒体空间。并且，这一数字媒体空间是由青少年们参与设计的。旧金山图书馆问这些青少年有什么需求，这些青少年说想学习录像，制作广播节目，学习计算机技术，想要 3D 打印机，想要亲手体验制作的过程。因此，这些青少年参与设计了这个名为“Mix”的创客空间。但是，在设计创客空间时，旧金山图书馆并没有忘记这些青少年需要一个可以创新的地方，一个可以阅读图书的地方，一个安全的地方，甚至是一个私人空间。青少年在这里可以完成学校项目、家庭作业以及与朋友见面。这个空间是属于青少年的空间，这因此不允许小孩和成人进入。（旧金山图书馆有另外一个专为成年人使用的空间，还有几个用于少儿服务、早期识字和儿童发展的空间，还提供英语阅读服务。）

另外，旧金山图书馆有一个名为“Bridge”的新中心，在这里可以使用计算机，学习技术以及学习如何使用这里的工具。旧金山图书馆花费了 4 年时间计划这个空间以专为年轻人服务。为了这个创客空间，该馆把人力资源部和扫盲计划室搬到了图书馆的其他地方，以腾出空间专门做这个创客空间。并且，旧金山图书馆从图书馆外请许多专家，这些专家有的专家来自科学院，有的来自音乐学院，还有的来自电台，他们致力于发展创客空间，教学生如何制作电台节目或音频，以及如何编码。在这里，学生们可以就各种各样的项目直接向专家们讨教，也可在这里创造收音机，创建自己的网站，制作电子器件，创作诗歌内容，而且还能够把他们的创作成果放在 You Tube 上。另外，旧金山图书馆为了确保年轻人在将来可以胜任与现在所学技能有关的工作，同微软、推特开展合作。例如，微软、推特的工作人员以志愿者的身份来教导年轻人学习技能。

2. 哈佛大学图书馆的在线展览服务

哈佛大学图书馆丰富的馆藏资源、完善的数字资源以及良好的网络环境促进了其在线展览服务的发展。其馆藏资源覆盖各个学科，拥有藏书 1 500 多万册，为学术研究和文化交流提供了丰富的资源。哈佛大学图书馆官网首页的 “图书 & 档案”下拉选项中有 “在线展览”选项，其在线展览主要有以下特点。

（1）展览主题内容丰富，涉及范围广。哈佛大学图书馆在其 “在线展览”网页中放置了 42 个主题展览，主题内容涉及战争（ 美国内战）、移民（ 1789—1930 年美国移民问题）、宗教（ 伊斯兰遗产项目）、金融危机（ 美国四次经济危机）、校史（ 与哈佛大学相关的访谈、照片、出版物、研究等）、医学（ 近六百年来医学史上的重大发现）、法律（早期医疗事故案件）、计划生育（Galton 的孩子）、交通（铁路与资本主义转型）、殖民地（德国战时的英国社区）、名人传记（ 现代女性 Grete L. Bibring、美国诗人 Oliver Wendell Holmes）、摄影（ 摄影与广告艺术）、工业（工业时期的照片展）、疾病（天花）、妇女运动（女性、企业和社会）等。在线展览内容丰富，不仅包括哈佛大学自成立以来所取得的重大成就，还有美国著名的历史事件和名人概况。这些展览内容与其馆藏资源直接相关。因此，其丰富的馆藏资源促进了在线展览内容的多样性。

（2）设有深度链接，方便研究使用。其主题展览页面不仅有相关展览内容的详细介绍，同时还设有深度资源的链接，便于学者进行专题研究。例如，哈佛大学图书馆、档案馆和博物馆都收集了1789—1939年美国移民的一系列历史资料，其中，包括2 200多本书籍，40多万页出版物和手册，9 600多页手稿和档案，以及7 800多张照片。“在线展览”网页不仅提供了图书馆收藏的相关资料，还提供了与美国移民有关的其他数字资源链接，包括历史资源、美国黑人的移民经历以及家谱信息等链接。其中，在关于美国黑人的移民经历链接中，有英国广播公司（BBC）发表的有关“非洲奴隶制”的报道以及国会图书馆对于美国黑人的观点等相关内容的数字资源链接。总之，图书馆为用户整理的资料为相关学者进行研究带来了便利，同时也促进了馆藏资源的深度挖掘和再开发过程。

（3）强调与用户的交流与反馈。“在线展览”网页不仅注重在线展览内容的丰富性，同时在其网页下方设有“共享、邮件和连接”选项。用户可以将在线展览的内容发送至个人社交网站，这一方式促进了图书馆的宣传和推广，为提高其社会影响力发挥了重要作用。另外，图书馆通过邮件了解用户的需求和建议，可进一步完善在线展览信息，同时，用户的反馈也在一定程度上挖掘了图书馆馆藏，深入了对馆藏资源的开发和利用。

（六）美国图书馆文化创意产品实践总结与启示

1. 美国图书馆文化创意产品开发实践的总结

（1）文化创意产品的综合效益。图书馆文化创意产品的开发实践能够带来综合性的效益，即经济效益和社会效益。在经济效益方面，美国图书馆文化创意产品经营的资金流向明确，每个图书馆文化创意产品商店网站上均声明“所有收益均用于支持图书馆发展公益项目和创新服务。”因此，图书馆文化创意产品的经营能够为图书馆带来资金收益，这些收益可为图书馆发展特色活动和项目提供资金保障，尤其是一些规模较小或是资金超出预算的图书馆。在社会效益方面，美国图书馆文化创意产品开发实践得到了社会力量的参与与支持。例如，图书馆公益组织为文化创意产品的经营管理提供支持，当地设计师为文化创意产品开发提供创意，当地经销商为文化创意产品的种类数量提供补充，社会志愿者为文化创意产品的宣传销售提供帮助。因此，美国图书馆文化创意产品开发收获了读者的口碑，得到了媒体的宣传和社会的认可，有力地促进了图书馆的宣传推广和文化教育职能的延伸。

（2）文化创意产品的开发设计。美国公共图书馆文化创意产品的开发设计呈现出以下四个方面的特点：一是产品创意以图书馆本身、阅读活动和地方文化为来源。美国公共图书馆文化创意产品的设计往往以图书馆主题（图书馆标志、建筑、馆藏、用品等）、阅读元素（爱读书、爱阅读）、地方文化符号（传承地区特色文化）为设计元素，从而能够反映出图书馆文化创意产品的独特之处。二是产品贴近生活。美国公共图书馆文化创意产品的物质载体丰富多样，涉及日常家居到工作出行的各个方面，同时注重实用性与文化性相结合。三是产品文化内涵独特。文化创意是设计的精髓，美国公共图书馆文化创意产品将历史故事、文化背景与人文情感融为一体，从用户认可的情怀角度出发，从而能够吸引读者，使其产生共鸣。四是用户参与创意设计。正如Schmitt提出要通过感官、情感、思考、行动等让顾客享受难忘的消费体验。美国公共图书馆通过融入用户自身的创意价值，让文化产品变得更有意义，更加独特、个性。

（3）文化创意产品的营销推广。美国公共图书馆文化创意产品运用的创新营销渠道主要包含以下三个方面：一是富有创意的文化创意产品商店设计风格。西雅图中央图书馆通过创意商店实现了图书馆空间再造，实现了功能、美观和空间的有机融合。二是线上线下结合推广与馆外主动推广相结合。美国公共图书馆文化创意产品商店将店铺经营、流动推广和网络营销相结合，并实行会员折扣、退换保障等多种促销手段。三是，配有鲜明的文化创意产品说明标语。每一个文化创意产品均配有相应的说明文字，或是一段幽默的宣传标语，以解释其创意来源、产生背景、产品内容、规格特征等，让公众能够更好地理解文化创意产品的蕴含内容。

2. 美国图书馆文化创意产品开发实践的启示

（1）重视图书馆文化创意产品开发实践带来的机遇与挑战。公共图书馆文化创意产品的开发设计，是对优秀文化资源的传播与弘扬，是公共图书馆经济效益和社会效益提升的保障，是文化阅读和教育职能的延伸。基于公众的认知视角，图书馆及相应文化机构应加大对图书馆文化创意产品的宣传，获得读者对文化创意产品的支持与认可，明确文创产品开发的收益是为了更好地发展公共文化服务；基于图书馆视角，要求馆员应在意识、事业和责任感上予以重视，要求其不断地去学习、思考和创新，同时文化和旅游部也应给予相关支持，使相关人员能够获取相应的绩效奖励。

（2）凝聚有志于文化创意与公益服务的社会力量。公共图书馆文化创意产品的开发实践方兴未艾，应鼓励广大公众、社会志愿者和社会力量参与支持，协同图书馆做好宣传推广、开发共建和产品营销等工作。同时，应加强公共图书馆与文化创意产业机构、高等院校和专业设计机构的合作，开发设计更具文化内涵、能够反映图书馆和地区特色的文化创意产品，使产品的文化性、创意性和实用性相融合，并建立起优势互补、互利共赢的合作机制。

（3）发掘体现地方特色与历史人文价值的创意符号。地方文化是以地区风俗人情、自然环境、城市景观为标志的特色文化，彰显着地区人民独特的思想观念、生活方式和审美理念。公共图书馆具有收集整理地方特色文献、文化的职能，可以地方特有的标志性建筑、地方人文风景或是地区记忆为创意灵感开发文化创意产品。这样，不仅能够唤醒地区回忆，寄托人们的故乡情感，而且还可以向外界宣传和展示地区风貌和文化特色。

（4）促进图书馆和阅读文化创意元素的深度融合。“浅层融合”指的是直接利用图书馆名称、标志、建筑、用品（如图书馆书架、推车、卡片等），或者是阅读图案、文学作品名称作为主题设计文化创意产品。“深度诠释”则是指通过对图书馆的文化渊源、特色馆藏或经典图书的深入挖掘，将其所蕴含的文化意境、古典知识与现代艺术有机融合，以向公众展现一段历史、陈述一个故事，让古籍中的文字“活起来”。

（5）注重产品物质载体的实用性和读者的创意体验。图书馆文化创意产品应注重文化创意与实用价值的融合，其物质载体可以是与工作、学习、生活紧密结合的办公用品、日用品、纪念品或装饰品，其文化创意设计也应充分考虑产品载体特点。例如，将读书名言印在阅读时常用的手提袋、水杯上。另外，可以邀请用户共同参与文化产品的开发创造，通过自己的创意让产品变得独特，从而彰显文创的魅力。

（6）创新图书馆文化创意产品营销体系。图书馆应建立线上线下融合、包含节庆日文化创意产品专题展出与促销活动的文化创意产品营销体系：虚拟店面可以借助电子商务平台进行网络营销，并应保证后续配送和售后服务的完善；实体店可以利用图书馆特定区域的空间再造，进行文化创意产品的宣传、展示和销售。另外，可以结合特定节庆日、热点新闻举办主题活动，进行图书馆文化创意产品的宣传、推广、展览和促销活动。

总之，当今社会各界都在大力支持并推进文化创意产品的发展，如文化产业、创意设计行业等商业性机构，博物馆、美术馆、纪念馆等文化机构。相比较而言，我国图书馆文化创意产品的开发设计应彰显图书馆的独特性，从图书馆、特色馆藏、古籍文学、阅读推广、地方文化等方面寻求创意灵感；文化创意产品的营销实践中应减少商业性因素，注重文化价值与教育意义；将美国图书馆文化创意产品的经验启示与我国国情相结合，构建我国公共图书馆文化创意产品的发展框架。同时，建议今后在为图书馆文化创意产品经营场所命名时，应尽量避免直接移植国外的“图书馆商店（Library Shop）”，而应冠以“文化创意产品展览”，以更加凸显文化创意产品的文化交流、教育传播的社会效益。

（七）英国公共图书馆文化创意产品开发现状

大英图书馆（the British Library）是一座具有资源性和创造性的图书馆，拥有包括报纸、期刊、剧本、图画等在内的超过15 000万件馆藏。登录大英图书馆官网，可在目录栏发现“商店”选项，该在线商店的产品分为“新品”“哈利·波特”“书籍＆传媒”“日常生活用品”“时尚用品”“文具”“礼品”“打折产品”“复制品”9大类，产品种类多样，样式新颖。用户可根据自己的需求和喜好选择不同种类的产品。通过对大英图书馆商店网站中销量较高的产品进行分析，发现其文化创意产品主要具有以下五个特点。

（1）产品融入图书馆标志。大英图书馆文化创意产品种类丰富，样式新颖。例如，其中有一款专门定制的充电器“Maple Powerbank”，这款产品样式简单，产品印有大英图书馆的标志——British Library。除此之外，还有印图书馆标志的水杯、围巾、卡片等。图书馆标志是图书馆文化特色、经营理念以及价值取向的重要象征，将图书馆标志运用于文化创意产品是体现图书馆特色，进行图书馆宣传和推广的有效形式。

（2）产品内容体现地区特色。在其众多文化创意产品中，有一款名为“London Skyline Chess Set”（伦敦天际线象棋套装）的产品。这款产品的创意源于伦敦标志性建筑——威斯特敏斯特教堂、“小黄瓜”瑞士再保险总部大楼、玻璃桥塔、伦敦眼和大本钟。配色是经典的黑白两色，产品可折叠，方便携带。产品以伦敦的标志性建筑作为文化元素，充分体现了伦敦悠久的文化历史，同时也是对地方特色文化的推广和传承。将其制成象棋套装，增加了产品的趣味性和娱乐性，深受大众喜爱。

（3）产品内容融入书籍元素。例如，以图书插画和文字为元素的项链、笔筒、书包等日常生活用品。其中具有代表性的一款带有禁书文字的帆布包“Banned Books Bag”（被禁止的包）引起读者的广泛关注。这款产品的灵感取自Oscar Wilde的《道连格雷的画像》中“The books that the world calls immoral and the books that show the world its own shame.（那些被世人称之为不道德的书展示的是世界自身的可悲之处）”。产品上印有被禁止的50个经典书名，包括《1984》《雅歌》《尤利西斯》《杀死一只知更鸟》《美丽新世界》以及《撒旦诗篇》等。其文化内涵深远，体现了图书的意义和价值，能够引发读者的共鸣。

（4）依托展览内容开发相应产品。在其众多文化创意产品中，有部分产品是根据某时期的展览主题设计开发的，其中一款名为“Harry Potter：A History of Magic Poster”的产品是为庆祝“哈利·波特：魔术史展览”而特别制作开发的。这款海报以中世纪的魔法手稿为背景，手稿中两个突出的词“fenix”和“flamel”，是对大英图书馆藏书的称赞，手稿上方是由 Jim Kay 绘制的凤凰，大英图书馆的标志“British Library”位于海报中心。该产品文化内涵众多，不仅突出展览主题，以 Jim Kay 的凤凰插画为主要内容庆祝《哈利·波特与魔法石》出版 20 周年，还注有大英图书馆和布鲁姆斯伯里出版社的名称，以示对作者版权的尊重。《哈利·波特》系列小说深受世界各地不同年龄层次读者的喜爱，而与此相关的主题展览也会吸引众多读者。根据展览内容开发相应的文化创意产品，满足了消费者的文化需要，传递了文化内涵，发挥了图书馆文化教育职能作用。同时，也对图书馆的文化创意产品起到了宣传推广的作用。

（5）以文化节庆为契机开发相应产品。大英图书馆不仅利用与图书馆相关的内容开发文化创意产品，同时利用重大节庆和纪念日宣传和推广图书馆。例如，开发设计各类型的圣诞节主题文化创意产品。其中，有一款胶带以“圣诞节的十二日”为图案，称为“12 Days of Christmas Sticky Tape”。“The 12 Days of Christmas（圣诞节的十二日）”是一首著名的英文歌，这首歌的原始歌词是由英国天主教派所写。由于当时的英格兰国会不承认该教派，他们便通过这首歌进行传教。歌词表面是讲圣诞节十二日里要做的事，实际上这十二件事暗示天主教的十二种宗教含义。该产品以文化节庆为背景，同时引入了宗教文化元素。利用文化节庆开发相应的文化创意产品，不仅能引起民众的情感共鸣，也是推动图书馆文化传播的重要途径。

第二节　国内文化创意产品的研究及开发现状

一、关于国内图书馆文化创意产品开发的理论研究现状

在中国知网，采用高级检索输入内容检索条件“主题词”，检索词为“图书馆文化创意”或“图书馆文创”，截至 2018 年 5 月，获取检索结果合计为 250 条。下面对其中具有代表性的研究进行简单介绍。

赵晓红等提出图书馆文化创意产品开发的特征和存在的问题，并以南京图书馆作为实证研究的对象，提出图书馆文化创意产品开发的意见和建议。

莫晓霞认为图书馆文化创意产品开发活动可以为图书馆馆藏和功能加值、增加馆务基金、宣传图书馆形象等作用，并对开发种类与开发需注意问题进行论述。

田利提出从馆藏资源开发、业务模式创新与流程的软件开发、图书馆出版服务与开发、图书馆的创客空间服务、馆藏及读者信息数据发掘分析与智库服务、建立全国文创工作资源共享平台等方面着手，构想如何开展图书馆文化创意产品开发项目。

刘浩等结合我国台湾地区图书馆文化创意产品开发兴起的背景，分析其在产品设计、研发模式、市场销售、收入管理等方面的特点，其研究可以为日益重视文化创意产品开发的大陆地区图书馆提供一定的帮助。

马祥涛基于中共十八大以来有关文创产业、文化创意产品的相关政策文件，对其部分

表述进行解析，结合图书馆职能、社会发展角色定位、业界实践等方面论述图书馆参与文创工作的必要性和可行性，并从拓展图书馆职能、加强交流合作与推进跨行业融合、丰富图书馆服务内容、促进管理体制和运行机制改革等四个方面探讨了其对图书馆的影响。

郑钧认为省级公共图书馆是文化创意产品开发工作的主力军，但是也面临政策模糊、馆藏特色不足、相关人才匮乏、创新意识欠缺、经营认识存在误区等问题。省级图书馆文创开发工作是一个系统工程，需要从政策支持、单位重视、人才引进与培养、文创思维拓展等方面营造良好的文创开发工作环境，进而提出从突出馆藏特色、业务流程再造、工作模式革新、相关产业跨界融合、合作开发、共赢等方面着手，全面推动省级图书馆文创开发工作可持续发展。

田利结合《关于推动文化文物单位文化创意产品开发若干意见的通知》文件，对图书馆开展文创工作给出了指导意见，对发掘图书馆馆藏资源、弘扬民族文化起到了积极作用，从而有力地促进了文创工作的开展。但在实际工作中，图书馆开展文创工作存在着相关政策不完善、开发主导地位不稳固、奖惩制度不规范、难以处理公益性服务与文创开发的平衡关系等问题。基于此，图书馆应从积极争取政策法规支持、选择长期稳定的合作模式、设立合理的奖惩机制、处理好公益性服务与文创工作的关系等方面着手，建立健全图书馆开展文创工作的长效机制。

张小兵认为知识产权是图书馆文化创意产品合理开发的基础，研究图书馆文化创意产品开发中的知识产权侵权风险具有重要的应用价值与现实意义。图书馆文化创意产品开发具有文化属性、多样性、跨界融合等特征。图书馆文化创意产品开发在图书馆馆藏信息资源、产品设计的原创性、法律政策、管理体制、开发模式等方面容易造成知识产权侵权风险。现阶段，我国应强化知识产权授权、构建知识产权保护体系、加大知识产权意识的培育等，以规避图书馆文化创意产品开发中的知识产权侵权风险。

郭慧玲在分析图书馆文化创意产品开发理论研究与开发模式现状的基础上，构建面向用户创新驱动的图书馆文化创意产品开发模式，提出从转变思路与定准位、采取合适的经营运作模式、开展多元化营销、保护知识产权等方面着手，完善图书馆文化创意产品开发模式。

武吉虹在概述业界文化创意产品开发现状的基础上，探讨了图书馆文化创意开发应坚持的思路和方向以及需要遵循的原则。

陈畅通过分析目前国内公共图书馆文化创意产品的现状，研究公共图书馆文化创意产品的意义和重要性，探讨公共图书馆文化创意产品开发的思路和方法，主张推动生产图书馆文化创意产品，推进宣传图书馆形象，探讨公共图书馆文化传播的有效途径，从而实现图书馆文创工作的积极意义和价值。

上述研究多集中于图书馆与文创产业的关系、图书馆文化创意产品的概念、开发种类与项目设想、开发作用等，还未能涉及深层次的研究。例如，图书馆文创工作的实体组成、产品研发及营销等。

二、国内文化创意产品的开发现状

（一）国内图书馆文化创意产品开发工作的实践现状

图书馆界文创工作实践方兴未艾，呈现出逐渐繁荣发展态势。例如，国家图书馆在网上设立了“国图旺店”销售平台，通过文化创意产品的推广，实现展示图书馆教育功能、经营理念及传播图书馆文化的作用。南京图书馆编纂出版了《文津版四库全书》《南京图书馆典藏书目》等，以及加盖南京图书馆的纪念戳“陶风采”的图书，并且现场定做有南图印记的纪念品等。台湾大学图书馆设计制作了日历版桌面，并开发了资料袋、铅笔圆筒、文件夹、图书馆纪念铅笔、万用卡片、金属书签、便签本、藏书票等文化创意产品。另外，2016 年 10 月，中国图书馆学会在安徽省铜陵市首次组织了“全国公共图书馆文化创意产品开发试点培训班暨主题论坛”。2017 年 1 月，文化部公布了确定的 7 家文化文物单位文化创意产品开发试点单位名单，同时，公布了 55 家备案的文化创意产品开发试点单位，其中涉及首都图书馆、河南省图书馆、河北省图书馆等 36 家公共图书馆。

2017 年 9 月 12 日，“全国图书馆文化创意产品开发联盟”成立大会在国家图书馆举行。“全国图书馆文化创意产品开发联盟”是由文化部推动并指导，全国图书馆文创试点单位自愿参加组成的非营利性行业联盟。该联盟以弘扬中华优秀传统文化为目的，以引领和推动行业文创产业发展为宗旨，指导各成员通过文创研发、营销渠道、人才培养等资源的共建共享，提高图书馆文创研发整体水平。该联盟制定了《全国图书馆文化创意产品开发联盟章程（暂行）》等文件。联盟成立大会现场还举行了图书馆文创精品集中展示活动，来自国家图书馆和联盟各馆的近百件文创精品一同亮相。例如，外形古朴、内涵丰富的湖南省图书馆文创产品陶制小器“陶童”，软萌可爱的四川省图书馆文创产品“杜甫与熊猫”，造型别致的河北省图书馆文创产品创意纸抽盒等。会后，国家图书馆举办了为期 3 天的图书馆文化创意产品开发培训班。

目前，图书馆界文化创意产品开发工作在各方面都得到了积极进展，但也存在一些应该重视的问题。例如，产品以物质实体类为主，服务类产品开发力度不够；线上线下多渠道营销有待完善，有待形成长效运营机制；开发模式亟待成熟，跨界融合和行业联盟正在探索等。

（二）国内博物馆文化创意产品开发实例

博物馆商店是一个广义的概念，是指依托博物馆进行商业活动的场所。博物馆商店的经营范围很广，从人们旅行必备的衣食住行，到独具博物馆特色的旅游文化用品、旅游纪念品、书籍等。博物馆商店的发展是博物馆市场化建设的必然趋势，也是发展文博旅游业不可缺少的环节。博物馆商店是博物馆不可分割的一部分，并以商品营销方式协助博物馆达到其既定的目标。伴随旅游者消费需求的增多，博物馆商店的经营范围也在不断拓宽。博物馆商店与一般礼品店有所不同，其具有独特的使命与目标，即协助博物馆进行推广和宣传。其在产品策划方面必须针对博物馆的藏品、展览进行产品开发，并配套提供相关知识和故事背景，让博物馆观众不但能将“知识”带回家，也可馈赠他人。同时，文化创意产品被赋予了不同的艺术品位和馆藏特色，承载着与博物馆主题相关的历史、文化和艺术信息。国务院总理李克强于 2015 年 3 月 2 日签署第 659 号国务院令，发布《博物馆条例》（以下简称《条例》）。《条例》共 6 章 47 条，自 2015 年 3 月 20 日起施行。其中，第三十四条规定："博物馆应当根据自身特点条件，运用现代信息技术，开展形式多样、生动活泼的社会教育和服务活动，参与社区文化建设和对外文化交流与合作。国家鼓励博物馆挖掘藏品内涵，与文化创意、旅游等产业相结合，开发衍生产品，增强博物馆发展能力。"另外，《条例》规定："博物馆从事其他商业经营活动，不得违反办馆宗旨、不得损害观众利益。"因此，博物馆经营活动的目的是为了满足博物馆发展的需要，博物馆的非营利性质和开展商业经营活动并不矛盾。

目前，我国博物馆商店的文化产品构成类型主要以出版品、典藏复制品和旅游纪念品为主，文化创意产品缺乏创意，种类单一，鲜见特色，产品开发意识较为薄弱。调查结果表明，故宫博物院近些年在文化创意产品开发上面有很大的突破。其他博物馆虽然也在文化创意产品开发模式上进行了不断地尝试和革新，部分博物馆也取得了一定的成绩。但总体来说，我国博物馆文化创意产品的开发现状不容乐观，经济效益不佳。例如，南京博物院作为江苏省博物馆，中国第三大博物馆，在科研学术研究方面成果明显，但是在文化创意产品的开发研究上还有较大的不足。南京博物馆虽然馆藏文物资源相当丰富，各类文物藏品多达 42 万余件（套），馆藏数量位居中国前三名，每年接待的国内外参观人数上百万，但由于其文化产品开发受限，导致目前属于这方面的销售额偏低，远不能满足现有市场的需求。博物馆是一个国家和地区对外展示文明的窗口，汇聚着当地的历史和发展，展示着当地的特色和文化，其发展水平既是一个国家国力的体现，也是一个地方经济文化实力的体现。近几年博物馆文化产品开发成为备受博物馆界关注的一个新兴文化产业，我国早在 2010 年博物馆文化产品开发工作座谈会上就提出了"力争到 2015 年，逐步形成品种齐全、种类多样、特色鲜明、优势突出、富有竞争力的博物馆文化产品体系。"当今，世界交流联系日益紧密，国内博物馆应借鉴国外博物馆开展文化创意产品工作的经验，充分利用我国博物馆特色资源优势，开发出具有主题特色、彰显文化个性的文化创意产品。

1. 北京故宫博物院

北京故宫博物院位于北京故宫内，建立于 1925 年 10 月 10 日，是在明朝、清朝两代皇宫及其收藏的基础上建立起来的综合性博物馆，也是中国最大的古代文化艺术博物馆，其文物收藏主要来源于清代宫中旧藏，是第一批全国爱国主义教育示范基地。北京故宫是第一批全国重点文物保护单位、第一批国家 5A 级旅游景区、全国未成年人思想道德建设工作先进单位，1987 年入选《世界文化遗产名录》。

故宫博物院文物藏品总计 1 807 558 件（套），其中，珍贵文物达 1 684 490 件（套），占文物总数的 93.2%，占全国文物博物馆系统馆藏珍贵文物的 41.98%。故宫博物院在博物馆界拥有独占鳌头的藏品，决定了故宫博物院要责无旁贷地通过研发文化创意产品来弘扬及传承传统文化，因此，故宫博物馆在文化创意产品研发领域承担着极大的社会责任。

故宫博物院文创研发人员秉承"互联网 +"的精神，通过互联网销售终端收集用户大数据，分析消费者的年龄层、地域、文化等背景，有针对性地设计各类文化创意产品，并在设计过程中通过网络与消费者互动，研发出一大批构思新颖，兼具普及性、趣味性、实用性的文化创意产品，从而有力地促进了故宫文创设计。例如，故宫博物院文创研发人员在研发的时候，通过与年轻消费者互动，了解到年轻人喜欢随时上网，手机的使用率非常高，移动电源随身必备，而且，部分年轻人对宫廷剧十分感兴趣，对清宫历史的探索欲极强。于是，他们将这两方面需求相结合，研发了文化创意产品"正大光明移动电源""太和殿脊兽跳棋""黄金宫灯珊瑚白玉摆件""官帽书签——清代卫兵"等一系列深受广大消费者欢迎的产品。其中，“正大光明移动电源”选取的素材是故宫博物院乾清宫正中高挂着的、由顺治帝御书的“正大光明”匾。该匾的背后曾经隐藏自雍正帝至道光帝等四代皇帝亲笔书写的密建皇储的建储匣。“正大光明”匾见证了清代密建皇储制度的开创与完结。该产品将时尚外形与历史典故结合，受到了消费者的喜爱，是运用“互联网 +”思维研发的生动实例。另外，深受大家喜欢的太和殿脊兽跳棋，创意源于太和殿屋顶的脊兽，不仅向消费者传达了古代建筑的知识，也让消费者在使用产品的同时，感悟传统文化。

故宫博物院还逐步加强移动互联网营销建设。与传统互联网电子商务相比，移动互联网具有用户基础更加庞大、更加贴近市场和终端客户的优势。在移动互联网建设领域，故宫博物院大力发展官方微博以及“微故宫”“北京故宫文化服务中心”“故宫淘宝”等微信公众号，还准备建立统一的移动终端商业应用官方展示平台，通过移动终端，为游客提供寓教于乐的自主消费平台，并用富媒体方式向游客展示故宫游览消费路线及文化产品的商品信息，从而让观众更好地了解故宫和故宫文化。例如，若新品上线，即时推送消息，随时跳转电商页面，帮助用户购买喜欢的产品，并且，用户可即时分享信息到社群媒体。

另外，故宫博物院还用采集到的顾客背景及消费习惯等“大数据”，对消费信息进行统计分析，针对市场需求细分文化创意产品的设计生产，实现精准营销。这种文创产品营销模式依赖故宫的新媒体和数字化建设，这是文化信息市场对于文化产业的新要求，也是社会民众接受博物馆文化的必然需求。故宫博物院设置的文化产品品类及其占比：书籍影像占 58%，复仿品占 16%，家居装饰占 20%，服饰、饰品占 2%，文具办公占 4%。故宫博物院院长单霁翔表示，要让故宫文化创意产品更有文化气息，并通过电商平台让民众的购买更加便捷。例如，通过电商平台营销，2015 年上半年故宫文化创意产品销售额达 7 亿元，利润近 8 000 千万元。又如，在 2015 年故宫博物院 90 周年院庆当天（8 月 5 日），故宫博物院的官方淘宝店登上聚划算大促销，一天内共有 1.6 万单故宫文化创意产品在 划算平台成交。网友们的评价，如“故宫文创不只萌萌哒”“可爱故宫衍生品惹人爱，销量一路飙升”“故宫文化创意产品受网友热捧，设计师脑洞大开”等表达，体现了对故宫文化创意产品的赞扬和支持。从销售量、销售额等统计数据及网友们的评价表达可以看出，故宫博物院文化创意产品成功的一个主要原因是做网上平台营销。

总之，故宫博物院的文化产品不再局限于复制品的制作，而是通过创新设计、品牌授权、市场营销等机制将其推向了全国。

2.“台北故宫博物院”

“台北故宫博物院”坐落在我国台湾台北士林区外的双溪旁。整座建筑依山而建，采用中国传统的宫殿建筑形式，庄重典雅，极富传统色彩。博物院内收藏各类文物珍宝约 60 万件。通常，展馆会展出其中的一部分藏品，每三个月更换一次，且不定期举行各种特展。“台北故宫博物院”的三大镇馆之宝分别是翠玉白菜、肉形石和毛公鼎。其中，翠玉白菜和肉形石皆是精巧绝伦的工艺品，栩栩如生的造型足以以假乱真；而毛公鼎则是迄今为止镌刻铭文最多的重器，其珍贵程度世所罕见（当时的青铜器不但以质地、古旧程度论价，而且还按照铭文的字数加价，一个字可以加一两黄金）。除稀世文物外，“台北故宫博物院”还建有仿宋明庭院风格的“至善园”和“至德园”，“张大千先生纪念馆”也坐落在此。

“台北故宫博物院”在成立创意园区基础上，设立文化创意产业育成中心，引入文化企业，立足于将“台北故宫博物院”丰富的文物藏品开发成文化产品。入驻企业须进行为期半年培训，在充分欣赏、感受馆藏文物，深入了解、感知文物背后的历史故事、有关传说的基础上，进行相关产品的创造性设计，打造出适合现代人文化欣赏习惯和文化消费需要的产品。“台北故宫博物院”的文化产品品类及其占比：书籍影像占12%，复仿品占12%，家居装饰占37%，服饰、饰品占13%，文具办公占26%。2000年，“台北故宫博物院”发布“Old Is New”为H号的宣传片，后又以“形塑典藏新活力，创造台北故宫博物院新价值”为营运导向，并以专业化、工业化、科技化、年轻化，以及打造为世界级观光景点为营运方针，大力发展文化创意产业，创造了颇为可观的文化创意产值。以2010年，“台北故宫博物院”的文化创意产品主要收入逾10亿元，其中，礼品部营业收入就达6.476 3亿元。根据不完全统计，“台北故宫博物院”已开发出数千种文化创意产品，近两年的文化创意产品年销售额约2亿元，2014年的文创收入甚至超过了门票收入。在产品方面，“台北故宫博物院”每年三次公开征求台湾地区优秀厂商提供设计提案，也以比赛征件的形式征求优秀的创新设计。但所有的产品开发都有一个前提，即设计者要充分了解馆藏文物的相关知识，增进其对“台北故宫博物院”文物内涵及创意的理解后，再进行创新设计。

3.上海博物馆

上海博物馆创建于1952年，原址在南京西路325号旧跑马总会，1959年10月迁入河南南路16号中汇大楼，现位于上海市中心人民广场南侧黄浦区人民大道201号。1993年8月，上海博物馆新馆开工建设，1996年10月12日全面建成开放。上海博物馆建筑总面积3.92万平方米，占地面积1.1万平方米，地下2层，地上5层，高29.5米，总投资5.7亿元。上海博物馆新馆是方体基座与圆形出挑相结合的建筑造型，具有中国“天圆地方”的寓意。馆名“上海博物馆”是中华人民共和国成立后上海第一任市长陈毅所书。上海博物馆设有11个专馆，3个展览厅，陈列面积2 800平方米。馆藏文物近百万件，其中精品文物12万件，尤其是以青铜器、陶瓷器、书法、绘画为特色。上海博物馆收藏了来自宝鸡及河南、湖南等地的青铜器，有文物界“半壁江山”之誉，是一座大型的中国古代艺术博物馆。上海博物馆在文化创意产品开发方面经验丰富，早在1996年，该馆就已成立了博物馆艺术品公司，进行文化产品的创意开发，并为纪念品设立了专职部门，购买了一栋建筑作为其研发场地。除制作著名藏品的复制品外，还推出了400多种创意文化产品。上海博物馆艺术品公司纪念品的创新设计理念是把文物图案重新设计组合，并结合国际上最流行的元素而成。上海博物馆文化创意产品的销售触角已伸向网络、上海新天地、浦东机场、东方明珠，还进军到了大英博物馆与美国大都会博物馆。

4. 南京博物院

南京博物院坐落于南京市紫金山南麓中山门内北侧，占地7万余平方米，是我国第一座由国家投资兴建的大型综合类博物馆。该馆被评为“全国公共文化设施管理先进单位”“国家一级博物馆”“中央地方共建国家级博物馆”“全国爱国主义教育示范基地”。南京博物院现拥有各类藏品43万余件（套），上至旧石器时代，下迄当代，既有全国性的，又有江苏地域性的；既有宫廷传世品，又有考古发掘品，还有一部分来源于社会征集及捐赠，均为历朝历代的珍品佳作，可以说是一座巨大的中华民族文化艺术宝库。陶瓷、青铜、玉石、金银器皿、竹木牙角、漆器、丝织刺绣、书画、印玺、碑刻造像等文物品类一应俱全，每一品种又自成历史系列，成为数千年中华文明历史发展最为直接的见证。其中，新石器时代“玉串饰”，战国“错金银重烙铜壶”“郢爰”，西汉“金兽”，东汉“广陵王玺”“错银铜牛灯”“鎏金镶嵌神兽铜砚盒”，西晋“青瓷神兽尊”，南朝“竹林七贤与荣启期”模印砖画，明代“釉里红岁寒三友纹梅瓶”等都是国宝级文物。另外，“扬州八怪”“吴门画派”“金陵画派”、傅抱石、陈之佛等大家的书画藏品成组成系，别具特色。

2012年，南京博物院博物馆商店正式更名为“南京博物院文化创意部”，并引进了管理、设计等各类人才，现有工作人员22人，其中具有高级职称的人员5人，中级职称2人。自营场地有特展馆、历史馆、民国馆、艺术馆、非遗馆商场部各一个。另外，还有民俗茶社、茶餐厅等。其中，文化创意产品所在的商店主要位于特展馆二层的“博雅汇”。文创部主要负责江苏省博物馆商店联盟的资源开发工作，带领联盟成员共同发展，开展博物馆文创产业研究，培养文化创意人才和营销人才。文化创意部还成立了以院内外专家为主的审核委员会，其主要职责如下：对所开发产品审核把关；负责南京博物院文化创意产品的开发、营销与管理，提升南京博物院的社会影响和品牌形象；结合展览开发相应的文化创意衍生产品作为展览的延伸和拓展；扩大南京博物院的社会服务范围，提升公众服务能力和水平；负责南京博物院对南京博物院经营性合作项目的审核和组织论证工作，并对投入经营的资产进行监督管理。

另外，南京博物院以文化创意为核心，以高新传统技术为支撑，以国内外市场营销和消费群体为导向，开发与博物院藏品展览相关配套的系列中高档文化创意产品。并与国内多家知名文化企业签订合作协议，利用其优势资源，采用授权、特许生产等合作模式，研发、生产具有博物馆特色的文化衍生产品。在全省范围内设立博物馆商店，采用连锁运营模式，这对于进一步提高江苏省博物馆整体运营效益，促进文化大发展大繁荣具有重要意义。

对南京博物院官网给出的数据进行统计分析可得：①精品典藏类（15个），价格从几百元到几万元不等，其中长毋相忘银带钩价格最低，为520元；仿单管铜牛灯和仿铜卧鹿价格最高，为18 000元。②书画、图书类无。③文具类（28个），其中，喜鹊登门便签本价格最低，为7元；雨花石镇纸价格最高，为481元。④家庭生活类（43个），其中，红包价格最低，为15元；琉璃辟邪价格最高，为900元。⑤服饰类无。⑥3C产品（电子）类。⑦其他。

南京博物院文化创意部所设置的网上展示的文化创意产品共有7类，按照产品种类数量的多少排序，依次是：家庭生活类（43个），文具类（28个），精品典藏类（15个），余下四类为书画、图书类，服饰类，3C产品（电子类）和其他具体展示品。具有展示品的三大类别中，价格较高的是精品典藏类，多数价格为四位数。例如，仿神兽1和仿神兽2，价格均为5 800元，铜鹿灯4 800元，仿全兽3 800元，仿双管铜牛灯2 800元，仿水晶带钩2 800元，玉龙2 500元，仿蛤蟆砚台1 800元等。

从上述数据可知，精品典藏类文化创意产品一般是仿制南京博物院本身独有的藏品而成，价格高，购买者少。这一类产品主要是针对馆内珍藏精品文物的复制或仿制品，属于较为传统的博物馆文化产品的种类，是承载博物馆特殊意义及形象的主要商品。这类产品主要通过复制青铜器、高仿瓷器和精仿书画形成。通过精确的测绘和扫描，按比例缩放；根据不同的消费层次，选择材料的等级和工艺的精细程度，并予以不同的价格。在制造开发的过程中，对藏品的原貌、比例、技术等需谨慎对待，因此此类产品价格高，可以满足一些喜欢珍藏古玩的藏家将“文物”带回家的愿望，并满足大众对传统文化的情感认同。此类文化产品没有创意和设计的理念，只是单纯的复制，所以在选择复制和藏品时，一定要使用博物馆的精品文物，以此体现博物馆特色，提升博物馆文化藏品的档次。例如，南京博物院的仿金兽和玉龙，既可以作为人们家中的观赏陈列品，也可作为高端礼品用于文化交流。

在文具类的28个展示品中，售价三位数的蓝釉描金粉彩开光转心瓶属于南京博物院的精品文物，南京博物院早在2013年11月二期工程完工，新馆开馆之际，便以蓝釉描金粉彩开光转心瓶为主做深度开发，将其开发成相关的一系列产品，从家居产品、生活小物到3C产品无所不包。这样深度的开发不仅可以加深观众对此文物的印象，更有利于宣传南京博物院的重点文物，提高其知名度。按照展示品来看，书签的数量最多，共9个，其中，八骏书签、金兽书签、LOGO书签同为28元，铜镜流苏书签为20元，竹林七贤书签为19元，如意盘书签为16元，转心瓶磁性书签为15元，转心瓶磨砂书签为12元，松龄鹤寿书签为10元。其次，是便签夹，有3个，其中，神兽便签夹为35元，太平有象便签夹为42元，转心瓶便签夹为56元。产品数量排名第三的是名片夹套盒，有2个，价格都为80元。其余常见的文具类产品，如纸胶带、铅笔套装、橡皮擦等都只有一个。

在43个家庭生活类展示品中，按照价格进行归类，售价为两位数的有32个，从15元到98元不等；售价为三位数的有11个，价格最高的是耶稣像怀表，为518元，价格最低的是硅胶iPad保护套，为108元。按照系列划分，有竹林七贤、青花和转心瓶。竹林七贤硅胶钥匙扣为18元，竹林七贤玩偶48元；硅胶青花手机壳为90元，硅胶青花隔热垫为89元，青花硅胶餐垫为198元；转心瓶开瓶器为36元。这类产品的开发更加注重实用性。例如，开发了马克杯、冰箱贴、便签本等几十种亲民产品。只有卖点突出，才能形成一系列的产品，形成市场趋势，产生购买力。依托博物馆特色的主题产品，不仅能够延伸观众对于博物馆特色的记忆，更为弘扬博物馆特色提供了唤醒参观记忆，催生深度共鸣的物质载体。

我国各个博物馆的文化创意产品，其目前的获取途径主要是在其所在的博物馆商店或者柜台购买，南京博物院也不例外。为满足展陈和为公众服务的需求，南京博物院还在民国馆、非遗馆内设有多家集展览和经营于一体的实体店铺，在特展馆、历史馆等馆内设有茶馆、咖啡馆等餐饮店。

另外，在每次展览的旁边，南京博物院都设有柜台展示并出售与该特定展览相关的文化创意产品。南京博物院对文化创意产业十分重视，一步步促进相关文化产品的研发工作，开发了一批将本馆特色文化与创新意识相融合的文化创意产品。富有文化设计感的文化创意产品可以将博物馆商店提高到一个新的平台，同时也能更好地宣传博物馆、宣传文化，做好社会教育功能。如今，南京博物院在文化创意产品的开发中，以藏品为载体，开发出了贴近人们生活的物件（如美观大方，兼具实用性和一定的收藏价值的文具类、3C电子产品类、家庭生活类产品），使古代历史上只有宫廷才有的东西走进千家万户，满足了大众日常生活的需求，延伸了观众对于博物馆特色的记忆。

（四）国内外博物馆文化创意产品开发现状比较分析

1. 国内外博物院文化创意产品开发工作的共同点

国内外博物馆文化产品的开发种类大致相似，都以出版物和创意纪念品两类为主要开发对象；国内外在博物馆文化产品的开发上都注重以馆藏文化为出发点；国内外博物馆均设立专门店面进行文化产品的销售。

2. 国内外博物馆文化创意产品开发工作的差异点

国内博物馆大多偏重文物、书籍复制品，以及该地区民间工艺品的开发，产品分类结构不均；国内博物馆针对儿童的文化产品开发较少；国外博物馆大多偏重创意纪念品的理念设计和创意加值，文物复制品较少，且大多不单独分类，产品分类结构相对均衡；国外博物馆的网购平台较国内的较为完善。

3. 造成上述差距的原因

（1）国内一般民众不了解博物馆的文化产品与一般商品的区别，对文化产品概念缺乏，不清楚文化产品的价值到底在哪里。

（2）对知识产权等问题认识不够。人们尽管经过了30年市场经济的熏陶，对于知识产权有了一定的了解，但并不清楚该如何对其加以利用，从而制约了文化产品市场的发展。

（3）我国文化产品种类少，人们的设计意识薄弱，创意能力相对不足。国外的博物馆文化产品十分讲究对原创作品的二次加工设计，我国却还停留在把一个图案简单地附着在某一个器物或织物上的简单的商品设计阶段，这导致消费者对此类文化产品兴趣不足。近些年来，随着文化产业的发展和博物馆门票的免费开放等，我国博物馆从业人员开始逐步关注文化产品的开发。例如，故宫博物院、首都博物馆、上海博物馆、苏州博物馆以及"台北故宫博物院"等，不仅设立专门的文化产品商店，还提出"把国宝带回家""可携带的博物馆""Old Is New"的口号，不断刺激观众的消费。然而，我国博物馆大多还是以经营食品饮料、旅游纪念品等商品为主，且产品存在设计粗糙、形制雷同、类别繁复等问题。文化产品整体结构比例失调，产品种类侧重于出版物类和典藏复仿品，真正的文化创意产品所占比重很小，无法体现出本馆自身的优势。而国外博物馆的文化产品主要以本馆文化创意产品为主，其他各类产品也均有销售，产业结构比较合理，基本可以满足不同类别游客的需要。因此，国内博物馆与国外博物馆相比，还有一定的差距，在文化产品的创意、理念方面，都还有很大的发展与提升空间。

4. 国外博物馆文化创意产品开发工作的启示

近年来，我国博物馆的文化创意产业逐步形成了规模，产品也日益丰富。据统计，全国有2 500余座博物馆都在进行文化创意产品销售，形成了一定规模的文化产品创意产业，这极大地丰富了人民群众的文化生活，满足了一些观众"把博物馆带回家"的愿望，并获得不少社会点赞者。这些成功，源于博物馆界思想观念的提升与成熟，在于博物馆坚持了其公益性质及其教育功能，坚持了一条正确的普遍认同的思想路线，同时，也在于博物馆对创意产业的地位、作用和经营模式有了精准的定位。但相比国外博物馆文创产品开发工作，我国博物馆的文创产品开发还有较大的提升空间。为此，要做好以下几个方面的工作。

（1）创意产业要独立运行。创意产业本质上属于经济活动，有自身的一套区别于博物馆运作模式的运行规律。因此，在管理上，要把创意产业与博物馆分开，令其独立运行。人财物、责权利，自成一个系统，分灶吃饭，避免其对博物馆公益性的干扰。

（2）博物馆的公益性不可动摇，社会教育功能不可动摇。这是《文物保护法》和《博物馆条例》所规定的，任何产业，任何经济行为，都不得冲击这种定位。

（3）要实施精品战略。博物馆出售的产品必须与博物馆高雅的文化品位相匹配。要在创意、设计、选材、制作、包装等各个环节下功夫，做到精益求精。

（4）遵循以下文创开发设计要点。第一，立足于自身资源的核心优势，提炼出具有典型性，易于结合当代产品工艺进行深度开发的文化形象。第二，产品的造型和寓意必须具有时代感，符合现代审美和现代使用功能。第三，产品要迎合不同的消费心理，满足不同的购买能力，在品类和价格上要尽可能形成差异化。第四，产品要注重品质和格调，兼具文化内涵和审美品位，设计上要能体现出创意性与艺术性，并且制作精良。另外，产品的包装设计也要讲究艺术。

（五）国内图书馆文化创意产品开发实例

1. 国家图书馆

国家图书馆在文化创意产品开发方面取得了良好的社会效益和经济效益。国家图书馆从 280 余万册（件）馆藏古籍善本中吸取其精华，去其糟粕，遴选出精湛的、典型的文献内容，组织文创工作者研发出大量的衍生品、复制品、出版物等，以满足用户的需求。国家图书馆专门设立了网上销售平台“国图旺店”，“国图旺店”通过文化创意产品的推广，展示图书馆的教育功能、经营理念，并发挥传播图书馆文化的作用。国家图书馆通过“国图旺店”可以使读者更多地了解国图，把图书馆“请回家”。例如，馆藏资源复制品。通过对国家图书馆馆藏《介子园画传》高仿复制，形成花、鸟画芯，放置书房，相得益彰，赠送书友，高端雅致。又如，古籍珍藏出版物。根据启功、韩昇、万明、杨镰在内的十几位专家学者的论著编辑出版的《中国典籍与文化》，是讲座“中国典籍与文化”讲稿的结集。再如，馆藏衍生纪念品的开发。国图根据甲骨精品制作的十二生肖钥匙链，根据馆藏中的《庆赏昇平》图中的彩绘戏曲人物图谱制作的庆赏昇平书签等。

“国图旺店”是图书馆文创商店的代表。截至 2017 年 12 月 19 日，通过网上数据查询，得知其销售结果并不十分乐观。具体销售结果见表 3–1。

表 3–1　淘宝网“国图旺店”销售情况一览

品种	总种类	销售种类	销售种类占比 /%	销售数量	销售额	占比 /%
生活用品	31	9	29.03	131	3 252	41.08
办公用品	32	5	15.63	10	366	4.62
礼品书	25	5	20.00	29	4 268	53.92
邮品	6	1	16.67	3	30	0.38
复仿品	5	0	0.00	0	0	0
合计	99	20	20.20	173	7916	100

由上表可知，淘宝网上国图旺店全店商品共 99 种，其中，有销售记录的商品为 20 种，共有 79 种商品销售数量为 0，销售总数量为 173，总销售额为 7 916 元。由此可知，目前，图书馆文化创意产品离被市场普遍接受还有不少距离。有丰富的馆藏资源及优秀的设计人才的国家图书馆尚且如此，而对于省级图书馆来讲，珍贵馆藏资源的缺少、人才的匮乏、信息的不畅都将会制约文创工作的开展。因此，图书馆文创产品开发有待奋力开拓创新。

2. 南京图书馆

南京图书馆的前身为创办于 1907 年的江南图书馆和筹建于 1933 年的“中央图书馆”。截至 2016 年底，南京图书馆馆藏图书为 1 062 万册，藏书总量仅次于国家图书馆和上海图书馆，在图书馆界享有很好的声誉。历史文献是南京图书馆馆藏的一大特色，目前有古籍为 160 万册，民国文献为 70 万册。古籍中善本超过 14 万册，其中有很多唐代写本，辽代写经，宋、元、明、清历代写印珍本等。截至 2016 年 3 月，已有 524 部珍贵古籍入选国家珍贵古籍名录，在全国同级范围内名列前茅。南京图书馆是百年大馆，众多的珍贵典籍为文化创意产品的开发提供了丰富的素材。2016 年，南京图书馆尝试开展文化创意产品研发。在“4·23 世界读书日”之际，推出“陶风采——你选书，我买单”和“惠风书堂”服务项目，致力于打造“南京图书馆文化品牌”，将自行研究与和科研院所、地方高校合作相结合，开发具有江苏地方文化特色的系列产品。

南京图书馆文化创意产品主要集中在南京图书馆一楼惠风书堂，惠风书堂设置了一个文化创意产品专柜，专柜中的产品品种包括生活物品、3C 产品、服装首饰、家具用品、文具等。例如，馆藏元刻本柳如是小象竹制笔筒、明代古籍《金陵图咏》插图文件夹等，价格便宜，文化品位高，深受用户喜欢。

3. 台湾地区图书馆

（1）台湾地区图书馆文化创意产品研发兴起的背景。

①政府部门的引导与鼓励。文化创意产业由于依赖知识、文化、创意等因素，对自然资源的需求较小，且具有低投入、高收益、无污染等特点，因此备受各地政府青睐。台湾地区文化创意产业起源较早，在 20 世纪 90 年代已提出，但其真正发展形成规模则是在 2002 年以后。当时台湾地区经济日益低迷、制造业向岛外转移，急需寻找新的经济增长点，而岛内文化氛围浓厚、聚集了一批在华人文化圈以及东南亚地区颇有影响的文化人，加上台湾地区科学技术较为发达，因此，台湾地区政府部门大力鼓励、发展文化创意产业，制定了一系列有利于文化创意产业发展的政策，如“调整 2008：台湾地区发展重点计划”，以及 2010 年颁布的《文化创意产业发展法》。受政府政策的鼓励与支持，台湾地区社会参与文化创意的动力十足。仅在 2013 年，台湾文化创意产业产值突破万亿元（新台币），并创造了 4.3 万个就业岗位。

②对外交流展现形象的需要。对外交往的频繁以及本单位举办活动时要给来往嘉宾赠送纪念品等需求，促使台湾地区一些公共图书馆、高校图书馆产生研发具有本单位特色的文化创意产品的想法。文化创意产品可以展示自身的馆藏资源，凸显本单位的特色，同时其所传递出的文化内涵、文化创意，能够展现研发单位的形象与实力，给对方留下美好印象。“台湾图书馆”开发文化创意产品，并不以销售为目的，其目的在于制作能够凸显馆藏与象征台湾地区文化的具有衍生价值的产品，从而提升本馆形象。台湾师范大学图书馆文化创意产品研发的起因，也与校方在对外交流中逐渐不满足原校园纪念品格调档次低、不能完美展现其形象有很大关系。

③活化典藏资源，服务社会需要。如何活化、传承珍贵的典藏资源，使其更好地为社会大众所利用，是台湾地区公共图书馆、高校图书馆思索的一个重要问题。如何营销馆藏内容，进而建立图书馆形象，是每个图书馆必须面临的议题。图书馆采用文化创意的方式激活典藏资源，让社会大众更亲近与现代生活渐行渐远的古代典籍，从而更好地实现其所肩负的社会教育和传播文化的功能。丰富的馆藏资源为文化创意产品的开发提供了核心创意来源。例如，台湾图书馆选取《采风图合卷》中的插图制作成笔记本、书签、书袋、马克杯等，把古籍中的图案活用起来，进而激发用户对古籍文献原著的好奇。台湾师范大学图书馆研发的《山海经》纸胶带，文化气息浓厚。又如，台湾大学图书馆每年都会出的日历版的桌面，大部分以果树、草本等为主题，十分清新淡雅。另外，台湾大学图书馆还研发了图书馆纪念铅笔、马克杯、万用卡片等文化创意产品。

（2）台湾地区图书馆文化创意产品开发的经验。在政府部门政策的鼓励以及岛内浓厚的文化创意氛围的影响下，台湾地区各大图书馆纷纷投入文创热潮，推出具有本单位特色的文化创意产品，取得了不菲的社会效益、经济效益。台湾地区图书馆文化创意产品开发的经验主要有以下五点。

①重视设计研发，采用独特模式。台湾地区图书馆文化创意产品的设计研发主要有两

种模式，一是以台湾图书馆为代表的授权委托模式；二是以台湾师范大学图书馆为代表的专业团队独立研发设计模式。台湾图书馆没有设置专门的部门开发文化创意产品，馆内各部门根据需要自行开发。参与文化创意产品开发的部门有汉学研究中心、特藏文献组、国际合作组和知识服务组，而文化创意产品的售卖则由台湾图书馆秘书室负责。台湾图书馆一般采取授权委托的方式，这种方式有两种方法，一种办法是由台湾图书馆提供授权资源图像，由厂商自行设计开发，另一种办法则是厂商根据台湾图书馆提供的样稿进行生产。

与公共图书馆缺少专业文化创意团队不同的是，台湾地区高校重视文化创意专业团队的建设，一些高校均成立了专业的文化创意机构。例如，台湾大学、台湾师范大学将文化创意产品的设计研发交由图书馆下属的出版中心负责。台湾师范大学一改过去校园礼品由校内各单位与学生团体个别制作的模式，由图书馆成立出版中心礼品部，从设计、生产到营销，皆由该出版中心一手完成。虽然出版中心负责文化创意产品的研发直至销售，但其在设计上并不闭关自守，而是采取灵活的原则，广泛吸纳校内各单位、师生以及社会各界的设计灵感。例如，台湾师范大学图书馆出版中心鼓励教职员工和学生将其设计的兼具文创和商业价值的作品授权给它，并允许他们同时进行加工与贩售，而出版中心则根据相关规定对授权者给予一定报酬。

②树立品牌意识，注重产品形象。台湾一些图书馆在开发文化创意产品伊始即雄心勃勃地要努力打造产品品牌。台湾师范大学图书馆出版中心将其文化创意产品命名为“吹台风精彩文创”。“吹台风”来自前副校长林盘耸的构想，他希望这股“台风”能够吹向全世界，通过成功打造台湾师范大学品牌，让更多人看见台湾师范大学所蕴含的创新能量与无限可能。台湾师范大学图书馆巧妙地利用日常生活中人们耳熟能详的“台风”这一气象术语，不仅让人们迅速地记住了这一品牌，而且寓意深远，借文化创意产品向外界人士宣传本校以及台湾地区的文化与理念。设计人员筛选出具有台湾师范大学特色的人、事、景、物，并将这些人、事、景、物透过设计转化成台湾师范大学特有的图案纹饰，从而开发成具有商业应用价值的创意商品，如“阿勃勒”系列文化创意产品。“阿勃勒”是台湾师范大学校园中广泛种植的一种树木，因其金灿灿的花给人以浪漫和光明的感觉，备受师生喜爱。设计人员将这一景象通过写意的方式处理，并将这一形象运用到日常用品，如雨伞、票卡夹和 T 恤衫上，从而让人更加喜爱。特别是“阿勃勒”雨伞，因其热烈浪漫的图案，可以让人一扫阴雨天的不适，收获心理上的愉悦，所以备受欢迎。产品形象是单位对外展示的一张名片，因此，产品形象的优劣高低关乎本单位在他人心目中的印象。对于参观者和外宾来说，文化创意产品代表着美好的参观体验和回忆，因此，其设计要精致典雅，从而能够激起购买者和收藏者的审美愉悦。例如，台湾图书馆在选用古籍文图制作文创商品时把“美感”放在第一位，要求“兼具典雅与精致之质感”“色彩温雅丰满、精笔手绘之逸趣脱俗”。

③明确市场定位，注重销售渠道。台湾师范大学图书馆出版中心在文化创意产品开发伊始，即将其消费者群体分为两类，一类是本校师生，另一类是来校参观人士。进而根据这两大群体确立该校文化创意产品的两大生产方向：一是反映台湾地区意象的产品，二是具有学校自身特色的产品。生产方向的确立，不仅能够满足校内师生以及校友购买具有校园特色、充满校园记忆的产品的心愿，而且能满足校外人士借此了解台湾地区的愿望。文化创意产品的销售价格则根据消费者群体的承受能力和产品档次确定。例如，既有物美价廉的笔记本、雨伞、帆布袋等，也有价格较为昂贵的，但颇具特色、格调高端的由本校大

师设计的陶瓷水杯。台湾地区公共图书馆和高校图书馆均重视产品销售渠道的建设，除了精心打造实体店之外，在网购愈演愈烈的当下社会，他们也重视网络销售渠道的建设。我国台湾地区图书馆的文化创意产品虽然主要用于对外交流，商业化不是其主要目的，但在其官网仍设有文化创意产品销售专区，并附有详细的介绍。读者在官网首页可以顺利找到销售专区，且每件商品的图片、价格、规格一目了然。另外，台湾图书馆同时委托三民书局在官网上售卖其文化创意产品。台湾师范大学图书馆文化创意产品的销售渠道分为校内外实体门面和网络店铺两种。就校内销售渠道而言，图书馆出版中心在校内人员密集处分别设置了 5 处实体售卖点，如图书馆、进修推广学院等地，还在人流量较大的学校市集里设置摊位，在方便人们购买的同时提高销量。校外方面，图书馆出版中心与一些旅游热门景点合作，如台湾历史博物馆、梁实秋故居、三民书局等，将自己的文化创意产品在这些场所寄卖。另外，台湾师范大学图书馆注重网络销售渠道以及销售时机。在台湾一些著名电商平台，如奇摩商城、酷点校园平台等推出自己的文化创意产品。网络销售不仅进一步增加了文化创意产品的销量，而且省去了实体店经营成本，节省了寄卖需分给其他单位的提成。此外，图书馆出版中心，利用节假日如春节、父亲节、母亲节、西瓜节、阿勃勒花季等推出相关产品和销售活动。例如，在特有的西瓜节上，将一批西瓜图案、造型的创意产品如西瓜便条纸、西瓜相机背带、西瓜防尘塞等提供给师生选择。

④商业化与公共服务两种途径并重。台湾地区一些图书馆不仅追求文化创意产品的商业化，而且重视文化创意产品的展示与服务的多元化。例如，台湾图书馆和台湾大学图书馆在参与开发与建设典藏资源数据库时，以文化创意的方式激活典藏资源，在为中小学生、社会大众提供学习资源方面做出了一定表率。《金石昆虫草木状》《太古遗音》是台湾图书馆的镇馆之宝，为了让更多人对其进行了解与认识，台湾图书馆特意制作数字课程，供社会大众学习。同时，台湾图书馆更是别出心裁地采用“展演活动”的创意方式推广经典阅读。例如，台湾图书馆用戏剧的方式展现古代诗人的心路历程与文学创作，将文学、戏剧、音乐、舞蹈、书法等元素融为一体，以吸引观众了解传统文化，达到传播传统文化的目的。台湾大学图书馆以收藏珍贵、丰富的歌仔册著称。歌仔册具有历史、社会、传统文化等研究价值，为了更好地保护民间艺术，帮助更多人了解、学习歌仔册，台湾大学图书馆建立“歌仔册念唱学习知识网”，将歌仔册数字化，设计为成套教材，包含念唱影音档案、文本故事导读、学习手册等，同时挑选合适的内容改编为动画故事。目前，大陆地区对图书馆等公益机构开展文化创意产品营利服务有一定质疑，担心会降低公共服务的质量。我国大陆地区公共图书馆可以借鉴台湾地区图书馆的经验，在商业化的同时，研发一些具有公共服务性质的文化创意产品供民众使用，这样既可消除民众质疑，又可提高知名度。

⑤灵活分配文化创意产品收入，鼓励研发和销售。受公共图书馆非营利性身份的限制，文化创意产品所有收入要依法全部上缴政府财政，不得截留，这在一定程度上影响了文化创意产品开发的积极性和经营规模的扩大。与公共图书馆不同的是，“台湾高校图书馆”出版中心具有一定的自主权，文化创意产品收入一部分上缴校方，一部分归出版中心。校方为了鼓励图书馆出版中心研发、销售文化创意产品，对文化创意产品收入采取灵活的提成办法。营业额愈高则抽成百分比愈少，以鼓励提升业绩。在这一政策的鼓舞下，台湾地区高校图书馆出版中心研发、销售文化创意产品的积极性较高。

（3）台湾地区图书馆文化创意产品开发的启示。目前，我国大陆地区图书馆文化创意产品的研发还处于起步阶段，对台湾地区图书馆在研发文化创意产品上取得的经验可以借鉴，针对其存在的问题则要注意避免。总之，今后大陆地区图书馆在研发文化创意产品时要注意以下四点。

①要加大对文化创意产品的研发和投入力度。据统计，目前大陆地区文博单位开发的文化创意产品年销售额在500万元以上的超过20家，开发产品种类在100种以上的近30家。但图书馆对文创产品开发的贡献则较小，说明图书馆对此的重视和投入不够。目前大陆地区图书馆设有正式的文化创意产品商店的仅国家图书馆一家，南京图书馆虽然已开发出一部分文化创意产品，但没有专门的文创商店，只是将产品在馆内书店售卖。图书馆拥有丰富的馆藏，能够为文化创意产品的开发提供极大的资源优势，但这一资源优势迄今尚未引起足够的重视，也没有发挥应有的作用。大陆地区图书馆应该意识到开发文化创意产品对发掘馆藏资源、增进人民对馆藏资源尤其是历史文化了解、宣传本馆形象的重要意义。要将文创工作落到实处，从人力、物力、财力配置等方面着手，组建专业团体负责文化创意产品的研发、销售，亦可采取与社会其他机构联合设计、生产的模式，以弥补专业人才不足的问题。

②要树立重视文化创意、突出产品特色的意识。不难看出，大陆许多旅游景点纪念品缺乏鲜明特色，品位低劣无人问津。虽然大陆地区博物馆对开发文化创意产品较为主动积极，但产品特色不够鲜明，也不突出。有学者曾指出，“国内博物馆商店由于产品种类单一，设计缺乏新意，常常是游客‘过而不入’的参观盲区。设计思路平淡无奇，难以给观众眼前一亮的感觉。”因此，图书馆在设计研发文化创意产品之初就应该突出产品特色，避免产品销路不畅的局面。鲜明的产品特色能够充分提升本单位的形象、传递馆藏资源的宝贵价值，同时真正起到美化人们生活的作用。因此，图书馆的文化创意产品要努力表达本馆资源的文化特色。这就要求设计人员必须深入了解、挖掘典藏资源的历史价值与文化意蕴，选取本馆资源中有特色的元素进行创意表达，通过精心设计创造出全新的充满美感的产品。

③要积极履行公共服务的职能。图书馆承担着社会教育、传播优秀传统文化的职责，因此不能一味追求产品商业价值和营利目的，否则，会引起民众对公共图书馆身份的怀疑和不满。文化创意产品的教育性远远大于商业性，其目的在于创造图书馆的延伸体验，体现图书馆藏品的附加价值。在这一点上，大陆地区图书馆可以借鉴台湾图书馆和台湾大学图书馆的经验，采用数字化的方式激活典藏资源，以供公众了解学习，同时，处理好公共服务职能和商业价值的关系。只有这样才能实现文化价值和实用价值的有机统一，取得社会效益和经济效益双丰收。

④要给予一定的文化创意产品收入支配权。我国公共图书馆等文化文物单位采用的是收支两条线的管理方式，此规定严重影响了公共图书馆研发文化创意产品的热情。有专家指出，文化文物单位将收入全部上缴的同时，还要承担经营活动的全部风险，包括经济风险、安全风险、政治风险等，从而产生严重的“权利和责任不对等”等问题，打击文化文物单位开发文化创意产品的积极性。因此，相关部门应该给予公共图书馆等文化文物部门一定的文化创意产品经营收入支配权，以提高文创人员的主动性。国务院办公厅在2016年5月颁发的《关于推动文化文物单位文化创意产品开发的若干意见》中，虽然提出“在开发模式、收入分配和激励机制等方面进行探索”，并对在开发设计和经营管理方面有重要贡献的人员按规定予以奖励。但各单位尚未出台配套政策，因此，文创人员没吃到“定心丸”，仍存在思想顾虑。

第四章　图书馆文化创意产品的开发实践

第一节　图书馆文化创意产品的开发方向

一、图书馆文化创意产品开发分类

在文化创意产业链上图书馆文化创意产品大致可分为以下三类：内容类文化创意产品、创意类文化创意产品和延伸类文化创意产品。

（一）内容类文化创意产品

内容类文化创意产品具有原创性、思想性、创新性的特点，包含了传统文化研究与创新、流行文化研究与创新、电影、动画、新闻出版、文艺演出等内容。这类文化创意产品作为内容类文化创意产品，主要解决消费者需求的本质与核心内容。

1. 出版物类

出版物主要是指一些出版印刷的图书馆学术资料，这些资料旨在公布、宣传图书馆的发展理念及其研究成果，包括书籍、期刊、图书馆导览手册，以及展览的画册、明信片和光盘等。这一类产品能够承载图书馆大量的文字信息，读者可以从中详细地了解到该馆藏品的历史意义与学术价值。图书馆出版物也是图书馆中最早出现的文化产品。出版物，往往是指馆藏二次、三次文献的加工，例如，图书馆主办的期刊（国家图书馆、部分省级图书馆、高校图书馆主办的学术期刊），报纸（图书馆馆讯、图书馆报等），利用馆藏文献信息整理出版的图书资料、视频与音频资料（光盘、音像制品）等。

2. 典藏复仿品类

典藏复仿品主要是指一些高精度复制、仿制的典藏艺术品，属于较为传统的图书馆文化产品，也是图书馆文化产品中价格较高的产品品类。利用科技复制手段开发的典藏文物复制品，是各个图书馆重要的文化产品类别。这类产品最大的特点是高近似度地复制原作，其因对文物原貌有极高的复原度，所以具有极高的收藏价值。从研究和观摩的角度来讲，这类产品的清晰度和观赏性有时会胜于原作，因此，可以满足经济条件较优越的读者将“古籍带回家”的愿望。另外，典藏复仿品作为“可带走的图书馆”文物，同时具有对教育功能的延伸作用，可让观众延长对于图书馆文化的体验与记忆。典藏复仿类产品是所有图书馆文化产品中最少运用到创意设计手段的类别，在产品不断发展的过程中，对典藏复仿品的开发最重要的是实现材料上的创新。例如，“台北故宫博物院”销售的“翠玉白菜”复仿品，采用现代科技手段，将“翠玉白菜”真品 1∶1 复制，所用的材质不仅能体现出原件的色彩和质感，其价格也能够被参观者所接受。另外，图书馆要根据市场需求，制作馆藏文献的仿制品、复制件。图书馆可以根据馆藏文献的特色设计艺术品造型、色彩、材质、尺寸等，以制作成适合市场需求的各种各样的仿制品和复制品。

（二）创意类文化创意产品

创意类文化创意产品的主要特征是通过创意对文化进行转移，即通过具体设计创意将内容类文化产品或直接将传统文化及当代文化移植到产品中，使消费者能够通过产品的拥有和使用获得对文化的消费体验，从而提升传统产品的附加值。图书馆创意纪念品主要是指通过提取经典馆藏文献中蕴含的创意设计元素，运用设计手段对其进行加工设计而创造的创意产品，其创意主要源于馆藏文献元素和图书馆文化主题。创意纪念品与其他传统产品不同，它不仅仅是对馆藏文献图案、纹饰或造型的直接复制，而是运用创意设计方式，结合创新设计理念和现代科学技术设计的创意产品。图书馆的创意纪念品具有明显的主题性，价位不等，种类多样，可满足不同读者的消费需求，因此这类创意纪念品也是最接近一般商品的文化产品。创意纪念品的产品价值在于创意与文化的结合，不同于千篇一律的商品，其是依托于馆藏特有文化内涵的独特的设计产物，设计空间十分广阔。

（三）延伸类文化创意产品

延伸类文化创意产品具有非兼容性和非排他性的特征。这类产品包括商务服务、会展、文化设施等，能够提供让读者体验文化的非物质性的服务。这类文化创意产品在满足读者精神需要的过程中还能使其附带获得利益和效用。延伸类文化创意产品主要包括以下五种类型。

（1）采用的各种创意方式或工具及各种新型形式等。例如，上海图书馆的创客空间服务，通过提供创意空间，增加创客们对图书馆资源及工具使用的观感性、体验性、互动性等。又如，武汉图书馆文化艺术培训中心的深层次课外辅导。再如，2017 年，广西图书馆免费举办的暑期作文培训班、“巧手工艺”学剪纸培训班、“图书之友”志愿者服务培训班、“我爱朗读”朗读者培训班等。另外，《文创开发意见》对文化信息资源数据库的建设、资源数字化、文化资源信息共建共享平台建设也提出了要求，特别突出了无形产品的开发对文化创意产品开发的重要性。但是，大部分图书馆并不认同无形产品开发，仅把无形产品作为图书馆的服务延伸内容，这一点值得商榷。

（2）馆藏文献与图书馆特色品牌衍生纪念品，其主要以实物形式呈现出来，包括具有生活实用性的饰品、文具、衣服、配件等。图书馆在保持原有典籍特质的基础上，采用不同材质或规格制作不同类型的纪念品以及具有典型区域文化特征的实物文创纪念品。这类文化创意产品在设计灵感上不苛求于本馆馆藏资源，而是扩大到整体区域文化，跳出藏品的点，抵达文化的面。例如，地域跨度较大的丝绸之路文化、草原文化、长江文化、运河文化、古都文化、茶马古道文化等。苏州图书馆文化创意产品“衡山杯”和“文衡山先生手植藤种子”，就是根据本馆“衡山仰止——吴门画派之文徵明特展”特别设计的。

（3）图书馆通过提炼文献的艺术表现特征，并与其他功能性产品相结合而形成的新的文化创意产品，如家居装饰、珠宝配饰、服饰等。这类产品中的每件商品都经过艺术家、历史学家、设计师的研究，是对图书馆文化意义的挖掘和转化，在设计上非常具有创意性和针对性，并且具有良好的产品加工工艺质量。

（4）用户体验型产品。用户体验型产品以馆藏资源为立足点，通过开展实地体验及运用新媒体技术等手段，将体验要素依附于图书馆文化创意产品和相关的服务之中，让用户在馆内消费的过程成为产品的一部分。例如，APP（Application）等基于移动终端和互联网平台的数字应用型文化创意产品。图书馆通过 APP 可以联结图书馆、文创人才、文化企业三大主体，帮助三方通过手机客户端大力建设自助互助服务渠道，从而拓展互联网服务模式，通过移动互联网为三方创造更多价值。图书馆可以借鉴北京故宫博物院的经验，开展线上文创经营活动。北京故宫博物院已推出多款构思精巧、品质出众的 APP 应用。它委托专业团队潜心研发，融入丰富的文化知识、精美的人物形象、出色的背景音效和有趣的内容设计，让故宫数字出品在国内博物馆中独秀于林。其官方 iPad 应用“皇帝的一天”推出不久就赢得了超高评价，声色并茂的“韩熙载夜宴图”更是让人拍案叫好。早在 2013 年，故宫博物院就推出了第一款 APP——“胤美人图”，其以馆藏著名古画为底本，结合家具、宫廷生活、陶瓷、书画等资料，研究绘画本身的构图、技法。在另一款 APP“每日故宫”里，故宫博物院每天都会推出一款藏珍品的详细介绍，以及部分文物的工艺特色与背景故事，而且附有精美的电子日历，还用心设计了心情笔记的记录与分享功能，这些功能既专业又富含创意和人性化。另外，故宫博物院还非常重视微信平台的传播，经由故宫博物院授权，北京故宫文化服务中心全力负责开发故宫元素的文化产品，旗下的“故宫淘宝”微信团队运用数字技术制作了动态版的《雍正行乐图》，并在其微信公众平台上发布，不但让静态的图片“活了”过来，还特别设计了时兴网络风格的旁白，这些接地气的改造使故宫博物院迅速拥有了众多低年龄段的消费群体。

（5）创客空间。图书馆是创意项目的创新工场，是促进创新能力和经济发展的智慧之源。图书馆作为传承优秀文化、提供知识服务、鼓励思想交流、激励创新的场所，是设立创客空间的最佳选择。图书馆拥有一支有专业知识和信息技能的学科服务团队，团队成员与专家学者和企业之间建立着良好的联系，是一个汇集信息交流、知识共享、情报服务、创意培养等功能于一身的非营利性文化教育机构，因此能够满足创客的各种需求。图书馆创客空间的功能定位有：传播知识的功能、信息知识服务功能、创意孵化功能、创新教育功能、探究学习功能等。图书馆创客空间建立的初衷是给创客提供一个将创意变为现实的场所。从这个角度看，目前国内的图书馆创客空间都配备齐全了电脑、多媒体投影设备、3D 打印机等。但从另一个角度看，图书馆的资金有限，诚然工具和空间在创新创造活动中是必需的，但并不是图书馆创客空间服务的核心所在，且仅依据这两者创立的创客空间容易被社会性创客空间所取代。为了使公共图书馆创客空间更具有竞争优势，在其发展过程中应突出其自身文献信息保障的核心功能。例如，成都图书馆结合自身优势建立了“阅创空间”，其由阅读空间、数字化媒体空间、创客工作室、小组讨论区等 4 个功能区域组成，旨在解决创客在创新过程中信息不通畅的问题。又如，中国科学院文献情报中心集成研讨厅被称为“知识实验室”，实验室配备的 9 块大屏幕能够调出不同的屏幕，支持用户采用不同的系统对数据进行分析，便于用户在进行信息分析时产生头脑风暴。在这个“知识实验室”中，不同的专家学者可以根据不同的文献资源分析事物未来发展的态势。相较于个体结论而言，这种环境下产生的认识更加全面。中国科学院文献情报中心“知识实验室”的模式，是图书馆创客空间可以大力借鉴的模式，这是因为基于大量文献和数据分析得到的创新更具有实际意义。另外，图书馆如火如荼地建立创客空间不能以削弱其基本职能为代价，只有平衡好图书馆建设、用户服务与创客空间之间的关系，图书馆创客空间才能长久发展下去。随着文化创意活动的发展，图书馆还出现一些其他类型的文创开发形式。例如，上海图书馆的“创客空间”服务、武汉图书馆文化艺术培训中心的深层次课外辅导等。

二、文化创意产品的时代消费特征

随着物质生产的极大丰富和人们需求结构的改变，人类社会已经进入一个由消费主导的消费型社会。法国社会学家让·鲍德里亚（Jean Baudrillard ）在《消费社会》中直言消费型社会正逐渐取代生产型社会，“生产的主人公传奇已到处让位给消费主人公。”在消费型社会，公众的消费观念正在从物质消费的享受转向精神消费的满足。消费结构呈现出深层次的变革：从物质生活消费逐渐转向精神文化的消费；从对单纯的物的消费逐渐转向对意义、品质和情感的消费；从相对单一、低层次的消费结构更多地转向多元化、高层次的消费结构。对此，后福特主义（ Post-fordism）学派认为，消费比例中越来越多的部分不再是为了满足衣食住行等基本的物质需求，而是为了满足非物质的需求。为了满足这些非物质的需求，非物质服务的消费和物质商品的消费同样重要。在消费结构的变革中，文化消费的地位逐渐提高，成为消费结构转型升级的主要方向。我国近年来的文化消费持续增长，2011—2014 年我国城乡居民人均文化娱乐消费支出平均增长 12% 以上，2015 年全国居民文化教育娱乐人均消费为 1 723 元，占全年人均消费总支出的 11%。文化消费支出的增加，使得人们对各类文化产品的消费迅速扩大，部分文化创意产品的消费甚至出现井喷式的增长。

一方面，随着人们可支配收入和休闲时间的增加，超越性需求不断被发掘，精神文化消费的潜力不断释放，文化消费将继续保持高速增长的势头。另一方面，当前文化消费的需求与生产之间的有效传导机制尚未形成，有效供给和有效需求仍然处于一种非关联受控状态。因此，文化创意产品有效供给与文化消费需求之间的矛盾将会越来越突出，文化创意产品消费的缺口将持续扩大。可以预见，文化创意产品消费的结构性缺口将随着人们文化消费潜力的释放和消费能力的增长进一步增大。

另外，精神文化的消费呈现出个性化、审美化的趋势，人们消费的重心正在从产品的功能和特色转移到意义的彰显和情感的满足。因此，随着文化消费的持续增长，人们对个性化、原创性和具有审美意义的文化创意产品的需求将日益增强。图书馆文化授权是对图书馆文化的创造性生产和传播性输出，文化授权产品因加入了图书馆文化的特性和创意的元素而具备了文化创意产品的个性化和原创性特征。因此，属于人们文化消费的对象，受到文化消费规律的约束和影响。

文化消费的过程，是消费者对蕴含于文化产品中的精神文化的重新认识和建构的过程。建立在对文化内容理解基础上的精神文化的重新认识和建构，本质上是一种文化的再生产，甚至可以理解为人自身的再生产与人的精神世界和社会精神秩序再生产。因此，文化消费在内在机理上表现出文化的建构性与生产性。

文化消费这一特性能够直接反作用于促成文化消费实现的文化生产，进而影响文化的生产过程。文化消费最终成为文化生产的重要引导力量。文化授权的本质是文化的生产与再生产，生产对象——文化授权产品将直接面向大众的评阅和消费。因此，文化授权也会受到文化消费变化的影响。

文化消费的对象是承载文化价值和经济价值的文化内容产品。因此，文化消费的过程明显表现为以文化价值为主体的消费特征。文化消费的价值消费特征要求在文化生产过程中努力创造、生产文化价值，以满足人们对文化价值消费的诉求，并力求实现一定文化投入的价值最大化。文化消费的这一特征对本质上属于文化生产的文化授权具有显而易见的影响。文化授权的过程是价值创造、增长、流通和输出的过程。这一过程能否满足人们的文化价值消费需求，能否契合人们的精神文化消费类型，对文化授权的成效具有实质性的影响。

文化消费具有明显的象征性和符号性特点。文化消费的这一特征是由文化消费的对象，即文化产品的象征意义和外在的符号特性决定的。以具有文化内涵的文化内容为依托的文化产品在生产过程中必然会融入一定的文化象征意义，并通过不同的文化符号表现出来。这成为文化产品不同于一般产品的方面。人们对文化产品的消费更多的是对产品的象征意义的消费。消费过程中文化产品的象征意义在一定程度上转化为象征消费者精神面貌的符号。同时，在对文化产品及其象征意义消费的过程中，人们沟通的载体和话语交际的新空间得以形成。由此，文化产品的价值和意义在更大范围内得到传播和扩散。文化消费的象征性和符号性特点要求图书馆文化授权必须将文化资源转化为具有象征意义、能够反映人们精神面貌和交际话语的符号性产品，只有这样，图书馆文化产品才能为人们接受和消费。

另外，公众的文化消费过程表现为人们对消费对象内在价值的认同与自身外在行为的自觉行动。而这种来自个人价值认同和自觉行为的文化消费过程更多的是出自一种个人主观的判断和选择，其合理性和正确性常常难以被有效评估和衡量。对此，英国学者戈尔汉（Garnham）认为，公众对文化商品的消费具有高度的不稳定性和不可预测性，他们借此来表明自己的独树一帜。公众文化消费过程中的价值判断和消费行为选择主要受到其文化消费心理的支配以及文化消费偏好的影响。不同个体的文化消费心理不尽相同，即便是同一人其在不同时期的文化消费心理也可能存在差异。因此，公众文化消费心理整体表现出一种相对主观的非理性状态。尽管这样，文化消费心理仍然受不同地域文化心理、人们在不同时期的精神文化需求等因素的影响。特定的地域文化心理从根本上奠定了人们的文化消费心理形成的基础，一定时期的精神文化需求则直接促成或改变了这一时期的文化消费心理。

文化商品市场价值的实现以及文化商品生产和销售的可持续性在于文化商品的消费能在多大程度上满足人们当前的精神文化需求，进而能在多大程度上满足因这种精神文化需求而产生的心理渴望。图书馆文化授权的顺利运行也与公众的文化消费心理密切相关，文化授权产品最终要直接面对公众的评判和消费，文化授权产品是否符合公众的消费心理，很大程度上决定了其能否唤起大众的消费欲望、激发大众的消费行为。不同人的文化消费心理在一定时期内又存在一定的共通性，因此，个体消费行为可能会引发群体性的文化消费行为，从而在更多公众中形成基于这种文化消费行为的文化消费心理，并形成广泛的社会连锁效应。在这种效应下，文化授权产品的价值实现程度将会趋于最大化。

那么什么样的产品才是受欢迎的产品？答案会有很多种，但最核心的是，产品应匹配时代文明、解决现实需求、引领未来生活。

产品消费的时代特征与国家经济、文化、技术、社会的发展现状息息相关，不了解时代整体进程，不体察消费心理变化，文化创意就成了纸上谈兵、闭门造车。当前，影响我国文创消费的主要因素包含以下八个方面。

（1）国民经济发展与国民收入增加带来支付能力的提高，人们愈加重视生活质量，不再满足于低俗简陋和粗制滥造的产品，对产品品牌和品质的要求日益提升，对高端产品需求增强。

（2）产业升级与电商发展，让商品制造和流通的效率突飞猛进，使人们的购买选择变得异常丰富。

（3）随着消费人群生活方式的差异化不断加大，市场细分也不断深化，个性化与原创性产品的需求日益增强。

（4）信息产业与社交网络快速发展带来的资源共享，以及图书馆和公共艺术空间的发展，让人们的艺术审美能力大大提高，不再满足于粗鄙丑陋的产品。

（5）对外开放与国际交流不断深入，世界文化的持续引进与融合大幅提高了人们的文化视野，消费者不再满足于元素陈旧的单一性传统民族文化产品。

（6）作为社会中坚和新生力量的70后至00后是网络时代主流，这类人群的网络化程度高，受网络文化影响巨大，对幽默、轻松、时尚、高科技、互动式产品需求大大提高。

（7）二次元群体不断增容，成为虚拟文化创造与消费主力，动漫、动画、网游及其衍生同人创作与周边产品需求快速提高。

（8）社会竞争强化带来的忧患意识、现实社会的人际疏离感，以及对个性解放的渴望，让人们更加渴望温暖、体贴、富含情感以及能够代表个性价值观的产品。

脱离时代的设计、粗制滥造的工艺、因循守旧的造型、地摊式的经营，显然早已无法满足个性化、多元化，以及注重品质、时尚、情感、思想、趣味的现代消费思维。图书馆文化创意产品在设计、生产、包装和营销上都将面临全新的挑战。文创领域将会迎来细分化、高精化、人性化、功能化全面创新的发展趋势。

（1）细分化。必须针对当今消费需求日益多样化的现状，以及由此日益精分出的用户群的类型和层级，对产品的造型、功能、价格、包装、营销予以准确的分类与定位。

（2）高精化。随着用户群审美力和购买力大幅提升，文创市场越来越呈现出高精化的发展趋势，因此必须全面提升文化创意产品的各项品质，从外观、内涵到工艺都必须具备创意性与高规格。

（3）人性化。现代生活形态必然由现代思想和现代审美决定，因此在开发时必须使产品的性能用途和外观造型贴合现代思想、美学、情感与趣味，并使其具备使用的先进与便利性。

（4）功能化。生活形态的发展和技术进步对文化创意工作提出新的要求，如何将从传统到现代的各类文化元素通过创意形成的审美功能与实用功能有机结合，影响着产品的应用增值。

第二节　图书馆文化创意产品的设计与开发

一、文化创意产品的价值构成和构成要素

（一）文化创意产品的价值构成

图书馆文化创意产品具有文化性与功能性等特征，产品价值在于提炼文化并兼顾功能。文化创意产品的价值构成系统与一般商品有很大的差异，其价值并不仅仅由社会必要劳动时间、个别劳动时间或由购买者的需求和支付能力、价值效用等显性要素决定，而是由隐性价值和显性价值共同决定的。

文化创意产品的显性价值与一般商品并无二致，其独特性在于体现“文化”的隐性价值。隐性价值是文化创意产品价值的核心部分。“文化”来源于特色的民族历史资源、人文底蕴和文化内容产业等。在图书馆文化创意产品的生产过程中，“文化”可以间接影响新产品的附加价值，因此，文化创意产品的隐性价值是图书馆的核心竞争力。传统产业通过改变商品的功能为消费者提供更高的使用价值，从而获得高利润。但是，图书馆文化创意产品通过在满足消费者功能价值的基础上改变消费者的观念而获得利润。这些观念主要表现为文化价值、信息价值、体验价值等。同时，文化创意产品的价值实现在整个产业链中。

从存在状态看，文化资本本质上是一种可转化为经济价值的文化价值。这种文化价值主要来源于文化资源的开发和释放。但文化资源并不直接等同于文化资本，文化资源也不会天然地作为文化资本成为“大规模的生产场域”中的生产要素。只有对文化资源进行系统发掘、整理和包装，使其具有文化资本的属性，然后结合其他要素的投入，将这类文化资源开发成文化产品和服务，并使之进入经济流通领域，才能实现文化资源的文化价值向文化资本所具有的经济价值的转化。文化资源是图书馆发展文化创意产业的资源基础和优势所在。图书馆发展文化创意产业的过程就是实现图书馆文化资源向文化资本的转换过程。实现图书馆文化资源源源不断地向文化资本转换，并最终作为生产要素投入文化产品的生产、流通、消费等领域，需要图书馆从“有限的生产场域”向“大规模的生产场域”转变。而文化创意产业发展背景下图书馆发展理念和功能定位的转变是图书馆生产场域转换的实质。

（二）文化创意产品的构成要素

传统产品的设计理念支持一种高投入、大批量的生产方式，然而在现代传媒和广告的鼓动之下，有计划地废止成为一种“时尚”。物质产品的生产沿着“原料—大规模生产—大众消费—报废”的轨迹发展，然而现代社会中的人在享受物质带来的快感和便利的同时，也产生了对回归传统、追求文化的质朴生活的向往。文化创意产品正是为满足该种需求而产生的。同时，要成为文化创意产品，必须具有文化、创意、体验、符号、审美等要素特征。

1. 文化创意产品中的文化要素

文化创意产品中的文化要素主要包含以下两个维度。

（1）纵向的历史性文化延续。历史性文化即所谓的文脉，其英文为“context”，原意是指文学中的“上下文”；在语言学中，该词被称作“语境”，是指使用语言的此情此

景与前言后语。更广泛的意义，引申为一事物在时间上与其他事物的关系。在设计中，刘先觉将其译作“文脉”，更多的应理解为文化上的脉络，强调文化的承启关系。文化创意产品中的文化要素能够满足人们对过往的追忆，从而得到心灵的慰藉，这就如同当城市逐渐兴起，人们离开祖祖辈辈生活和耕耘的土地，住进单元公寓房。但是，人们没有忘记土地以及耕种的生活方式，在阳台上总会摆几个花盆，费尽心思地弄来土壤，种上花草以及小葱、大蒜、辣椒、冬瓜、丝瓜等。这就是“种植文化”的残存，它残留在人们的血脉之中，一旦有机会就会发芽。

（2）横向的区域性文化传承。20世纪后半叶，很多设计研究机构及设计公司开始从社会学科中寻找信息和方法，以找到用户与产品的联系，使产品能够传承特定区域的文化，从而能够在产品中反映出特定区域相似的社会环境、文化背景、知识体系和生活经验等。正如马克思所讲：“各种经济时代的区别，不在于生产什么，而在于如何生产，用什么劳动资料生产。劳动资料不但是人类劳动力发展的测量器，而且是劳动借以进行的社会关系的指示器。”当下的信息社会、知识经济及文化产业意味着人类生产方式的一次革新，人类创造财富的方式从过去依靠体力劳动的旧劳动方式逐渐向依靠脑力劳动的新劳动方式转变。同时，人类将文化、知识、信息视为重要的新生产资料，并把人类的创意看作经济前进的主要动力之一。文化创意产品正是在这样的背景之下孕育而生的，因此创意成为其关键性要素。

2. 文化创意产品中的创意要素

如前所述，创意在英文中表达为“creative”或“creativity”，所对应的汉语意思为原创性的、创造一种新事物或提出相关的“点子”“想法”“理念”等。文化创意产品主要是指依据文化，通过创新思维的加工、设计而生产出的能够满足消费者精神和文化需求的产品。因此，文化创意产品中的文化并不是对传统既有文化的一种照搬和简单的复制，而是通过一定经济意识对传统物质文化和精神文化进行再创造，从而产生出适应现代人们的生活方式和审美情趣的文化形态。文化创意产品正是通过创意将文化要素融入功能与实用性中，成为可供使用和欣赏的产品。文化创意产品不单是满足产品的实用功能，更多的是通过巧妙的设计、创新、灵感将文化融入产品感性形式及其使用过程之中，使人们在紧张工作之余得以舒缓压力，增加工作和生活的乐趣。

文化创意产品中的创意并非凭空产生的，而是有其具体的来源。其主要来源包含以下三个方面。

（1）来自对社会的认知和理解。社会是由具体的个人组成的，社会也会以共同的价值观、流行风尚或者一种固定印象影响到每一个人。每一个人对于文化创意产品的选择无疑标榜了一种价值态度和社会阶层定位。因此，文化创意产品的创意必须建立在人们对价值态度和社会阶层洞悉的基础之上。

（2）来自对生活的关怀和理解。对生活的关怀和理解，来自亲身经历或个人感悟，或是对美好生活的想象，还包括听别人叙述故事、浏览网页等，这些都会为文化创意产品的创意注入新的营养。

（3）来自历史的、地域的文化。主要表现为一种有关风土、人情、自然、地理的文脉，抑或是更进一步的精神层面的信仰、传说、神话等。文化创意产品除了具有有形的价值，还具有无形的体验价值。它如同一幅油画，除了能够让欣赏者产生视觉上的愉悦，还能获得某种体验性心理感受。这种体验性心理感受是因人而异的，因此具有潜在性和不确定性等特点。

3. 文化创意产品中的体验要素

潜在性和不确定性增加了文化创意产品的魅力。所谓体验，英文表达为“experience”，意指出于好奇而体验事物，感悟人生，并留下印象。这种心理感受能使人们感受现实中的真实，在大脑中浮现出深刻的影像，并促使人们回忆起深刻的生命瞬间，从而对未来有所感悟。文化创意产品中的体验是指用户在使用产品过程中建立起来的纯主观感受，主要体验为以下四个方面。

（1）视觉冲击。视觉冲击是激发文化创意产品体验要素的首要环节。现今的设计越来越强调科学、逻辑和抽象的造型叙事表达，却忘记了通过视觉冲击刺激大脑皮层，从而引发联想，促使相关的体验。

（2）功能自然。对于自然物而言，功能是与生俱来的。例如，树叶的功能在于其具有叶绿素从而能进行光合作用，水的功能存在于其本质的流动性和液态的天然属性，而文化创意产品的功能是一种师法自然，以人在自然界中天然的“人—物”关系为基点展开文化的衔接和形式的生成。例如，人有坐的需求，其所对应的产品为千差万别的坐具，如榻、椅、凳、沙发等，但无论哪一种坐具都应该考虑到人自然放松时坐的状态，从而昭示出“自然坐”的体验。

（3）内容切合。文化创意产品所附加的文化性内容通过叙事性的设计手法在产品的“移情”中得以实现，从而达到“抒情的创造和写意的表达”。

（4）方式合理。文化创意产品的使用方式，是沟通产品和使用者的纽带。方式合理主要体现在要让人们能够读懂产品的操作，要和人们的习惯性认识形成一种文脉联系，以便勾起其对过往美好经历的回忆。同时，所附加的文化需要和产品的功能要与使用环境的文脉相切合，使体验能够得到顺利展开和生长。

4. 文化创意产品中的符号要素

象征主要是指用具体的事物表示某种抽象的概念或思想感情的行为，是人类独有的行为。人类通过使用象征符号实现象征意义的表达，因此，能否创造符号是人类与动物的重要区别之一，正如卡西尔所讲：“人是符号的动物。”特别是人类进入大众传播时代以后，以广播、电视、网络、报纸、杂志等为代表的现代大众传媒，运用先进的传播技术和产业化的手段，每时每刻都在向人们进行大规模的信息生产和传播活动，从而使我们的生活环境到处都充满象征性符号。例如，某人穿一身蜘蛛侠的衣服，这套服装不仅有蔽体保暖的功能，更重要的是它能表明着装者对于该电影的态度。

在现代传媒的推动之下，与操作、性能等产品本身相关的内容相比，产品的符号意义往往更需要设计师去揣摩和挖掘。文化创意产品之所以能被冠以文化，也是因为其利用产品的造型来表达一种文化内涵，从而使该产品成为承载该种文化的符号。

人与人之间的交流是通过语言、手势、眼神等完成的，物与人之间的沟通是通过符号产生的。人们在创造产品功能的同时，也赋予了它一定的形态。而形态可以表现出一定的性格，就如同它有了生命力。人们在使用产品的过程中，会得到各种信息，产生直观的心理感受及生理反应。而文化创意产品正是利用各种创意方法来创造产品形态和产品的使用环境，从而传达出一种文化。文化创意产品的符号性能够表达出以下三个方面的文化意义。

（1）对消费者自身文化符号认同的表达。自身文化符号认同的选择受到消费者自身品位、学识、修养等方面的影响，表现为一定的生活品位、思想水平和艺术鉴赏能力。而文化创意产品正是借助其与环境相互作用之后产生的特定含义，来满足消费者对流行时尚、社会价值观或者某种固定印象的追求。

（2）对流行审美文化的符号表达。消费者通过文化创意产品的造型特征形成感性认识，从而产生相对应的知觉和情绪。在相同地域的同期，人们对美丑、高雅、柔和、自然、稳重、轻巧、圆润、趣味、简洁、新奇、女性化、高科技感、活泼感等流行审美文化有相同的理解。消费者的这种感觉和情绪也会随着社会文化的改变而变化。例如，通用汽车以彩色轿车取代了福特的黑色轿车，而当人们看到满街色彩缤纷的轿车疾驰的时候，就会想拥有一辆黑色的轿车，这体现出了这种变化的微妙之处。又如，苹果公司的 G3、G4、G5 电脑的形态、色彩和材料质感的改变，正是抓住了消费者的这种心理特点。

（3）对历史文化、流行文化或是某种特定文化的符号表达。文化创意产品通过自身的叙事抒情表达特定的情感、文化感受、社会意义、历史文化意义，或是与风俗、仪式等文化和意识形态相关的意义。文化创意产品的这些文化内涵通过图腾、标志、吉祥物、特定图案等组合进行表达。

5. 文化创意产品中的审美要素

“美”可能是指一种感官的愉悦或生理的满足，也可能是一种赞赏心态的流露或个人趣味的偏好。而文化创意产品的审美更侧重于后者，是指人们物质生活水平达到一定高度之后，人们有目的、有意识地对“真、善、美”的追求。这种追求以“感性”作为中介，脱离了基于物质与利害关系的理性判断，从而真正回归到关于生活意义和生命价值的自我意识的彰显。文化创意产品的审美要素主要包含以下三个方面。

（1）形式艺术美。文化创意产品的审美离不开感性因素，由点、线、体、色彩等构成文化创意产品的形式，这些形式构成关系的艺术性能够与观者内心深处的节奏、韵律、对称、均衡、比例、尺度、对比、协调、变化、统一等形成一种同构关系，这种直观感受与内心情感的同构产生移情，从而与消费者的趣味和审美理想相融合。

（2）功能材料美。文化创意产品的审美离不开功能材料的精细性，正如罗兰·巴特评价埃菲尔铁塔的功能与材料时讲道：“功能美不存在于一种功能良好结果的感受之中，而存在于在产生结果之前的某一时刻被我们所领会的功能本身的表现之中，领会一部机器或一种建筑的功能美，便是使时间暂时停止和延迟使用，以便凝视其造术。”文化创意产品的功能材料美是指产品带给人的舒适感和心理满足，这里的功能材料美与产品的功能实用性等物质层面相区别，是一种审美价值的表现。

（3）文化生态美。文化生态美不只表现出人与自然的和谐，更体现出人们生活方式以及社会生活的脉络与系统。文化创意产品的文化生态美主要植根于人们对传统的向往，如工业社会给人们带来的高速、效率以及身心的疲惫，使人们希望能够实现对传统田园牧歌的回归，在审美的状态中回归人类的精神家园。

二、文化创意产品设计的核心要素、创意方法与创意过程

设计能把碎片化的带有个体魅力的馆藏资源串联起来，联结资源孤岛，将抽象的文献资源变成具体物象的解决方案，有助于提高图书馆新品牌的创建。设计可利用这种创意后的产品成果转化成用户（读者）所需的另一种资源，并赋予其特殊的文化含义和价值。而这类设计的产品又促进用户（读者）进一步影响图书馆的品牌创新。

（一）文化创意产品设计的核心要素

图书馆文化创意产品设计由文化和创意两部分组成，其成功的关键在于二者的结合。如前所述，文化创意产品热销的基础在于符合现代文明、解决现实需求、引领未来生活。具有创意的产品能够满足个性化、多元化，以及注重品质、时尚、趣味、思想、情感的现代消费思维，呈现出细分化、高精化、功能化、人性化全面创新的发展趋势。因此，图书馆文化创意设计的核心要素，需要根据现代审美和现实生活需要，针对传统文化、流行文化与世界文化，挖掘、提炼出产品表达的概念、意义与美学，通过从内容、造型、功能、工艺、包装到营销的综合创意实现产品的创造，力争在各个方面别出心裁、独树一帜。

（1）产品与馆藏信息资源的优势相匹配。图书馆文化创意产品设计应突出馆藏信息资源核心优势，体现独特性，形成竞争力。不同类型的图书馆均有一定的历史文化符号，这些符号含有独特性、观赏性、故事性和丰富的文化价值。例如，故宫博物院利用馆藏历史文化符号设计开发了容嬷嬷针线盒、朝珠耳机、马王堆养生枕、“朕就是这样的汉子”折扇、故宫日历、“戒急用忍”四件套等文化创意产品。这些产品既体现了趣味性、实用性，符合时代语言特征，也体现了产品理念的转变，充分表达了亲民价值取向，并弘扬了传统文化，使历史文化概念得以彰显与传承。

（2）精确定位。图书馆文化创意产品是图书馆文化与商品的结合体，它不仅具有商品的属性，也具有文化的属性。图书馆应根据馆藏信息资源的优势，以用户为本，研究用户消费需求，针对不同类型用户设计不同的文化创意产品，在满足用户期待的基础上，传播图书馆厚重的历史价值、艺术价值与科学价值。

（3）突出时代感。图书馆文化创意产品的造型和寓意必须具有时代感，必须符合现代审美，具备现代使用功能，同时注重品质和格调，兼具文化内涵和审美品位；设计上要能体现创意性与艺术性，并且制作精良。图书馆文化创意产品的研发，一方面要避免出现粗制滥造、低俗、雷同的产品；另一方面要慎重设计只迎合少数人的需求而忽视大众需求的高级、奢侈、豪华的产品。例如，故宫博物院设计的文化创意产品——DE 限量版故宫手机，每部售价为 19 999 元，机身融合了团龙、祥云等传统图案，却引来了许多网友的不满。图书馆文化创意产品研发应以图书馆藏品图像为素材，重新设计、开发、制作具有艺术性与实用性以及有助于文化教育推广的各类衍生附加值产品，决不能偏离亲民的价值路线，忽视普通大众消费群的感受。产品代表的是图书馆的品牌形象，而图书馆是知识文化的殿堂，一个小小的文化创意产品，最能体现出独特的匠心和文化的意蕴。

（4）融入大众生活。图书馆文化创意产品的研发应以民生需求为导向，以大众需求为驱动。随着人们生活水平的提高，人们追求精神享受的意识逐渐增强。人们已不满足于图书馆推出的阅读推广活动，以及文化知识、专业技能培训等，而是追求对高雅文化的欣赏与收藏。同时，人们对文化消费的理解逐渐加深，消费呈现出个性化、多样化等特性。

这就要求图书馆文化创意产品融入现代生活，贴近民生需求，注重产品的价值增值，达到图书馆文创经济效益与社会效益的高度统一，针对文化创意市场的需求开发有实用价值的产品。另外，图书馆文化创意产品设计理念应以“互联网+”思维为统领，利用互联网技术，变繁为简、变简为精，将馆藏资源内涵丰富的文化变得鲜活生动，从而吸引消费者。同时，图书馆文化创意设计人员需要跨界融合，跨行业互动，依托 QQ 群、博客、微博、微信等平台，开展广泛的交流与分享，探讨更多的创意点子。

（5）重视包装设计。好的包装设计能够吸引用户的注意力，满足用户的好奇心，激发用户的购买激情。精美、大方、大气、实用、便捷、环保的包装有利于产品的销售。因此，图书馆文化创意产品包装设计要新颖有特色。

（二）文化创意产品设计的创意方法

“创意”是现今最为流行的话语之一，用来形容个体时侧重于思维方式和个人能力，用来形容企业侧重于其产品和核心竞争力，用来形容一个国家时侧重于文化与精神的延伸。而创造图书馆文化创意产品不能只是依靠一些口号或者是设计灵感的闪现，而是需要具体的创新方法，这些创新方法具体体现为以下五种。

1. 头脑风暴法

头脑风暴法由美国创造学家奥斯本于 1901 年最早提出，又称脑轰法、智力激励法、激智法、奥斯本智暴法，是一种发挥群体智慧的方法。头脑风暴法必须明确而具体地列出思考的课题，在主持人的召集下，由数人至数十人构成一个集体，集体成员由专业范围较广泛的互补型人才组成。就文化创意产品而言，头脑风暴法一般包含的人员有创意类人才、文化类人才、生产制造类人才、营销类人才等。例如，对开发一款关于三峡的文化旅游纪念品的项目实施头脑风暴法。主持人一开始仅提出“纪念”这一简单抽象的词汇，组员围绕这个词汇进行讨论并提出意见，如“拍张照片”“收藏当地的特色产品”“在当地完成相关体验并将体验留在记忆中”等，然后主持人给出主题——开发一款关于三峡的文化旅游纪念品。组员们根据上面发散得出的想法，继续得出设计概念。例如，围绕“收藏当地的特色产品”可以发散出：用通过手绘三峡鹅卵石的方式，描绘三峡特有的风景；用三峡石制作三峡大坝的等比缩小模型；用三峡地域传统图案装饰，诸如钱包、打火机、筷子、U 盘等具有实用功能的物品。头脑风暴法可以为具体的产品开发和造型提供比较准确的创意方向。

2. 移植法

移植法发源于工程技术领域，是指一种将某一领域中成功的科技原理、方法、发明成果等，应用到另一领域中的创新技法。例如，鲁班在带齿的茅草可以割破皮肤的启发下发明了锯子；美国发明家贾德森所发明的应用于衣、裤、鞋、帽、裙、睡袋、公文包、文具盒、钱包、沙发垫等的拉链，目前也可应用于病人刀口的缝合，为需要二次手术的病人减少了痛苦。图书馆文化创意产品设计的创作方法中的移植法并不是对某个科技原理的移植，而是对一种情趣、意象、情感等感性成分的移植。例如，图书馆文创人员首先对馆藏文献产生某种理解，然后应用色彩、造型及材质将这种情感或是意象转移到具体的产品上，让使用产品的消费者同样也产生这样的感觉。

3. 联想法

联想法是一种依据相似、接近、对比等联系思维进行创造的方法。例如，当读者感受到中国文化时，就会联想到诸如唐诗宋词、书法、文房四宝、神话信仰、茶道、自然地理、传统工艺等内容。联想法很多时候需要依靠设计师的经验和直觉，但在图书馆文化创意产品的具体创作中更为直接的方法是兼具相似、接近、联想与思维的直角坐标组合联想法。这种方法是将两种不同的事物分别写在一个直角坐标系的 X 轴和 Y 轴上，然后通过联想将其组合在一起，如果组合在一起形成的产品是有意义并为人们所接受的，那么它将成为一件新产品。例如，要创造一款反映中国传统文化的文化创意产品，就可以在 X 轴上写上茶道文化、戏曲文化、青花文化、神话传统、礼仪文化等，在 Y 轴上写上饰品、玩具、灯具、电子产品、办公用品、生活用品等。如果二者已经结合或者不太可能实现结合则用灰色表示；如果可以结合且市场上还没有此类产品则用红色表示；如果可以结合但其实现较难则用深蓝色表示。这样就能一目了然地看出创意的可能方向，对文化创意产品的创造过程有积极的推进作用。

4. 设问法

设问法主要针对已存在的图书馆文化创意产品提出各种问题，通过提问发现原产品创意及设计方面的不足之处，找出需要和应该改进的地方，从而开发出新的文化创意产品。设问法主要包括“5W2H 法”“阿诺尔特提问法”“奥斯本设问法”等方法。在文化创意产品设计中比较常用的是“5W2H 法”。“5W2H 法”从七个方面进行设问，由于这七个方面的英文首字母正好为 5 个 W 和 2 个 H，故而得名。具体如下：Why——为什么要革新？What——革新的具体对象是什么？Where——从哪些方面着手改进？Who——组织什么人来承担？When——什么时候进行？How——怎样实施？How much——达到什么程度？同时，“5W2H 法”同样可以作为创新产品的设计方法，只是所思索和追问的问题有所不同，其字母的具体含义也不一样。在创新设计中其含义如下：Why——为什么要进行这个设计？Who——什么人使用？When——什么时候使用？Where——在什么地方使用？What——什么产品或者服务？How——如何使用？How much——产品或者服务的价格。新产品的概念就是在对这七个问题进行不断思索、回答中形成的。

5. 模仿创造技法

模仿创造技法是指一种人们通过对自然界各种事物发生过程、现象等进行模拟和科学类比（相似、相关）而得到新成果的方法。所谓“模拟”，是指对异类事物间某些相似性的恰当比拟，是动词性的词。所谓“相似”，是指各类事物间某些共性的客观存在，是名词性的词。人类的创造源于模仿。大自然是物质的世界，形状的天地。自然界的无穷信息传递给人类，启发了人类的智慧和才能。文化创意产品常常采用模仿的方式体现历史、地理、传统习俗等文化内涵。

（三）文化创意产品设计的创意过程

当人们接受一个新的文化创意产品设计项目时，首先要考虑文化创意产品的概念问题，通常人们将文化创意新产品分为文化产业衍生产品、文化生活用品、时尚产品、传统工艺品与饰品等。针对不同的产品，人们将采用不同的设计策略，但是文化创意产品的创意过程是一致的，一般包含以下五个步骤。

（1）认识问题，明确目标。在图书馆文化创意产品设计工作中经常会遇到这样的情况，随着设计的开展与深入，大量的信息和问题会随之而来，这些问题让文创人员无从下手。因此，必须在设计开始，就要弄清楚创意产品存在的问题以及这些问题的组成和结构。要弄清楚上述问题，必须将产品放置于“人—产品—文化—环境”这一系统中。在这个系统中主要涉及人的文化与审美需求，产品如何承载文化，以及承载什么样的文化。而系统中的“环境”主要包含产品系统环境及社会人文环境，只有在这个系统之内考虑文化创意产品的设计，才能确定设计问题的存在形式，明确设计目标。

（2）设计研究，分析问题。进行设计研究、分析问题，设计市场所需要的文化创意产品，是每个文创人员都要清楚的设计流程。设计活动不是封闭的自我包含的活动，而是在市场竞争中，由文创人员在综合人、市场竞争、产品机能、审美、社会文化等诸因素的基础上对文化进行编码，然后在市场销售中由消费者对文化进行解码的符号性活动。而对于文化的编码必须站在消费者认知的角度进行，因此，要应用创意方法将文化的内涵与当代的审美情趣、生活方式、文化心态相结合。如果读者能够在文化心态和审美趣味等方面认同产品，那么就说明这个设计是成功的，反之，则是失败的。要使设计取得成功，必须将设计中将要涉及的问题分析透彻，站在消费者的角度对文化创意产品的诸要素进行分析。

（3）展开概念，设计构思。文创人员要在设计研究和分析问题的基础上，对存在的问题提出各种解决办法和设想。这种提出解决问题的设想的过程就是设计想法产生的过程。文创人员对设计进行构思所得的想法越多，获得好的文化创意产品的可能性就越大。在设计过程中文创人员往往借用一定的创意方法，利用草图展开自己的设计构思。利用草图进行形象和结构的推敲，将思考的过程表达出来，以便文创人员之间的交流以及对后续的构思再推敲和再构思。草图更加偏重于思考过程，一个形态的过渡和一个小小的结构往往都要经过一系列的构思和推敲。而这种推敲单靠抽象的思维往往是不够的，还要通过一系列的画面辅助思考。草图的表达大都是片段式的，显得轻松而随意。但是就文化创意产品设计而言，构思需要图解为三个层次，即创意概念构思、象征符号构思和感性审美构思。

①创意概念构思从整体的角度检视轮廓、姿势及被强调的部分，主要是看文创人员所理解的“文化”是否通过色彩、形体、线条等得以表现；通过运用创意方法，“文化”与当下“生活方式”是否得到了很好的结合；在设计研究阶段所遇到的设计问题是否得到了良好的解决。如果对于以上问题的回答都是肯定的，那么该设计方案就对设计概念进行了很好的诠释。

②象征符号构思是在创意概念的基础上，对设计所采用的具体设计元素进行符号化的加工，在消费者对符号解读的基础上进行符号设计的创造，并将这种创造融于创意概念之中，具体而言就是通过审视立体的成分与面的构造决定物体的特征性及图样，并表现出体量感，以便进行细致的构思推敲。

③感性审美构思是对文化产品的视觉方面进行处理，应用形式美的法则和审美流行趋势对表面线条、配色、质感等进行处理，同时精心处理产品的细部，展现设计创意的魅力，使整体达到最佳的效果。

（4）展示设计，评价设计。一个设计项目在经过概念展开和设计构思之后就是对设计进行展示，设计展示要将一个完整的设计呈现在大众面前，要能够充分展示设计创意。

而设计评价，是指在设计过程中，对解决设计问题的方案进行比较、评定，由此确定各方案的价值，判断其优劣，以便筛选出最佳设计方案。设计评价的意义在于：第一，通过设计评价，能有效地保证设计的质量，充分、科学的设计评价能使人们在众多的设计方案中筛选出满足目标要求的最佳方案。第二，适当的设计评价，能减少设计中的盲目性，提高设计的效率。文化创意产品设计中的设计评价有以下三个特点：一是评价项目的多样性。文化创意产品设计涉及的领域极广，考虑的因素极多，较之一般产品其设计更复杂。因此，在设计评价的项目中，必然要包含更多的内容，涉及更多的方面，特别是对文化性、创意性、体验性、符号性、审美性等指标要重点考虑。二是评价判断的直觉性。文化创意产品设计评价项目中由于包含许多精神性、审美性或感性内容，在评价中将在较大程度上依靠直觉判断，即直觉性评价的特点较为突出。三是评价结果的相对性。正是由于评价中的直觉判断较多，感性和个人经验的成分较大，文化创意产品设计的评价结果就较多地受个人主观因素的影响，特别是评价者自身的文化背景和价值取向很容易影响评价的结果，因此评价结果更具相对性，这是值得重视的。通常可以在根据多个个人评价的数值形成坐标基础上进行分析和评估。评定标准中的每一项满分为 5 分，围成的面积越大则表示该方案的综合评定指数越高。

（5）制作模型，准备生产。模型的制作在形态上要求有真实产品的效果，因此，图书馆产品各部分的细节要表现得非常充分，这样也便于设计师能更有效地在产品细部方面做进一步推敲与修改，从而有利于设计概念的进一步完善，为后续数字模型的生成提供参考，以便最终投入实际生产。对有些纯手工制作的图书馆文化创意产品是不需要这一步的，而是由创意定稿以后直接进行生产。

三、图书馆文化创意产品的设计流程与开发思路

（一）图书馆文化创意产品的设计流程

图书馆挖掘自身馆藏信息资源的内涵，与文化创意、休闲旅游等产业相结合，开发衍生产品，以增强图书馆自身发展能力。图书馆文化创意产品研发的突破口在于挖掘馆藏资源价值内涵与文化元素，注重产品实用性，符合现代生活气息，着重连续的系列产品设计，形成图书馆衍生产品链条，持续地引导用户消费文化，从而构建图书馆文化创意产品设计生态圈。

一套完整的文化创意产品设计包含四大设计环节和四大设计阶段。具体表现为：在每个流程节点和阶段上都有创意层、设计层、制作层与市场层四大模块。每个模块又细分出各层次的设计要求、设计方法、设计分析，并对中间层进行设计技术延伸，最终符合具有顶层设计和低层设计特征的文化创意产品研发与运行的关系。从创意层起步，经资源管理层对资源的分析、提取、采集和识别等到达设计层，经设计控制层的分析测试，到达制作层环节，这也是从论证分析到功能分析的过程。制作层离研发层相对较近，但仍需经过元素打样、结构分析和工艺测试等项目，这些项目与设计层的内容相仿。研发生产层经元素巩固和改良、配方动力测试后进入评估测试分析环节，最后在市场层面上对设计元素进行衡定，扩大图书馆品牌传播。同时，进一步调整市场推广的战略部署，通过艺术品质的形象提升达到市场占有率。文化创意产品反哺图书馆的文化地位、社会地位和市场地位。作

为社会公共文化体系的图书馆，其文化创意产品的开发，无疑是在代表国家形象、地区形象和民族形象的基础上确立起来的。例如，“三墩医学五百年”项目利用三墩地区现存的民间医学古善本进行开发，其阶段性研发的过程步骤如下：整理文献→挖掘配方疗法→设计实体项目→开办民间医学展览馆→提供免费茶饮和图书服务→设第二课堂及中小学教育基地→与当地旅游相结合，打通创意元素→开发纪念品，出版图书→设计医学元素智力玩具→对接本地医学名人效应，传承文化遗产→作为具体医疗项目引入医疗机构→成果编入数据库→循环设计开发。此项目随着三墩地区城市副中心整体规划而推进。又如，中国图书馆学会创客大赛“汉君车画像美术教育和产品”项目，作者以梁启超旧藏汉君车画像拓片（现藏于中国国家图书馆）为基本创意元素，在木板上演绎画像砖（石）历史成因的讲解分析、艺术再创作的绘画技法和表现力，如何转印拓片、仿真雕刻及实现拓印的审美教育过程。后期通过立体建模，制作型材工艺品，发挥寓教于乐、传承文明的图书馆社会教育职能作用。

（二）图书馆文化创意产品的开发思路

1. 转变观念，树立科学的图书馆文化创意产品开发理念

（1）图书馆要以开放的心态看待文化创意产品。在“大众创业、万众创新”的浪潮中，图书馆要敢于冲破一切束缚和桎梏，包括思想认识、制度、体制等不利于创业创新发展的因素，依托丰富的馆藏信息资源，以文化、创意为核心，利用互联网技术、现代通信技术，开拓进取，大力开发图书馆文化创意产品，逐步形成区域性、特色性、趣味性、实用性、有收藏价值的文创产业生态链。

（2）图书馆管理者要树立科学的发展观。图书馆要以跨界思维模式，打破常规，在经费方面不再单一依靠财政拨款支撑，可以尝试引入社会力量参与文化创意产品开发，包括引入资金、设备，以及专业创意、技术、销售、策划等人员。在文创开发队伍配置上，图书馆馆员必须自始至终参加其中，以自己的专业知识全程指导产品设计与销售，保证文化创意产品的质量。这就要求图书馆馆员本身也需要不断学习，包括学习产品设计、营销等知识，以满足文创开发工作发展的需要。同时，图书馆馆员应进行适当的跨界学习，培养自身创新能力，积极寻求职业发展新突破。图书馆也要注重引进创意研发、营销推广等人才，充实文创开发工作人才队伍。

（3）明确图书馆文化创意产品本身就是一种知识增值服务。图书馆文化创意产品的增值服务需要市场支持。因此，图书馆要善于研究用户，深入了解用户的需求，精确定位，有的放矢，因地制宜地开发个性化、人性化的文化创意产品。

2. 拓展思路，开发多元化的图书馆文化创意产品设计

文化创意产业是一个很大的范畴，图书馆文化创意产品的开发如何做，主要取决于两个因素：一是根据馆藏资源的优势来权衡开发什么样的产品；二是根据图书馆的受众需求确定开发什么样的产品。

（1）要立足于各个图书馆馆藏资源的核心优势，提炼出具有典型性和高度识别性的，易于结合当代产品工艺进行深度开发的文化形象。图书馆文化创意产品要尽可能形成自身独特的文化特征。图书馆文化创意产品开发的优势在于图书馆拥有许多珍贵的文献。图书

馆经过充分的市场调研，遵循效益、实用的原则，开发出仿真复制品、衍生产品，并推向市场销售。例如，馆藏文献的异质异形呈现，可以把羊皮纸材质、丝绸材质的文献制成仿原材质的仿真产品或缩小版产品，把纸质文献制成竹简文献，把珍贵文献印制在日常用品上。另外，还要注重打造符合当地图书馆文化的品牌。地方图书馆的优势在于其各异的地方风俗，因此，图书馆的文化创意产品要因地制宜。图书馆可以拥有自己的设计团队，深入了解读者人群和消费者人群的消费需求与消费习惯，并在文创设计中融入地方文化特色，打造属于图书馆的品牌；将多样化的文化创意产品提供给读者和消费者，让文化创意产品既能吸引当地读者的眼球，也能引起旅客的青睐。例如，我国南方地区可以将广州的粤语、庙会、海上丝绸之路等文化因素融入文化创意产品，以“粤语”包含的生动的词汇作为文化创意产品的卖点，也可以将兴起于广州的“通草画”作为本土文化融入文化创意产品中，创造出具有广州特色的图书馆文化创意品牌。又如，我国北方地区，如内蒙古则可以以草原为特色，加入当地少数民族的奔放元素和少数民族的字体作为文化创意产品的脉络，以凸显当地图书馆的文化创意产品风格。再如，我国西南地区，如四川成都可将国家历史文化名城、三国蜀汉国都等特色文化融入图书馆文创设计中，既可梳理其历史脉络，也能成为代表成都时代烙印的文化创意产品。

（2）文化创意产品的造型和寓意必须具有时代感，必须符合现代审美和现代使用功能。随着生活美学观念的不断普及和深入，人们在实用层面对文化创意产品的需求越来越大，图书馆文创产品艺术和实用结合得越好、装饰性越强、使用场合与频次越高，就越能激发观众的购买欲望。图书馆文化创意产品是文化的一种再创造。因此，图书馆要以其藏品图像为素材，并对其进行精心设计与创造，以制作成时尚性、教育性、艺术性、生活实用性较强的增值产品，满足用户精神层面的需求。

（3）为了迎合不同的消费心理，满足不同的购买能力，文化创意产品在品类和价格上要尽可能形成差异化。图书馆应引入数据管理设备，开设互动专区，精确、透彻地研究其观众尤其是用户构成，并根据用户构成，在产品形式、体量、价格及服务上做出合理的安排。

（4）产品要注重品质和格调，兼具文化内涵和审美品位，设计上要能体现出创意性与艺术性，且制作精良，贴近生活，具有实用与多元性。

（5）结合图书馆服务推广，开发相应的文化创意产品。现今，各大图书馆都在开展各种各样的公益讲座和展览，如果在这些活动基础上，图书馆专门设计符合活动主题的精美文化创意产品，必然会受到读者的青睐。图书馆可定期举办各种主题的大型文化创意产品设计比赛，并通过网络投票评选出读者心目中最美的设计，让更多的儿童、社会人士参与其中，优胜的作品可以作为图书馆的文化创意产品推出。配备 3D 打印机的图书馆，还能利用 3D 打印机让读者亲自设计属于自己的文化创意产品。例如，可以鼓励读者设计自己专属的藏书印章，印章可以采用版画形式并加有文字，读者可用 3D 打印机将其打印出来，作为自己专属的藏书印章。

（6）注重产品的包装设计。图书馆文化创意产品的包装设计需要匹配产品属性、体现图书馆特色、在材料上尽可能注重环保。

3. 利用互联网对图书馆文化创意产品开发工作的促进作用

互联网本身就是一种人造资源，在此基础上"互联网 +"成为图书馆文化创意产品开发的重要驱动力量。图书馆文化创意产品开发与互联网营销息息相关，密不可分，逐渐形成公共文化体系中重要的"互联网 +"生态产业链。其中，产品研发和销售渠道是整个产业链的核心组成部分。

图书馆文化创意产品研发种类繁多，主要包括馆藏古籍复制产品、馆藏文献深层次加工出版产品、馆藏文献与图书馆特色品牌衍生纪念性产品、用户体验型产品、文创 APP（Application）等。例如，通过文创 APP 可以联结博物馆、图书馆等文化文物单位、文化企业、文创人才三大主体，帮助三方通过手机客户端大力建设自助互助服务渠道，拓展互联网服务模式，从而为三方创造更多价值。又如，早在 2013 年，中国故宫博物院就推出了第一款 APP——"胤美人图"，其以馆藏著名古画为底本，结合家具、陶瓷、宫廷生活、书画等资料，帮助用户研究绘画本身的构图、技法。图书馆同样可将馆藏资源开发制成的情报产品通过 APP 推送，也可制作能够扩展图书馆教育功能的互动式游戏 APP 。再如，中国科学院文献情报中心推出了"中国科讯"APP。该 APP 并非只有简单的图书馆手机借阅功能，而是将科技资讯、中心情报产品、情报服务等汇聚在一起，为用户提供图书馆的云服务，从而成为科研人员的有力助手。

在互联网环境下，互联网成为重要的资源，各行各业首选利用网络进行信息的收集、遴选、整合。图书馆文化创意产品研发也不例外。一件产品的出笼，必须开展必要的市场调查，而市场调查重点就是研究用户。图书馆服务理念为"服务至上，用户第一"，这要求图书馆服务在一线，急用户所急，想用户所想。因此，图书馆文化创意产品研发也需要研究用户。互联网环境下的连接一切、互联互通、用户体验等思维，强调利用互联网技术与手段时以用户为本。例如，图书馆网站上的读者回音壁、图书馆博客、官方公众微信号等平台，通过广泛地收集用户的意见和反馈信息，为图书馆文化创意产品前期与后续研发、升级换代提供了灵感。

图书馆文创研发人员秉承"互联网 +"的精神，通过互联网销售终端大量收集用户的各类型数据，包括用户的阅读倾向、心理特征、浏览痕迹、文化层次、年龄、民族、地域等。同时，在开发过程中分门别类地研究用户，针对不同类型的用户设计各类文化创意产品，并在设计过程中通过网络与用户交流互动，甚至可以邀请用户参与设计全过程，为用户提供个性化、人性化的私人定制服务。例如，故宫博物院文创研发人员积极主动地通过网络平台与年轻用户交互，根据其需求共性，研发出具有趣味性、实用性、普及性的美观大方的文化创意产品——"正大光明移动电源""太和殿脊兽跳棋"等，深受广大青年用户的欢迎。

目前，大多数图书馆还没有专职的文化创意产品开发人员，拥有独立开发产品的单位很少，图书馆文化创意产品多数是交由合作厂商设计开发生产，图书馆本身并不掌握设计权，造成其在整个文化创意产品研发过程中处于被动地位。因此，图书馆应在注重原创设计基础上，在商品开发设计上打造适合自身的模式。具体包括：图书馆单独组建设计团队，全面负责本馆产品的创意设计，但制作可以外包加工，委托社会力量承担设计与制作或者直接从市场采购。

文化创意产品开发中的关键环节是授权，通过授权让文化的创新创意延伸至手表、服装、文具、礼品、家具用品等各类大众日常消费的产品上，渗透于人们的日常生活。文化产权交易所可以成为授权交易的平台，以促进文化创意产品研发生产生态的形成，吸引更多社会力量参与文化创意产品研发、生产和经营。同时，要建立完善的文化创意创新产权评估机构。2016 年 4 月 14 日，在中共中央宣传部和财政部的组织与指导下，中国资产评估协会制定发布了《文化企业无形资产评估指导意见》，确保按专业的评估程序和方法，为文化创意估值，为创新创造定价。通过文化无形财产流通的法制化和规范化，知识产权的拥有者、文化创意的创造者、设计服务的开发者可以得到应有的尊重和价值。另外，还要建立图书馆文化创意知识产权的监管机构，出台相关的法律、法规，以保证创新创意在应用过程中不受损，提高违法成本，让侵权者得到应有的处罚。世界贸易组织有关知识产权的规定中有项“地理标志权”，这为各地的文化创意产品开发和保护提供了依据。例如，故宫的文化创意产品在故宫销售或应得到故宫的授权。

四、图书馆文化创意产品开发的形式、现状及发展方向

（一）我国图书馆文化创意产品开发形式与开发现状

在 2016 年中国图书馆年会上，文化部召开了文创工作培训班及工作会议，介绍相关单位的文创开发经验，鼓励人们积极投入文创开发工作中，为文化创意产品开发创造了良好的工作氛围。

1. 图书馆文化创意产品开发的形式

（1）馆藏资源内容的开发。目前，多数图书馆的文化创意产品开发是围绕馆藏内容特别是古籍文献的开发与利用，在这方面最有影响力的当属国家图书馆。通过古籍资源的整理，国家图书馆与出版社合作出版《中华医藏》《翰墨流芳》《孔子庙堂碑》等文化创意产品。而南京图书馆也是通过联合出版《南京图书馆典藏书目》《文津版四库全书》等文化创意产品来体现其馆藏价值。这种通过开发馆藏资源而形成的出版品、复印品及衍生产品成为目前文创开发工作中的主要形式。

（2）APP 在图书馆的应用与发展。APP 是英文 Application 的简称，现在大多是指应用于智能手机等移动终端的应用程序。从 2000 年开始，很多图书馆相继在馆内开展各种移动信息服务，其主要内容是为移动用户提供图书信息，如查询相关图书馆藏借阅信息，以及为读者推送各种公共服务项目等。例如，深圳推出的数字阅读终端产品“全民阅读 APP”，以听书、影像、图文三重媒介承载全方位阅读资源，并联合“深圳读书论坛”“深圳晚八点”“市民文化大讲堂”等深圳知名文化品牌，立足深圳文化资源，有力地促进了全民阅读的开展。

（3）体验类产品的开发。体验类产品是指利用馆藏资源优势，采用新技术方式或通过读者的亲身体验来展示图书馆特色服务的一类产品。例如，国家图书馆通过拓片的展览与讲座，让读者亲自参与拓印工作以及其他用手工缝制线装书和模拟古籍图书修复等体验活动。又如，南京图书馆推出的在“陶风系”图书上加盖图书馆的纪念戳以及现场定做印有南京图书馆印记的纪念品等活动，让读者亲身体验图书馆工作，以便更了解图书馆馆藏文化。

（4）其他文创开发形式。目前，图书馆文化创意产品开发形式还有台湾地区推出的“诚品书店”式的实体书店模式。一些图书馆在馆内开办创意性的实体书店，通过区域化、个性化的空间风格化设计提升图书馆的高品质美感及用户体验度。另外，图书馆还可以在读者阅读的基础上开办的兴趣培训班及学习辅导班，以深化公共图书馆的人文服务核心价值，从而形成了多种多样的开发形式。

2. 图书馆文化创意产品的开发现状

（1）图书馆的业务技能优势发挥不足。作为图书馆来讲，其仅拥有馆藏资源的保管权，而馆藏内容是必须对公众开放的，在排除知识产权侵权风险的因素下，读者也有能力和权利对馆藏内容进行各种创意产品开发，这使得图书馆在这方面缺少竞争力。而对馆藏内容资源的收集、整理及应用则是图书馆独有的优势；图书的采访、编目、流通及保管方式，是图书馆特有的工作流程。例如，如何快速准确地从每年出版的40多万种书目中选择适合馆藏的图书；如何将成千上万种的图书顺利地流通起来；如何采用创新的服务模式服务于更多读者；如何充分利用自身掌握的古籍图书的保管、修复技术；等等。目前，这些优势很多图书馆都没有很好地利用起来。

（2）对图书馆馆藏产品开发的创意不够。图书馆文创人员在开发文化创意产品时，如果更多地考虑馆藏内容本身，则很容易使其创意思维受限制。例如，国家图书馆制作的《文化产品手册》中，共展示了211种有代表性的文化创意产品，但其中基于古籍内容而开发的出版品、复印品及衍生产品占据了80%以上，各类型的APP产品也多是向读者推送一些馆藏内容。因此，国家图书馆文化创意产品大多都是围绕馆藏内容来开发的。这对于馆藏种类繁多的国家级图书馆或少数省级图书馆很有优势，但对于其他图书馆来讲，如果没有更多的馆藏种类作支撑，文创开发工作将难以持续下去。

（3）文化创意产品的竞争力不强。对于博物馆来讲，其文化创意产品开发更注重对馆藏内容的优势的发挥。例如，基于对文物馆藏的保护，观众不能对文物有拍照或触摸行为。而对于图书馆来讲，除了禁止借阅的古籍部分，多数馆藏内容可以直接或通过数字资源的方式被深刻地了解。因此，读者或者社会机构可以利用自身的美术设计力量或借助各类专家的知识力量，以及通过对市场的需求敏感度的把握和营销渠道的开拓，更方便地对馆藏内容进行各种复制、出版及衍生产品开发行为，从而降低图书馆的文化创意产品的竞争力。

（二）图书馆文化创意产品开发的发展方向

1. 服务模式的创意开发

公共图书馆服务体系是指一个国家或地区的公共图书馆所提供的公共服务的模式总和。例如，浙江省图书馆经过充分调研，发挥创意才能，采用网络平台，以知识共享为目标，创意出的总分馆模式。杭州的“中心馆－总分馆”模式，是国内具有代表性的公共服务创新模式。其在原有的平面服务模式基础上，成功地搭建了以杭州图书馆为中心馆，以区、县（市）图书馆与街道（镇）、社区三级图书馆为总分馆的四级网络服务体系，并在此基础上搭建了组织结构合规、资源统一调配、服务标准基本一致、运行效率大幅提升的创新公共服务体系，从而实现了公众最大可能享有“普遍均等”的公共服务目标。其他创新的服务模式还包括上海“中心图书馆”模式、首都图书馆联盟模式、广东“流动图书馆”模式等。这些服务模式的创新提高了图书馆服务水平，带动了图书馆文化创意产品的开发工作，从而避免了只开发馆藏内容的局限性。

2. 图书馆业务技能优势的利用

在图书馆的日常业务工作中，很多业务技能也可以在文创开发工作中发挥作用。例如，可以在社会上举办各种专业培训班，传授古籍图书的修复技能、缩微拍摄等技术，以培养一批懂古籍、识古籍，又热爱古籍工作的人才。这种专业技能的利用也应是一种新型文创形式，可以在社会需求中发挥作用，体现图书馆业务技能价值。

3. 馆藏资源的应用模式创新

随着技术的不断进步，新技术环境也为图书馆的创意开发工作提供了充足的技术保障。例如，绍兴图书馆与科技公司相互合作创新的“你选我购”的采访模式成为新的文化创意产品，使图书馆实体书店的现货优势与创新技术应用模式完美地结合起来，并且，绍兴图书馆开发出的相应的软件系统，成为新的文化创意产品。又如，河南省图书馆充分发挥技术优势，创新开发了智能采访管理系统，将书目收集、分类、整理、采访、读者荐购、馆配商管理及馆藏数据分析等业务流程通过管理系统来准确快速地实现，既提高了馆藏质量，又产生了经济效益，从而也成为图书馆开发文化创意产品的典范。

4. 图书馆资源的深度开发利用

《文创开发意见》指出：“推进各类文化资源的系统梳理、分类整理和数字化进程，明确可供开发资源。”按此要求，各省级图书馆应充分发挥区域地方文献特色优势，积极地整理地方文献，认真梳理，科学利用，加快数字化进程，形成特色鲜明的地方文献数据库。这样既能保证资源的安全性，又能避免将资源交由社会机构开发可能带来的知识产权侵权等一系列问题。另外，可以充分利用 APP 模式。图书馆在开发 APP 时，不要开发只是推送馆配内容的 APP，要将馆配资源内容开发成兼具文化内涵、科技含量、实用价值的数字创意产品，同时，可以与旅游、教育等部门合作，实现跨界融合。

五、图书馆文化创意产品的开发模式

当前，图书馆文化创意产品开发的实践存在缺乏经验与创意、产品雷同、优质品匮乏等问题。并且，对其的研究文献较少，多停留于定义、作用、意义、品种等方面的简单介绍，未能涉及产品创新设计、创意研发、产品生产、销售、服务等内容，缺失一整套开发模式的研究。这是因为图书馆文化创意产品开发刚刚起步，未能形成完整的开发模式。相对而言，国内外博物馆文化创意产品开发工作已较为成熟，业已形成各自一套可行的开发模式，值得图书馆借鉴。因此，研究用户创新驱动下图书馆文化创意产品开发模式具有重要的现实意义。

（一）图书馆文化创意产品开发模式现状

文化创意开发活动本质上是生产商品，并非图书馆的专业与本行。结合博物馆文化创意产品开发与销售的有益经验，作者将图书馆文化创意产品开发模式主要划分为以下四种。

1. 自主开发模式

自主开发模式是指图书馆以自负盈亏方式独立进行文化创意产品开发。在自主开发模式下，图书馆负责遴选馆藏文献，组织人员自行开展产品设计、生产、销售等工作，并自行承担所有的开发经费与销售风险。

2. 合作开发模式

合作开发模式包含以下两种情形：一是图书馆拥有自己的设计团队，负责文化产品的创意设计，然后寻找生产厂商制作加工，最后由图书馆营销推广。这种情形下，图书馆参与的程度高，但是，由于绝大多数文创人员都不是专职的文化创意产品开发人员，且拥有独立开发产品的单位很少，所以这种合作开发模式实施起来较难。二是委托研发，图书馆单独依靠自身能力无法完成，可以委托社会力量承担产品设计研发与制作生产，生产出的产品由图书馆负责销售。例如，“台北故宫博物院”与相关文创厂商合作开发文物仿制品、纪念品等艺术衍生品，每年进行三次公开征求，通过厂商资格审查、产品企划书审查、签约、量产等步骤（由“台北故宫文物艺术发展基金”举行审查会议）进行产品开发。这种情形下，图书馆参与的程度较高，其缺点在于图书馆本身并不掌握设计权，而厂商在意的是销售金额以及商品的市场性，因此，在某种程度上容易忽视商品的社会公益性。虽然可以降低图书馆所支付的经费以及销售过程中的风险，但可能产生因产品定位不准而导致用户对图书馆产生负面印象的问题。

3. 授权开发模式

（1）艺术授权。艺术授权是指授权者将艺术版权以签订契约的形式商品化进而推向市场，从而使艺术版权的无形价值得以兑现。图书馆艺术授权模式主要以图书馆丰富独特的艺术藏品为基础。例如，拥有众多精美藏品的北京故宫博物院，将其典藏品授权给厂商使用，允许厂商在市面上所销售的产品包装上印有故宫馆藏名画或图案。另外，授权开发还包括品牌授权、出版品授权、图像授权等，其中图像授权就是将版权所有者的艺术品的照片、底片或电子档，授权给其他机构或个人，允许这些机构或个人将其用于商业或非商业，并从中收取相应的权利金。例如，大英博物馆以博物馆的典藏品为基础，通过授权方式与许多制造厂商合作制造出种类繁多、内容丰富多彩的文物复制品或纪念品。

（2）版权授权模式。版权授权是指图书馆通过版权许可或版权转让的方式，委托社会力量利用藏品版权设计与制作文化创意产品，并从中获取相应的权利金。例如，“台北故宫博物院”标注“台北故宫博物院制造”字样的衍生品，只能在“台北故宫博物院”授权的营销渠道进行售卖，合作厂商可通过与“台北故宫博物院”合作开发提升自己产品的文化内涵和品质，但不能自行销售相同产品。

图书馆文化创意产品是在对馆藏资源的历史价值、文学价值及现实意义进行挖掘的基础上开发的，依赖于文创人员对馆藏资源的深度了解，仅依靠授权第三方去开发，很难体现出馆藏资源的文化内涵。因此，图书馆文化创意产品开发只有在解决著作权、版权的前提下，通过设计授权、制作授权、图像授权、品版授权等不同方式将馆藏资源与社会力量紧密结合起来，并由图书馆方面对其设计师进行培训，主动对设计出的成品进行市场跟踪，才能够形成文化创意产品开发良性模式。

4. 选购贴牌模式

选购贴牌模式是指图书馆通过市场公开采购产品，多为图书馆纪念商品。为某一庆典，图书馆需要从市场采购与馆藏文物形象、文化内涵相接近的产品，并且订购的批量产品需要粘贴上图书馆的标识。这种模式多在图书馆举行纪念活动时选用。

（二）用户创新驱动下图书馆文化创意产品的开发模式

上述图书馆文化创意产品开发模式多以图书馆为主体展开，是一种单向的开发利用模式，具有较强的“卖方市场”特点，不适应“互联网＋”新常态发展特点，因此，有必要对图书馆文化创意产品的开发模式进行创新。通过借鉴国内外图书馆文化创意的发展经验以及孙耀吾、常逢梅发表的《基于吸收能力的联盟企业知识整合‘风景模型’与实证研究》，作者构建了用户创新驱动下图书馆文化创意产品的开发模式，如图 4–1 所示。

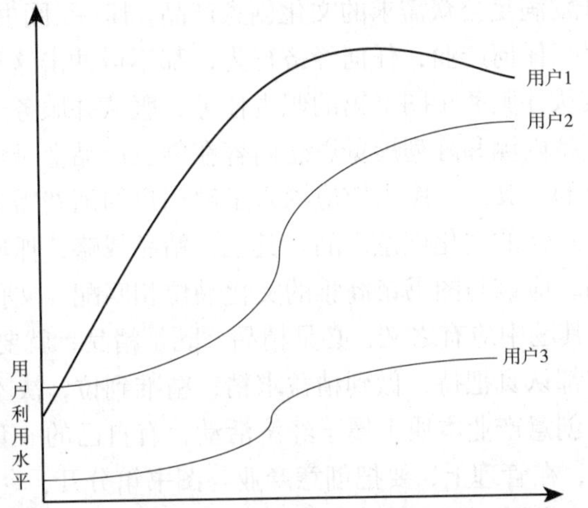

图 4–1　用户创新驱动下图书馆文化创意产品的开发模式

用户创新驱动下图书馆文化创意产品开发模式是指以用户为核心，通过把握用户创新驱动需求呈现的特征和规律，运用图书馆馆员或创意设计师的丰富知识与创意，依托馆藏信息资源、技术等支持而开展的一种专业化、个性化、深受用户喜爱的创意产品研发、生产与销售过程。在用户创新驱动下图书馆文化创意产品开发模式中，“用户利用水平”轴反映用户利用的产出水平；“产品开发能力”轴表示图书馆文化创意产品开发的能力大小；曲线表示图书馆文化创意产品供给对用户利用产出水平的影响。该模式本质是研究用户创新驱动下图书馆文化创意产品开发中用户利用水平上下波动的特征，说明用户利用水平与图书馆文化创意产品开发能力之间的关系。即用户需求初期，随着产品开发能力的增强，图书馆对市场的贡献较大，用户利用水平也相应提高，市场需求呈现上升趋势，供不应求，到达“波峰”，用户利用与产品供给趋向饱和。由于产品开发过程较为复杂，产品开发供应难以及时满足用户需求的变化。“波峰”之后，图书馆开发的文化创意新产品，需要适应市场需求，而用户对产品也需要一个熟悉、了解的过程，此时产品供过于求，用户利用水平出现递减，图书馆文化创意产品开发能力增强，多表现为走向“低谷”。随着产品开发能力的增强，用户利用水平又一次提高，又表现为再一次走向“波峰”，并进入下一轮用户利用水平的上升与递减，从而形成上下波动的“风景图”。该模式突出以用户为中心，围绕用户需求开展图书馆文化创意产品开发工作。

（三）用户创新驱动下图书馆文化创意产品开发模式的实现机制

在实践中，图书馆文化创意产品开发工作普遍存在产品定位不清晰、前期调研不充分、产品结构不合理、缺乏创意设计，以及工作先入为主，盲目跟风，忽视市场需求规律等问题，以至于造成产品雷同、单一、时代性不强、生活信息缺乏、与用户产生隔阂、产品滞销等局面。

1. 思路转变，定位准确

（1）革新思想观念。图书馆要转变思路，大胆创新，采取合适的开发模式，积极开拓市场，不断拓展销售推广渠道，努力建设与国际接轨的图书馆文化创意产业研发、营销、推广、贸易平台。

（2）准确定位，开发满足公众需求的文化创意产品。其一，图书馆的公益性不可动摇，社会教育功能不可动摇。任何产业，任何经济行为，都不得冲击这种定位的篱笆。毫无疑问，文化创意产业要服从并服务于图书馆的职责任务，服从并服务于图书馆的宗旨和本质要求。要把图书馆的藏品内涵和陈列展览思想内容在创意产品上延伸和体现，从而达到强化图书馆教育功能的目的。其二，图书馆应深入了解用户的消费需求，精准定位，有的放矢，开发个性化、有针对性的文化创意产品。其三，精品战略，抓质量，开发制作精品。作为图书馆出售的产品，应该与图书馆高雅的文化品位相匹配。文化创意产品，一是文化内涵，二是创造意识，其题中应有之义，必是精品。既是精品，就要在创意、设计、选材、制作、包装等各个环节都认真把持，做到精益求精，精准到位，决不可偷奸耍滑。其四，创意产业要独立运行。创意产业本质上属于经济活动，有自己的一套运行规律，与图书馆的运作是不同的。因此，在管理上，要把创意产业与图书馆分开，令其独立运行，人财物，责权利，自成一个系统，分灶吃饭，以避免对图书馆公益性的干扰。

2. 采取合适的经营运作机制

图书馆文创产业运作模式往往包括内设部门自营、成立单独核算的经济实体、自营与企业合作同时进行等。现阶段，在国家大力发展文化创意产业的背景下，图书馆文创产业发展也受到了重视，但我国大部分图书馆的资金来源于政府财政支持，真正能投入文化创意产品开发的资金往往有限。为弥补文创投入的不足，多数图书馆采取引入公司模式的方式对文化创意产品做调整规划。对此，图书馆应承担起开发工作的主体责任。图书馆可以依据《中华人民共和国公司法》，利用股份制方式将各方利益联合起来形成利益共同体。在成立文化创意股份公司时，图书馆可将其馆藏价值及创意开发能力作为知识产权定价入股；为激励开发人员，可鼓励开发人员投资入股，从而使得图书馆才能够占据开发工作的主导地位。另外，图书馆文化创意产品开发可引入社会资金，逐步完善文化创意产业的融资方式，积极引导、扶持、规范社会力量参与图书馆文化创意产品开发。图书馆为保证文创开发工作，既要提高经济效益，又要维护社会效益，因此图书馆应合理占据股份，以便掌握文创开发发展方向。在这方面，图书馆可以积极借鉴股份制企业的商业运作模式。

例如，从古根海姆博物馆的年运营经费中可以看出，其所获得的政府资助或捐赠等形式的收入资金只占全部收入的三成左右，年运营支出大部分差额由博物馆产业开发收入弥补，见表 4–1。

表 4–1　古根海姆博物馆年运营收入、资助及开支　美元

收入及其他资助			运营开支		
项目	收入额	百分比（%）	项目	支出额	百分比（%）
会员费	2 806 304	4.2	参观者服务支出	4 658 066	7.8

续表

收入及其他资助			运营开支		
项目	收入额	百分比（%）	项目	支出额	百分比（%）
门票费	14 689 605	21.8	展览项目支出	15 934 626	26.5
巡回展、特权使用费	15 952 463	23.7	巡回展览支出	6 321 019	10.5
实物捐赠收入	3 638 666	5.4	策展及收藏维护费	7 962 517	13.2
捐赠、受让收入	15 122 585	22.5	经营及常规支出	13 190 201	21.9
特殊活动收入	32 83 058	4.9	筹款费用	3 624 713	6.0
投资收入	2 082 551	3.1	教育支出	275 821	0.5
短期收益	137 485	0.2	副业支出	8 197 813	13.6
副业收入	9 553 618	14.2	运营开支总计	60 164 776	1.0
总计	67 266 355	1.0			
注：本表数据为四舍五入所得，存在误差。					

第三节　图书馆文化创意产品开发工作的创新探索

一、图书馆文化创意工作的创新模式

（一）采用合作授权方式

图书馆文化授权的流程分为组织层面流程和操作层面流程两个维度。组织层面流程是指图书馆文化授权的内部决策过程，包括了解文化授权、呈报授权建议、可行性评估、建立决策组织、整合授权窗口等环节。首先，馆内成员通过宣传报道认识文化授权，后经馆内呈报系统向图书馆负责人提出授权建议。其次，图书馆负责人就授权建议请馆内外法务部门进行评估，提出可行性报告。最后，图书馆根据可行性报告建立授权决策组织，如授权委员会，讨论文化授权的政策。图书馆决定开展文化授权后，整合或设立授权窗口尤为关键。授权窗口作为馆内具体负责授权业务的部门，是被授权者与图书馆沟通的唯一窗口。操作层面流程是指图书馆文化授权的具体操作的各环节。操作层面流程包括对授权标的物权利状况的盘点、文化授权规划的制订、授权双方的谈判、授权合同的签订、授权合同内容的执行与监督五个环节。不同图书馆在实际操作过程中各环节的具体做法可能不尽相同。

（1）盘点授权标的物的权利状况。图书馆开展文化授权的前提是在对授权对象盘点的基础上厘清其权利类型、归属与状态。借由盘点，检视各类授权对象特别是藏品数字化成果拥有何种权利，尤其是图书馆是否拥有以及拥有何种知识产权。

（2）制订文化授权规划。根据标的物的权利盘点状况，将授权标的物的权利现状分为两种：一是图书馆同时拥有授权标的物的所有权与知识产权；二是图书馆仅享有授权标的物的所有权但未拥有满足授权之需的知识产权。对于前者，图书馆可依据拥有权利直接授权；对于后者，图书馆可在取得权利人的让与或授权后再对外授权。在确定拥有或取得可以授权的权利后，图书馆可开始制订授权规划。在制订授权规划时，应按照授权条件及被授权人取得资料的分辨率、完整程度、像素大小、提供格式等，将授权规划由高到低分成不对外开放层级、组织内部使用层级、商业性加值利用授权层级和公共使用授权层级等四个层级。然后根据每个层级的授权对象和范围做出规划。以商业授权层级为例，由图书馆授权窗口对授权金标准、授权模式、授权范围和收费用途分别做出规划。

（3）图书馆与被授权者进行谈判。被授权者主动与图书馆接触并表达希望取得授权的诉求是授权谈判的必要条件。图书馆在核实对方资格和取得授权的目的后开启谈判。谈判中，由被授权者以书面形式提出希望取得的授权标的物、对授权标的物的利用方案及相关市场的分析。因此，图书馆审核被授权者递交的文件，结合授权规划提出可采用的授权类型等指导意见。双方可就此深入讨论。

（4）签订文化授权合同。双方就授权意向达成一致的基础上，可以通过合同的形式将授权内容固定下来。合同内容分为一般性授权条款和特殊性授权条款。一般性授权条款包括授权标的物的性质与内容、交付方式、授权方式与范围、授权期间与地域、是否可以再授权、授权金的回馈方式、授权标的物的利用方式、授权商品的市场定位、违约责任与合同中止等常规内容。特殊性授权条款包括产品品质管控、合同期满的续签说明、授权单位名称或商标的标记义务、产品的衍生设计权归属等。经过充分协商，在对条款内容无异议的基础上双方签订授权合同。

（5）执行与监督授权合同内容。授权合同生效后，文化授权流程进入合同执行与监督阶段。图书馆对被授权者履行合同的情况予以监督并根据具体情形做进一步处理。是否按期支付权利金、给付权利金的稽核、授权期满后授权产品的处理都在监督之列。如果被授权者出现违约情形，对是否采取维权措施以及怎样处理，图书馆也要进行监督。

（二）选择合适的图书馆文化创意产品开发工作模式

图书馆的公共文化属性很大程度上制约了其文创开发的力度与深度。图书馆文创产品开发中普遍存在人力资源欠缺、财力资源匮乏、文化载体单一、发展不平衡、产品产业化程度较低、产品推介力度不够、主动开发市场意识不强、监管力度不足等问题。当前，人们对图书馆文化创意产品的需求日益增多，迫使图书馆采取措施，最大限度地满足人们的精神文化需求。图书馆可根据《文创开发意见》文件精神，在确保公益目标、遵循资源开发与利用规范的前提下，并在条件允许的情况下，尝试注册成立文创企业。另外，图书馆可依托图书馆馆藏资源，采取合作、授权、知识产权作价入股、独立开发等方式，积极稳妥推进文化创意产品开发。

（三）采用知识产权、文创人员作价入股等方式投资设立企业

图书馆自身兴办企业具有可掌握文创开发方向、降低运营成本、保护馆藏资源、增强核心竞争力等优势。因此，图书馆可将自身兴办企业作为其主要的开发模式。兴办企业时，作为文创开发工作的主体，图书馆应当发挥主导作用。鉴于知识产权价值评估的不确定性，图书馆又要保证其主体地位，建议其在兴办企业时，一定要设置合适的股权比例。

《文创开发意见》中明确指出：“试点单位具备相关知识和技能的人员在履行岗位职责、完成本职工作前提下，经单位批准，可以兼职到本单位附属企业或合作设立的企业从事文化创意产品开发经营活动……参照激励科技人员创新创业的有关政策完善引导扶持激励机制……对在开发设计、经营管理等方面做出重要贡献的人员按规定予以奖励。”结合文件精神，图书馆可以充分调动文创人员的积极性，实行股权激励，允许文创人员投入现

金，占有一定股份。图书馆的知识产权与文创人员股权合在一起可占据较多的股份，从而可保证合办企业的归属问题及经营方向。借鉴“万科事件”带给人们的启发，在公司成立之初，图书馆就应设置合理的股权结构，并根据资金需求、人才需求或营销渠道等条件优先选择经营理念明确、企业运行良好、人才优势明显、销售渠道畅通的文化企业一起来开展文化创意产品开发工作。

目前，一些地区工商部门的相关政策还不允许图书馆兴办企业，对此图书馆可以在进行授权模式合作时参照其在创立企业时设置的股权结构进行利益分配，以维护自身利益。合作双方应讲明责、权、利关系，一起做好文化创意产品开发工作，合作共赢。

二、图书馆文化创意旅游项目的开发与探究

我国博物馆等文化文物单位在文化创意产品开发方面已开始探索与文化旅游的深度结合，并产生了较好的效益。鉴于国家当前的文创旅游政策背景，有必要探索一下图书馆文化创意旅游发展。

文化创意旅游（以下简称文创旅游）是指通过运用创意元素及理念，借助先进的科学技术手段挖掘和整合文化旅游资源，为旅游者创造出高参与性的文化知识旅游体验。文创旅游具有高文化性与知识性、高体验性与参与性、高附加性与融合性、高技术性与智能性等特性。与传统旅游相比，其具有较高的层次与发展潜力。文创旅游已成为旅游业发展的新模式，实现了文化创意产业与旅游产业的有效融合，是文化创意产业在旅游产业领域的有效延伸，并且逐步成为地区经济发展新的增长点。图书馆是社会信息、知识、文化等整合的产物，其作为承载人类文明的一方圣地，拥有珍贵而又独特的馆藏资源。以文化为灵魂，以创意为驱动力，以旅游为依托，构建赋有中国优秀传统文化内涵的人们喜闻乐见的新型旅游产品将是图书馆文创开发工作的一个新思路、新视角。

（一）图书馆文创旅游法律政策依据

2018 年 1 月 1 日《中华人民共和国公共图书馆法》正式实施，第二十四条明确规定：“公共图书馆应当根据办馆宗旨和服务对象的需求，广泛收集文献信息；政府设立的公共图书馆还应当系统收集地方文献信息，保存和传承地方文化。”其第四十一条规定：“政府设立的公共图书馆应当加强馆内古籍的保护，根据自身条件采用数字化、影印或者缩微技术等推进古籍的整理、出版和研究利用，并通过巡回展览、公益性讲座、善本再造、创意产品开发等方式，加强古籍宣传，传承发展中华优秀传统文化。”由此可见，图书馆与文创旅游具有天然的合作关系。另外，《文创开发意见》中指出支持文化资源与创意设计、旅游等相关产业跨界融合，提升文化旅游产品和服务的设计水平，开发具有地域特色、民族风情、文化品位的旅游商品和纪念品。这为图书馆开展文创旅游提供了有力的政策支持。总之，这些法律政策为图书馆开展文创旅游项目工作提供了法理与政策基础。

（二）开展文创旅游是发挥图书馆职能的需要

2017 年 1 月，文化部发布了《文化部办公厅、国家文物局办公室关于开展〈关于推动文化文物单位文化创意产品开发的若干意见〉落实情况阶段性总结的通知》（办产函〔2017〕10 号，以下简称《通知》），其中，指出对真抓实干、试点成效显著的地方和单位予以资金扶持，加大激励支持力度。对工作落实不力，特别是已有明确试点政策仍然

不执行的地方和试点单位，将采取现场督导、通知进京约谈等形式点对点调度督促、传导压力。其目的就是要引起有关单位对文创工作的重视。2017 年第六次全国县级以上公共图书馆评估定级中，已将文创开发纳入省级公共图书馆考核范围。随着《中华人民共和国公共服务保障法》与《中华人民共和国公共图书馆法》的颁布与实施，图书馆作为公共文化事业的重要组成部分，将会在传播文化、拓展社会教育、提供文化娱乐等方面发挥越来越大的作用，而发掘馆藏文化资源，开展文创旅游是让公众走近中国传统文化的重要形式。

（三）图书馆文创旅游市场分析

从 2018 年全国旅游工作会议上获悉，2017 年全年人均出游次数达到 3.7 次，旅游业综合贡献达 8.77 万亿元，对国民经济的综合贡献达 11.04%。国家旅游局公布的各年度《中国旅游业统计公报》数据显示，近年来，我国旅游收入总体呈现稳步增长态势，旅游群体不断扩大，旅游产值不断上升；又因旅游业具有绿色、生态、环保的特点，其日益成为衡量现代生活水平的重要指标之一，同时也是生态文明建设的重要力量之一。一方面，人们对旅游的需求不断升级；另一方面，旅游市场不规范现象，如不合理低价游、欺客宰客、不透明消费等现象层出不穷。另外，几乎所有的景点，其周边销售的文化创意产品大都相同，而能够结合当地和景点自身的特点开发出的文化创意产品则少之又少。与此同时，除造型、质地等相似外，文化创意产品的质量也是参差不齐。为了给广大旅客创造更高质量的旅游经营和消费环境，提升群众出游时的幸福感和满意度，图书馆在开展文创旅游时，应重视旅游纪念品创意设计，提升产品的文化内涵和附加值，培育体现地方特色的旅游产品。

（四）其他领域文创旅游项目开发的启示

国外发达国家十分重视文创旅游的发展，政府成立专门的行政部门及各类行业协会用于指导、协调、促进文创旅游相关工作，并且成立研究中心，根据城市发展特色及文化资源编制发展策略，确定发展方向。例如，德国的鲁尔区、汽车之都沃尔茨堡、钟表之都伯尔尼等都是以主题产业文化带动城市景观、城市产业发展的成功实例。我国文创旅游发展形态主要设立旅游创意园 / 街区，这些创意园 / 街区具有历史文脉、前卫艺术、个性生活的特性，如北京 798 艺术区、杭州西溪创意产业园、成都宽窄巷子、北京南锣鼓巷、上海新天地等。另外，旅游主题公园展示体验欢乐、历史、冒险等，如华侨城、迪士尼乐园、横店影视城等；旅游节庆会展体现民俗节庆、创意会展等内容，如青岛啤酒节、上海世博会、昆明旅交会等；旅游实景演艺起到视觉冲击、艺术熏陶的作用，如印象系列、《长恨歌》《又见平遥》等；旅游创意商品拥有时尚、购物、知识等创意思潮内容，如木雕、服饰、画册、明信片、特产等。上述实例对图书馆利用馆藏的特色地方文献资源、凸显当地发展的历史特征、设计文创主题和文创旅游线路、实现创意转型具有积极的借鉴意义。

（五）图书馆文创旅游项目开发的优势

大众对文化和精神的消费需求为文创产业的发展提供了广阔的市场前景。图书馆文创旅游项目的开发就是文创旅游产业在特定空间高度集聚而成的产物。

1. 图书馆馆藏优势

图书馆集中保存了能够体现各个时代、各个地区发展水平、社会风俗的历史资料。这些资料品种多样、主题广泛，是文创旅游开发取之不尽、用之不竭的宝贵素材。特色的地方文献，详细记录了与当地有关的历史典故与知名人物，完整地保存了地域发展的真实面貌，具有鲜明的地方性、资料的原始性等特点。例如，可基于某一个地方，梳理、整理与之相关的文献资料并对其进行二次开发，研究素材，提炼事件，特别要挖掘出能够深刻反映当地生活、彰显民众精神特征的故事。历史知识与旅游景点的结合与碰撞不仅能让旅游者身心愉悦，更能让他们带走一段历史故事、一座城市的烙印。又如，可根据图书馆藏的文人墨客的游记、舆图、名家手稿、字画等发掘出文化元素，并将这些文化元素切入旅游线路中，达到知行合一。这样既凸显了文化内涵，又适应了市场对深度旅游的需要。

2. 图书馆读者优势

虽然图书馆“藏书”“看书”的空间功能正在被弱化，但是人们对精神层面的需求并没有减弱。图书馆作为公共空间以其包容性和公信力品牌吸引了不同阶层、不同职业、不同年龄、不同兴趣的群体。《2016 全国公共图书馆事业发展总体情况》公布的数据显示，图书馆持证读者数量为 5 593 万人，年举办各种活动为 140 033 个次，参加活动读者数量为 7 138 万人次，比上一年增长 20.83%。随着全民阅读的深入开展，各图书馆举办的活动越来越丰富多彩，会吸引越来越多的人走进图书馆。而这些走进图书馆的读者都有可能是图书馆开展文创旅游的潜力消费者，图书馆可根据不同的年龄段设计不同主题的文创旅游线路，让读者带着知识，从图书馆出发看世界。

3. 图书馆网络布局优势

目前，国家、省、市、县四级公共图书馆系统已经基本建成，县级以上政府设立的公共图书馆达到 3 153 个，年流通人数从 2012 年的 4 亿多人次增长到 2016 年的近 7 亿人次。这些公共图书馆分布在全国各个地区，其分布范围可以媲美中国移动、中国石油、银行等全国性企业。每个图书馆相当于各个地区开展文创旅游的办事处，每个办事处不仅可以承接全国其他地区的文创旅游项目，还可自主设计当地特色旅游线路，以满足各类型消费者的需求。

4. 图书馆地域优势，熟悉当地衣食住行

图书馆馆址多处于城市的中心地区，地理位置优越，交通便利，是一个城市的标志性建筑，便于集合旅游者。图书馆馆员对于当地旅游中的基本要素——衣、食、住、行等方面有着较为准确、专业的判断。因此，图书馆馆员可利用自身掌握的知识为旅游者提供特色服务。例如，向旅游者推荐当地人喜爱的特色美食，实地考察过的价格合理、地点合适、温馨雅致的酒店和宾馆，公布机场、火车站、高铁站的位置，机场大巴往返的时刻及地点、交通管制、高峰期拥堵等实地情况，以减少旅游者搜集信息的成本，提高信息的透明度和准确率，提升旅游者对旅游体验的满意度。另外，图书馆馆员还可针对具体的旅游线路推荐相关的书籍，举办公益性讲座，为旅游者提供丰富的精神食粮。

（六）图书馆文化创意旅游项目开发的创新机制

1. 搭建图书馆文创旅游资源信息联合平台

目前，图书馆举办的特色文化体验活动形式多样，内容丰富多彩，寓教于乐，深受大众的喜爱。例如，河南省图书馆举办的“从图书馆出发看世界”文创项目，培养学生学会利用图书馆搜索知识，并组织读者去郑州市科技馆、河南省博物院等地实地考察，体验文化与科技的魅力。金陵图书馆开展的“七彩夏日”少儿暑期夏令营活动，通过学习国学知识、绘本阅读、研学旅行、故事讲演、手工制作、才艺表演等形式，帮助青少年在益德益智、能力培养等方面得到锻炼和提升。如果整合各个图书馆开展体验活动的优势，设计图书馆文创旅游信息联合平台，依托全国各个公共图书馆的网络布局优势，通过文史知识的贯穿，将各图书馆的文创线路联合起来，形成一个遍布全国的文创旅游网络，将有助于推进各个图书馆开展文创工作。例如，可在图书馆开展日常少儿读者活动的基础上，总结归纳活动经验，将少儿读者喜欢的历史文化故事进行深阅读创新，引发读者的深层次求知需求，设计开发出有文化特色的文旅线路。也可配合中小学的教学进度，开发出相应的素质教育文献资料，面向全市及省内外有读书与探索需求的群体开展研学旅行及教育辅导活动，将常规的学校教育与图书馆的社会教育功能紧密结合起来。开展活动时，由相应的文史诗教师带队，采用边学习边辅导的方式，在活动中使读者达到“读万卷书，行万里路”的目的，以提升中小学生综合素质，弘扬中华优秀传统文化。

2. 设计图书馆特色文创线路

图书馆文创旅游资源信息联合平台可为全国各个公共图书馆留有对接口。图书馆可结合馆藏资源与地方特色设计开发各种类型的文创旅游线路。例如，上海图书馆可以根据民国文献资料设计民国历史寻踪之旅，海南图书馆可以根据历史名人苏轼设计人物文化体验之旅，禹州市图书馆可以根据古镇特色开展神垕钧瓷之旅等。每个图书馆都可以挖掘出不同的 IP 元素，扩展延伸，设计不同主题的文创旅游线路。文创线路设计完成后，各图书馆信息管理员可以将文创旅游线路、相关活动主题展览、景点常识、游记攻略、相关书目推荐、美食推荐、住宿、交通等信息上传到图书馆文创旅游信息联合平台，实现渠道共享，资源共享。

3. 开展多种形式的宣传与营销

开展多渠道、多形式的图书馆文创旅游宣传活动，提高图书馆文创旅游品牌知名度。

（1）图书馆可以利用图书馆开通的微信公众号、微博等服务，及时发布活动计划、活动过程、活动效果等动态，实现图书馆资源和服务上线。

（2）图书馆可以与其他社会化服务平台进行服务对接，让图书馆服务融入群众的日常生活环境，增加图书馆的影响力及人口流量。

（3）图书馆可以利用新闻媒体和中国图书馆学会、各省图书馆学会等平台进行宣传展示，发挥行业组织优势和承办城市的积极性，通过组织工作会议、学术论坛、展览展示等促进业界交流合作。

（4）图书馆可以利用“全国公共图书馆文化创意产品开发联盟”的平台，实现创意共享，读者资源共享，优势互补，积极推动图书馆文创旅游项目走出去。

（5）图书馆可以借助丝绸之路国际图书馆联盟，与“一带一路”沿线各国图书馆建立长期战略合作关系，共同策划文创旅游项目，开展广泛深入合作，带动沿线各国图书馆事业发展，从而更好地落实中华文化“走出去”战略。

4. 构建合理的盈利模式

图书馆文创旅游项目的盈利点主要包括以下三点。

（1）深阅读辅导费用。由专业老师对学生进行文化辅导，如前期的深阅读辅导及后期的写作辅导等，以达到巩固知识，提升能力的目的。教育辅导费用可因学生需求不同而采取不同的收费方式。例如，按次、月、季度、学期、年度等不同的时间段设定不等的优惠条件。

（2）旅游服务费用。对每次组织研学活动的经费进行预估（宣传推广费用、来回车费、门票（含基地）费用、食宿费用、保险费用、组织人员服务费用等各项费用），核算成本，在成本的基础上收取一定比例的服务费用。

（3）文创相关衍生品的销售利润，包括实体营销和在线营销。利用在图书馆开设的文化创意产品销售实体店或图书馆文创旅游信息联合平台、淘宝、天猫等图书馆文创在线交易平台等进行售卖，获取利润。

图书馆文创旅游项目是一种新兴的文创开发项目，也是发掘馆藏文化资源开展跨界融合的一种尝试，目前还没有成熟的实例。文创旅游项目的开展，能够有效地传播知识，弘扬中华优秀传统文化，达到让文字、文物活起来的目的，从而开辟文创开发工作的新模式。希望各级图书馆尽快成立专门的文创机构，加快文创旅游专业人员的培训，积极推进文创工作的开展。

第四节　图书馆文化创意产品开发工作的实践探索

一、高校图书馆文化创意产品开发实践

教育部曾对高校等科研机构对文化创意产业的参与、协同等做出明确的要求与指示，国内外的高校图书馆也早有实践活动。例如，北京大学图书馆每年制作的贺年卡；台湾大学以馆藏珍品为元素制作的电脑日历壁纸；大连大学图书馆为毕业生赠送的“书香连大”阅读卡等衍生纪念品；厦门大学图书馆为每个毕业生建立的基于在校阅读数据的“圕·时光”个人站点等，都成了高校图书馆的文化创意产品研发借鉴对象。除了为创意团队、建模团队等提供基本的文献查询、信息推送等服务，越来越多的高校图书馆创客空间更是为高校师生的手工实践与创意实现提供了平台与条件。

（一）高校图书馆开展文化创意产品研发与服务的必然趋势

根据文化创意产业的内涵、国家的相关政策以及高校图书馆对其的应用和研究现状，开展一定的文化创意产品研发与服务必将成为高校图书馆未来发展的方向之一。高校图书馆走出象牙塔，除为在校师生服务外，利用自身丰富的文化、教育资源，面向企业、社会团体和个人提供素养教育、创意交流等服务也是《文创开发意见》下发后图书馆人的心声。21世纪兴盛的高校图书馆社会开放运动就是这些业界声音的行动体现。创意时代的到来让这种声音更加响亮。有学者也因此而发出了“创意时代呼唤高校图书馆走出象牙塔”的声音，并从资源优势、事业转型、事业职责等多个方面分析了高校图书馆走向社会、走向市场，为创意经济搭建创新平台的必然性。

（二）高校图书馆文化创意产品的开发与服务

1. 高校图书馆文化创意产品的开发实践

丰富珍贵的馆藏资源，专业认真的图书馆馆员，长期积累的知识咨询、情报分析、学科服务等专业化服务经验，以及创意思维最活跃、学科背景最宽泛的师生团队，都是高校较其他机构或社会其他信息服务组织、文化创意团体所特有的优势。依据这些优势去开发一定的创意产品，是高校图书馆文化创意产品开发的方向。具体来看，高校图书馆文化创意产品主要包括以下四种类型。

（1）依据馆藏资源开发的文化创意产品。依据馆藏资源特别是珍贵馆藏资源开发产

品是高校图书馆最为轻易实现的产品开发模式。例如，馆藏珍品的缩印本、翻印本、再印本和数字化产品等都属于该类创意产品。

（2）基于用户服务衍生的文化创意产品。此类产品最具代表性的当属出版产品，如名人手札、馆藏图录、文库合著等。

（3）基于读者服务记录与体验的衍生纪念品，如毕业信封、节日卡片、电子相册、个人站点等。

（4）借助跨界融合的产业化产品。高校图书馆的对外开放和面向师生、企事业单位开展的融合服务为这类产品的研发提供了无限可能，而创客空间的构建和 3D 打印机等创意条件的具备，也为高校图书馆的此类产品注入了发展动力。例如，2013 年，在美国图书馆协会仲冬年会上展示的“创客营地”，就是谷歌公司借鉴了高校图书馆创客们的创意而推出的一项虚拟社交网络服务网站。

2. 高校图书馆文化创意产业服务的实践

长期以来，高校图书馆已在文化创意产品开发中进行了积极的探索与实践，开展了诸如创意素养教育、知识咨询、产品体验等服务活动。高校图书馆的文化创意服务主要包括以下三种方式。

（1）素养教育。高校图书馆是高校师生的第二课堂，其不仅通过潜移默化的阅读指导活动，影响着师生道德情操、阅读视野，还通过一定的技能大赛、职业培训等手段对用户的素养教育等领域发挥着重要的作用。

（2）知识咨询。创意思维的最终实现，需要一个从思维到辩证的过程，也需要一个对思维的科学性论证过程，这一过程除了需要不断地完善，还需要一定的知识支撑与驱动，高校图书馆提供的知识咨询服务为这一过程的便捷实现提供了可能。

（3）创意体验。创意思维的产生需要信息、知识的驱动，也需要创意群体、团队的碰撞与交流，更需要具体的空间与产品体验来激发灵感。高校图书馆设置的展览讲座、用户共享空间、创客空间等为文化创意的产生提供了软、硬件条件，使得文创人员不仅可以在图书馆传统的信息服务中产生灵感，也能在用户交流、创客实践等环节让思维产生共鸣，进而驱动创意思维产品的产业化、市场化发展。

二、省级图书馆文化创意产品开发工作的思路

（一）省级图书馆文创开发工作面临的问题

1. 政策模糊

《文创开发意见》对省级图书馆开展文创工作给出了一些指导意见，特别是针对文创开发工作形式及资金管理等方面提出了相应的工作方案。例如，允许图书馆自办或与社会力量合作联合兴办企业，但在实际操作过程中，很多省级图书馆面临相关规定不统一的矛盾。目前，各地工商部门还在执行机关事业单位不允许兴办企业的原有规定，多家省级图书馆去申请创办企业时均被拒绝，当地文化主管部门也对此协调无果。工商部门只认同国家市场监管总局下发的各项规定，对《文创开发意见》中相关政策并不认同。少数省级图书馆仍保留着原有的经济实体，对文创开发工作还能起到一定的促进作用，但多数图书馆并不具备这个条件，致使文创开发工作无法迈出第一步。又如，文创开发工作中的收入支配问题，虽然《文创开发意见》中允许试点单位可以将文创收入纳入单位统一管理，并不

影响原有的财务政策，但在财务主管部门没有给出具体指导意见的情况下，图书馆仍然面临资金管理的实际困难，影响了文创工作的开展。在这方面，希望国家财政部门就文化扶持资金如何支持文创工作以及文创的收入、支出及奖励政策等出台明确的条例，以便图书馆在资金管理方面无后顾之忧。但落实到具体切实可依的规范、指南或者法规等方面，我国目前还处于空白状态。档案文化创意产品隶属于商业性开发范畴，其中涉及的知识产权、隐私权以及信息安全等，都可能产生权限和利益纠纷。如果缺少配套的法律法规，那么容易使档案部门不敢轻易涉及，而是出于规避风险的考量限制开发，使得档案部门在文化创意产业中止步不前。

2. 人才因素制约

人才是先进生产力和先进文化的重要创造者，是文化创意产品开发的主导设计师。许多省级图书馆原有的人才规模与结构已不能满足新时期图书馆创新发展的需求。

（1）图书馆属于事业单位，招聘人才手续比较烦琐，特别是现在事业编名额比较少，许多图书馆原有的在编人员基本已经饱和，于是出现了新人进不来的僵局。而图书馆的文创开发特别需要新鲜的血液融入进来去探索创新，用现代化手段把文化创意表达出来，这样才能最大化地发挥图书馆传播知识的功能。

（2）有些省级图书馆人员专业过于单一化，大多集中在图书馆学、情报文献学、历史学等与图书馆相关的人文学科，而缺少文创开发类的各种人才。图书馆文创开发工作需要大量的复合型人才，其要求必须具备产品开发过程中需要的设计、营销推广能力，最为重要是对文献资源的鉴赏能力和把握消费者心理需求的分析能力，如影视编辑与制作、网页设计与美工、JAVA 开发人员等。这些复合型人才不仅要了解馆藏，懂历史文化，还要掌握一定的现代化技术手段；在文化创意产品开发中不仅仅要注重内容，更要会在呈现的方式上下功夫，知晓如何使用立体化的表达方式来让大众享受到体验的乐趣。没有文创开发类的相关人才，省级图书馆的创作能力会大打折扣。

3. 馆藏不丰富

馆藏资源的完整性、系统性、多样性、稀缺性直接决定了文创开发中可利用的内容资源。省级图书馆由于要在经费有限的前提下照顾到各类型的读者，往往将所有学科种类的书都采购几本，结果是样样都买，样样不全，导致没有什么特色体系的藏书。大部分省级图书馆的馆藏文献资源总量为 300 多万册（件）左右，在馆藏资源不重合的情况下可供挑选的素材较少，巧妇难为无米之炊，这使得省级图书馆在文创开发内容的选择上面临困境，无法形成多种多样的满足各类读者需求的系列产品。而古籍馆藏的出版、复印及衍生品等文化创意产品又是文创开发工作的基础和根本，致使省级图书馆无法在挖掘馆藏方面创造出更多的文化创意产品。

4. 消费氛围欠缺

通常，读者对图书馆的认识就是公益性的服务单位，是给大众提供一个免费休闲的场所。特别是在 2011 年图书馆基础服务免费政策出台后，很多读者认为图书馆的服务都是免费的，致使多数读者是以一种无消费心态前来学习的，不能接受一些收费行为。这与人们抱着消费者心态去旅游景点、商场等场所形成了鲜明的对比。一些文化氛围浓厚，对文化经济属性理解较深的地区，如北京、上海等有很好的文化消费群体，而多数省级图书馆缺少这种文化氛围。

5. 创新意识欠缺

图书馆的文创开发工作需要大量的创新，而创新需要图书馆人员发挥其主观能动性。但是部分省级图书馆馆员创新意识较弱，较难达到这个要求。形成这种局面的原因主要体现在以下四个方面。

（1）重视程度不够。目前，多数图书馆还没有成立专门的机构来从事文创工作，大多数文创开发工作是由一些兼职承担。例如，有的图书馆是由业务处负责，也有的是由资金管理处负责，还有的图书馆是由办公室负责，没有形成一支专门的文创开发队伍。目前，省级图书馆多是各自为政，以自己的方式去摸索文创开发工作，没有形成合力。

（2）图书馆内部缺乏针对创新的奖励机制。馆员只要按部就班地做好本职工作即可，即使有一些创造性的想法，也因没有相关规定的支持而打消了积极性，久而久之，整个图书馆的创新氛围便逐渐消失。

（3）馆员平均年龄偏大，富有创造性的年轻人较少。较为保守的思维造成了图书馆创新工作进展缓慢。

（4）图书馆安逸的工作环境和缓慢的工作节奏吸引了一批只图有个长期稳定工作的馆员群体。这些群体缺乏把创新理念付诸实践活动的魄力，造成了在图书馆文创开发过程中，创新意识、创新行动很难体现出来。

（二）省级图书馆文化创意产品开发工作的发展方向

针对上述省级图书馆在文创开发工作中面临的问题，省级图书馆应向上级主管部门主动争取具体相关政策的支持，单位领导也应高度重视文创开发工作，将文创开发纳入工作规划中，摆在重要的位置；在馆员中广泛宣传，普及《文创开发意见》知识，以多种手段加强人才队伍建设，制定激励奖励政策；自觉克服认识误区，为图书馆文创开发工作争取有利环境，加快进展步伐。

1. 争取政策支持

省级图书馆应根据《文创开发意见》精神，建议上级主管部门明确相关政策，使文创开发工作有政策法律保障。省级图书馆与文化主管部门也应主动与国家文化及财政主管部门协商沟通，从顶层设计方面入手，出台相关政策，使当地文化、财政部门有法可依，保障文创开发工作的正常开展。

2. 单位重视

省级图书馆的文创开发工作能否打开局面，在于单位的重视程度。各个部门只有通力合作才能促进文创工作真正落到实处。文创开发过程中涉及场地、设备、人员的配合、利益的分配、与其他单位的沟通协调等，如果单位领导不重视，仍固守着传统的思维模式，哪怕是再好的创意想法，没有团队的协助，仅靠一己之力也难以完成。2017 年 4 月份召开的第六次全国县级以上公共图书馆会议，已将文创开发工作纳入省级公共图书馆考核范围，例如，有文创工作组织与创意策划的加 2.5 分；有文化创意产品，并取得实效的加 2.5 分。这是文化和旅游部第一次将文化创意产品开发纳入省级公共图书馆评估定级标准中。随着国家对公共文化越来越重视，文化创意产品在图书馆评估分值中所占比重会越来越大，从而让图书馆认识到文创工作不仅仅是一种经营行为，更是一项重要的业务工作。因此，不管是外力作用的促使还是内部业务创新的需要，图书馆都应该有所行动，真正把文创开发工作重视起来。例如，江苏省图书馆牵头组织成立了文化创意产品开发工作联盟来助力文化事业发展，现共有南京图书馆、苏州博物馆、侵华日军南京大屠杀遇难同胞纪念馆等37家文化文物单位试点文创开发。又如，河南省图书馆设立了“文化创意中心”的专门机构，负责开展文创工作，并先后两次组织相关文创开发人员赴北京、上海、南京、杭州等地，考察文创工作取得显著成效的文化文物单位。文创开发人员通过参观学习，与相关人员交流探讨文创开发思路，为河南省图书馆文创工作的开展做好了前期准备。

3. 拓展文创思维

如前所述，“馆藏”不只是仅代表资源内容本身，它还包含资源的收集、整理、储存、应用等过程与应用形式。因此，省级图书馆的文创开发工作不应拘泥于对馆藏内容进行加工、产出物质产品等形式，需应仔细斟酌对馆藏的利用形式，跳出固有思维，释放文化创意新活力。例如，内蒙古图书馆的“彩云服务计划”，实现了采访方式从传统图书馆到“云图书馆”的转变，表达出“我阅读，你买单，我的图书馆，我做主”现代理念，通过创新馆藏使用模式，空前提升了新书的流通率。

4. 人才引进与培养

文创开发需要各种专业人才。除了在馆内培养出创新能力强、业务熟练的馆员，也要制定优惠条件引入平面设计、影视制作、计算机应用等专业人才。省级图书馆可采用合同制的形式聘请多学科的复合型人才，并根据不同部门的业务特点，发挥自身特色优势，组建成不同的文创团队，筛选出最佳的文创开发项目。例如，古籍部可以组建团队开发古籍资源整理类、复制类、出版物类等文化创意产品；地方文献部可组建团队进行各省地方文献资源联合目录平台建设；少儿部可组织中小学生开展研学旅行活动，通过走进文化底蕴深厚的图书馆、博物院、纪念馆、名胜古迹等亲身感受传统文化的渊源。这些都需要既懂业务又懂市场规律的人才来完成。同时，也要注重引进经营管理、营销推广等方面的人才。因此，省级图书馆应加大对核心人才、高层次人才的培养及引进力度，建立健全文化创意产品开发人才的使用、流动、评价和激励机制，激发不同团队人员的创新活力，以开发出多样化的文化创意产品。

（三）省级图书馆文化创意产品开发工作的着力点

1. 突出馆藏特色

省级图书馆集合了各县、市优秀特色资源，集中保存了与当地民众生产生活、社会风俗有关的历史资料。在文创开发过程中，省级图书馆应该走出一条属于自己的特色馆藏资源发展道路。

（1）地方特色文献。省级图书馆可根据所辖范围内的地方文献资料留存情况，系统梳理，建设该省地方文献联合目录合作平台，一方面方便当地地方文献的管理与查询，另一方面也为全国地方文献资源的整合做好对接工作。

（2）古籍善本。古籍善本兼具文化底蕴与收藏价值，一向被各个图书馆视为珍宝。例如，陕西省图书馆的清雍正铜活字印本《古今图书集成》、江西省图书馆的南宋周必太的吉州刻本《欧阳文忠公集》（存三十卷）、河南省图书馆的明刊《李卓吾先生批评西游记》等皆属国内珍本，应该将其好好开发利用起来，这样，特色馆藏才具有竞争力。省级图书馆应结合本馆馆藏特色，以《文创开发意见》为契机，将特色的馆藏资源深度融合到文创开发工作中，走自己的特色文创之路。当前，省级图书馆地方特色馆藏的消费群体较少，难以产生更多的经济效益。因此，省级图书馆可以借助国家图书馆的各种平台，例如，文创商店及国图旺店，将产品的销售与国家图书馆已有的渠道对接起来，产生更好的销售效果。

（3）自建专题数据库。专题数据库既可以对馆藏资源进行再次开发利用，又能够快速支撑其他各个项目管理所需的数据信息，是《文创开发意见》中推进文化资源数字化进程的重要手段。目前，部分省级图书馆已建立了多项特色数据库，如黑龙江省图书馆的寒地黑土农业技术开发利用、北大荒专题、第二次世界大战的终结地等数据库，湖南省图书馆自建的特色馆藏潇湘人物、湖南家谱、毛泽东著作版本室等特色数据库。

2. 革新工作模式

工作模式的创新是图书馆文创开发的重要环节，是将图书馆传统的服务提供方式向移动化服务、数据化服务、智能化服务方向转变的重要途径。工作模式创新一般通过整合资源、应用高科技技术、引进先进设备等综合手段颠覆传统的工作模式，以达到服务便利、高效的目的。例如，杭州图书馆采用的“中心馆－总分馆制”工作模式，采用统一的技术平台，发展通借通还的理念，其特色在于以市馆为中心、区县（市）馆为分中心、乡镇（街道）、社区（村）为基层点的公共图书馆四级服务网络，其目的在于运用“一证通”借还书体系实现在组织架构内任何一家基层网点共享联盟馆内所有文献资源。同时，杭州图书馆还建有城市生活主题馆、音乐分馆、佛学分馆、盲文分馆、棋院分馆等多个专业性分馆。杭州图书馆的总分馆制模式通过整合区域内各级各类图书馆资源，加快了资源流通的范围，改变了图书馆单一化的局面，解决了基层图书馆杂乱无序、资源匮乏等问题。这种工作模式虽然无法产生直接的经济价值，但是可以为图书馆相关的设备产品及工作软件的创新间接产生更多的创意产品，如加快借阅流通的 RFID 设备，读者荐购平台应用等产品。

3. 创新业务流程

创新业务流程是指根据图书馆各个部门的工作特点研发出智能化系统软件，以此来提高工作效率，降低劳动成本。例如，深圳市图书馆最先开发的图书馆自动化集成系统（ILAS），是基于网络开发的网上图书馆信息应用平台，其功能是为各类型图书馆提供自动化、数字化服务。目前已开发出联机编目管理系统、采编中心管理系统、馆际互借、ILAS 总分馆、图书馆联盟云服务平台等产品。ILAS 系列产品作为围绕图书馆日常工作需要开发出的各种集成化信息系统，大大地提高了图书馆的工作效率。又如，河南省图书馆开发的“图书馆智能采访管理系统”，是根据图书馆传统的采访工作流程，运用“互联网+”技术，采用大数据分析方法，结合图书馆多年的采访工作经验，整合出版社、图书馆、馆配商等三方资源制作而成，其目的是改变图书馆人员传统的采访方式，降低出版社的库存成本。目前，该系统已收集了近十年来的 200 万条书目信息，并将书目分类与主题词、学科名称分别建立了一一对应的关系。同时，其还有数据定制、数据查重、书目推荐、纸电同步、馆藏信息对比等功能。“图书馆智能采访管理系统”大大地提高了采访人员的工作效率，提升了馆藏质量。类似的业务流程软件开发创意提高了馆藏利用率，属于深入挖掘馆藏的一种表现形式，因此，也应属于文化创意产品之列。业务流程的创新，可促使图书馆开发出更多更好的流程创新软件，而省级图书馆作为各项具体业务流程的实践者，在这方面，应加大文创开发力度。

4. 实现文化、教育、旅游的跨界融合

《文创开发意见》支持文化资源与旅游等相关产业跨界融合，开发符合青少年群体特点和教育要求的文化创意产品，配合优秀文化走进校园。2016 年 12 月，教育部等 11 部门联合发布《教育部等 11 部门关于推进中小学生研学旅行的意见》，要求各地有关部门发挥“读万卷书，行万里路”的研学精神。省级图书馆集本地区知识资源于一身，可充分利用政策优势将中小学生研学旅行列入文创开发工作中，作为推进文化创意产品开发的突破点。图书馆可利用学生节假日、寒暑假等时间组织中小学生去研学基地旅行，组织图书馆的专业人员对学生进行相关知识的阅读辅导，通过游学活动进一步加深学生对书本知识的认识与理解，把刻板的书本知识变为鲜活的切身体验，以此来增强学生们的求知欲望。基地可根据教学进度与地域特色综合考察选择，并坚持教育性、实践性、安全性原则。活动内容可采用绘本、动漫设计、馆藏体验、典故讲解、小学生进农家、趣味问答等形式将传统文化、自然科学知识植入学生们的研学教育中。文化、教育、旅游的跨界融合只是给省级图书馆文创开发工作提供了一个新思路，图书馆还可充分创新“文化+”服务。例如，“文化+科技”服务，将传统文化与 VR 技术结合，打造三维立体体验空间；“文化+空间”服务，如上海图书馆的创客空间，创造图书馆空间新应用；“文化+医生”服务，美国皮尤研究中心（美国的一家独立性民调机构，针对一些影响美国乃至世界的问题、态度与潮流提供研究资料）的一项研究表明，在美国访问公共图书馆的人中，有 73% 的人是去查找能够解决自身健康问题的答案，而图书馆员因博览群书，在为人们提供心理咨询服务时会让人觉得更加轻松自在。这为国内图书馆开展类似服务提供了启发。总之，省级图书馆应结合自身实际情况，借助《文创开发意见》精神，围绕“文化+”展开跨界融合，加快推动知识流动，丰富图书馆文创工作服务内容。

5. 合作开发、实现共赢

省级公共图书馆在文创开发工作中一定要摸清家底，梳理思路，不能盲目跟风。对图书馆文化创意产品市场要进行调研分析，明确出哪些馆藏是值得开发的、哪些馆藏是需要联合某些图书馆一起开发才能凸显价值的、哪些馆藏是已经被其他图书馆开发过的，要做到知己知彼，突出特色，不要面面俱到。例如，有些馆藏文献资源的深度开发需要前瞻性的科学技术，以专业性的学术眼光对古籍进行鉴赏。而以省级图书馆目前的能力还达不到，不能将馆藏文化价值充分发挥出来时，可借助国家图书馆的文创平台来协助开发，以弥补部分省级图书馆文创开发经验的不足，从而合理有效地使用文化资源。又如，有些馆藏资源在各省级公共图书馆都有分布，在文创开发过程中就需要剔除掉交叉重合的部分，保留符合现代公众需求的经典作品。另外，省级图书馆之间应加强交流与合作，组建文创开发联盟，搭建共建共享服务平台，将可开发资源进行整合，以达到文化资源联合开发的目的。在文化创意产品销售推广中，各省级公共图书馆也应摒除保护本土品牌的观念，打破地域壁垒，搭建渠道共享平台，促进文化创意产品流通，以更好地发挥文化创意产品的社会价值。

省级图书馆作为文化创意开发工作的主力军，应建立健全文创开发工作的奖励机制，营造创新创意良好氛围，使广大馆员充分认识到《文创开发意见》和《通知》的重要性，强化馆员创新意识，使其积极参与文创开发活动。省级图书馆应加强交流与合作，找准自身特色馆藏，深入挖掘文化资源，扬长避短，开发出更多更好的文化创意产品，使文创开发工作成为图书馆业务体系中的重要组成部分。要充分拓展省级图书馆的社会教育功能，弘扬中华优秀文化，推进经济社会协调发展，提升国家软实力。

三、"读书与探索——从图书馆出发看世界”文化创意产品开发项目

2016年12月，教育部等11部门联合发布《教育部等11部门关于推进中小学生研学旅行的意见》。其中，指出：“各中小学要结合当地实际，把研学旅行纳入学校教育教学计划，与综合实践活动课程统筹考虑，促进研学旅行和学校课程有机融合”“探索建立政府、学校、社会、家庭共同承担的多元化经费筹措机制。”此政策的出台使中小学生研学旅行项目有了明确的政策依据。同时，《文创开发意见》中也明确指出：“配合优秀文化遗产进乡村、进社区、进校园、进军营、进企业加强文化创意产品开发和推广”“积极探索文化创意产品的体验式营销”，尤其明确要求“促进文化创意产品开发的跨界融合，支持文化资源与创意设计、旅游等相关产业跨界融合”。图书馆作为公共文化事业的重要组成部分，具有保存人类文化遗产、开展社会教育、传递科学情报、开发智力资源、提供文化娱乐等作用，在国家加强文化供给侧改革的大背景下，结合上述政策指导建议和文化旅游及教育辅导的市场需求，可以开展“读书与探索—从图书馆出发看世界”项目，以更好地传承中华优秀传统文化。

（一）“读书与探索——从图书馆出发看世界”的项目意义

（1）可以充分利用图书馆馆藏的文化资源，让馆藏资源最大限度地“活”起来。一直以来，很多价值很高的古籍和地方文献藏于深宫无人知，以致图书馆的古籍善本在普通大众的心中可能产生了晦涩难懂、不接地气的形象，只有让读者亲近经典，才能更好地传承文化，建立和传承核心价值观。因此，如何让图书馆的优秀文化资源贴近生活，易于认识和理解就显得尤为重要。“读书与探索——从图书馆出发看世界”项目可以采用数字化平台、临摹复制、VR情景故事等科技手段将馆藏的经典内容立体化地展示在观众面前，以“活”的方式呈现出传统文化的精妙之处。

（2）解决传统教育中刻板学习的痛点，激发学生的学习兴趣。书本中的知识，很多学生都看过，听过，但是印象不深，很容易忘记。学生只有亲手做过，体验过，才能留下比较深刻的印象。针对学生的这一学习特点，本项目在互动体验方面突出了VR情景内容体验。对此图书馆可以挑选出符合青少年群体特点和教育需求的文献资料，如曹冲称象、司马光砸缸等具有代表性的历史典故，利用VR虚拟技术对其进行内容创作，让学生带上VR眼镜亲身感受到当时的场景，从而利用感官体验加深学生对书本知识的理解。

（3）打破产业壁垒，创立新型产业融合发展生态圈。目前，图书馆、旅游、教育培训等行业还是相对各自独立的行业，融合度不高。然而，它们都有一个共同的服务对象，即青少年和儿童。有机结合三个行业的核心优势，再辅以高科技手段，将文化、教育、旅游、科技整合成一条产业链，为图书馆文化创意开发工作提供了一个新思路，也为图书馆文创行业的发展起到了带头和示范效应。

（二）“读书与探索——从图书馆出发看世界”项目的重要性

2013年中国人民大学和文化部文化产业司联合主办的“文化中国：中国文化产业指数发布会”首次发布了“中国文化消费指数（2013）”。其中，显示我国文化消费的潜在规模为4.7万亿元，而实际消费仅为1万亿元，存在超过3万亿元的消费缺口。这说明文

化供给与文化需求之间存在着较为突出的矛盾。图书馆作为公共文化事业的重要组成部分，在创新时代的大背景下，应该发挥越来越大的作用。

（1）图书馆开展研学活动是弘扬中华优秀传统文化的需要。图书馆本身便承担着传播知识的责任，随着免费开放政策的落实，越来越多的读者涌入图书馆。图书馆不应只是满足于向其提供自有的馆藏内容，还应针对不同群体提供精准的推送服务，特别是针对青少年读者，如何阅读，阅读什么等问题应当是图书馆优先考虑的问题。“影响下一代，教育下一代”是图书馆的重要职责。开展深阅读服务及研学旅行活动有利于图书馆更好地服务青少年读者，弘扬中华优秀传统文化。

（2）图书馆开展研学活动是图书馆业务工作的需要。图书馆业务工作不仅仅是提供图书、保证图书安全，还应提高服务水平，积极开展二次文献开发、读者互动服务、文化创意产品开发等业务工作。在 2017 年第六次全国县级以上公共图书馆评估定级中，文化部第一次将文化创意产品开发纳入省级公共图书馆评估定级标准中，文创工作成为图书馆不可或缺的一项业务工作。这种标准的设立，使图书馆更加重视文创工作。图书馆开展研学活动可以结合各业务部门特点形成一种新型的业务工作模式，满足更多读者需求。

（3）图书馆开展研学活动是图书馆转型变革的需要。目前，随着互联网技术的不断发展，数字资源成为读者查询文献的重要渠道，数字资源的馆藏比重不断上升。同时，RFID 技术的运用使自助服务成为图书馆鲜明的服务特色。而阅读纸质馆藏的读者数量呈下降趋势。在这种形势下，图书馆处于历史性转型与变革的机遇期。这需要图书馆不断创新，适应读者新的需求，完善服务模式。研学活动的开展也是一种新的图书馆服务模式，其通过采用新技术挖掘馆藏，利用馆藏，从而顺应了图书馆的发展趋势。

（三）“读书与探索——从图书馆出发看世界”项目的实施方式

“读书与探索——从图书馆出发看世界”项目是以青少年为基本服务对象，以包含图书馆特色文化内涵的馆藏资源为知识载体，以具有教育意义、安全适宜的基地为研学旅行路线，以专家、老师为关键，通过集体旅行、集中食宿等方式开展的研究性学习与旅行体验相结合的教育活动。活动将“读万卷书”与“行万里路”有机结合，实行在行前阅读与辅导，在行中观察与思考，在行后记录体会、表达感受的研学模式，真正将文化知识渗透到学生的心灵中。图书馆可以初步设计历史传承、知识宝库、寻宗问祖、科技体验、文化古迹、大好河山等六大版块。根据版块内容设计每期的活动，并在每期活动中确定一个相对集中的主题。例如，小小图书馆员主题（此主题下，可教学生学会利用图书馆搜索知识，增强学生自主学习欲望）；小小科学家主题（针对此主题，可设计科学探索系列活动，如怎样用 100 块积木设计一座稳固的桥梁，要能承载一本康熙字典的重量？类似这样的智力开发活动可以提高孩子动脑、动手能力，锻炼孩子的创造能力和创新思维）。另外，还有小小神农氏、小小农业家、小小革命家等不同的活动主题。每期活动主题由图书馆的专业老师对学生进行相关知识的阅读辅导，通过宣传推广，吸引更多青少年参加研学活动。通过集体旅行、集中食宿等方式开展研究性学习与旅行体验相结合的教育活动。在研学过程中，由馆员结合学生已学过的知识设计自然类、历史类、地理类、科技类、人文类等多类型的体验活动，将传统文化、自然科学知识潜移默化地植入孩子们的研学教育中。研学旅行后，让学生根据活动内容写游记，记录其所思所想。然后，通过科技方式，将学习游记和活动照片进行数字化处理，并上传至文创平台，形成个性化馆藏，从而激发学生的创作欲望，培养孩子主动学习的良好习惯。图书馆除了利用好本馆读者资源，也可以与当地教育机构合作开展研学活动。

（四）“读书与探索——从图书馆出发看世界”项目的安全保障

（1）根据每期所选的研学基地，提前安排人员对基地进行安全隐患排查，确保学生出行安全。

（2）针对每一次活动拟定详细的计划书，通过管理平台或图书馆微信公众号推送等形式向家长及读者通知项目活动的意义、时间安排、天气情况、出行路线、费用收支、住宿、餐饮、保险购买、负责人联系方式、车牌号、注意事项等信息，并与家长签订协议书，明确学校、家长、学生的责任权利，保证提供使三方均满意的文化研学活动。

（3）在每次研学活动出发前，给参加研学活动的学生佩戴安全定位电话手表，组织者可通过 GPS 定位系统实时掌握每个学生的所在位置，还可根据定位系统生成地图路线。这样既能保证学生出行安全，又能记录下学生的脚步，定制其专属研学地图，以便研学后进行系列写作及文化辅导。

第五章　图书馆文化创意产品开发工作的经营与管理

第一节　图书馆文化创意产品开发工作经营概述

一、文化创意产品的转化与实现

图书馆文化创意产品设计主要源自馆藏信息资源，通过挖掘与吸取信息资源中厚重的历史文化底蕴，依托图书馆馆员（或创意人员）智慧，开展各种创新、创意活动等形式，打破原有信息资源的实体形式，把一些具有珍藏价值、历史价值、鉴赏价值的文献信息，重构成为贴近用户愿意接受的商品，以满足用户精神方面的需要。

文化授权标的物的产品转化并不是将作为授权标的物的图像、文字、商标等文化符号通过复制的方式直接附着于原有产品上，而是需要根据授权产品或服务对象的需求对授权标的物经过必要的创意设计后将其再应用于产品，或者与原产品结合后经过一定的设计再造成为新的授权产品。因此，授权标的物的产品转化过程实质上是标的物文化价值的再创造过程。这个过程主要采取以下两条路径。

（1）将文化符号所蕴含的文化内涵进行合理的故事化演绎，将抽象的文化符号赋予一定的故事情节，使其更具灵动性和感染力。例如，故宫博物院以康熙皇帝曾经给雍正皇帝的朱批忠告“戒急用忍”四字为标的物进行的授权。被授权方据此进行了故事化的演绎，发挥创意思维构造了卡通形象的对话场景来表达“戒急用忍”的内涵。

（2）结合现代设计理念和人们的精神消费需求对文化符号进行解构，对符号中的文化元素进行重组。在解构与重组中，将授权标的物中的文化元素和现代审美文化、新工艺与新材料、时尚风格相结合，使融入经过重组的文化元素后的授权产品更能反映当前人们的审美、精神需求。例如，甘肃省博物馆以馆藏元代莲花玻璃托盏的数字化图像为授权标的物，经企业设计师与博物馆陈列设计部设计师对标的物的文化符号和文化元素进行解构和重组后共同设计了蓝莲系列文化创意产品。文化经济主张，挑动现代人消费欲望的，往往不是产品的功用好坏，而是其蕴含的文化意义。被授权方对授权标的物的创意设计，正是对标的物的文化符号及其所承载的文化内涵的解读和重新编码，并在此基础上形成特定的文化意义。被授权方将其融入产品中，形成具有文化价值和创意价值的授权产品，从而使授权产品显著区别于一般的产品。因此，在此环节，被授权方独自或者与图书馆合作，结合标的物的特点和目标受众的需求，通过创意思想的注入，将授权标的物的文化符号转化成符合当前受众观念并为其所感知和接受的创意内容。由此，创意工作者所做的工作是将创意和价值联结在一起。

对文化授权标的物的创意设计本质上是实现数字形态的文化符号向内容创意的创造性

转化。文化符号转化成新奇内容的创意过程本身是无法预测的非线性过程。该过程虽然难以用量化方式来表示，但仍与一些因素存在紧密的关联性。

（1）与创意设计人员的文化素养和知识积累有关。将文化符号转化为内容创意需要对文化符号及其背后的文化进行深度解读。对文化符号及其所承载的文化内涵的解读是建立在对该文化的了解和理解基础之上的。这就要求创意设计人员具备相应的文化修养和储备。创意设计人员对某一文化了解越深入，就越有可能理解作为外在表现形式的文化符号的文化意义，从而越能将该文化符号转化为内容创意。

（2）与创意设计人员掌握的转码规则有关。对于文化符号尤其是体现传统文化内涵的文化符号的转化，创意设计人员还需掌握一定的符码转化规则。例如，中国传统文化中青花元素的转化，必须使转化后的文化符码保留青花元素的意蕴，并确保与新的产品载体相契合。

对授权标的物进行创意设计的过程同时也是对其重新编码的过程。以符号形式存在的授权标的物所承载的文化往往具有一定的地域色彩，不同的受众对这一特定地域的文化在接受和理解上常常存在较大的差别，即阅读和理解文化符号时存在不同的解码方式，带有明显的自身文化语法。因此，创意设计人员在进行重新编码时，需要重视文化传播的社会文化语境。这是因为任何文本的意义都依赖于它的语境，依赖于与其他文本的关系，依赖于它激活心理结构的能力。创意设计人员在对授权标的物进行设计和转化的过程中，需要根据现实中人们精神需求和当前文化语境的变化，将具有一定地域特色和体现特定历史时期特点的文化符号转化为能够为公众所认知、理解的共通性设计语言。转化后的内容创意越是能激发年轻的心智反应，越是能起到一种良好印象的沟通功能，它在人们心灵交汇与互动的效应就会越大气，在融入授权产品后就会越受到人们欢迎。

文化授权产品经济价值的实现最终需要借助规模化的生产，转化为可供人们消费、享受的商品或服务形态。因此，在完成对授权标的物的创意设计后需要进入生产流通环节。这是文化授权产品的文化价值和经济价值得以最终实现的关键环节。文化授权产品生产是指将文化、创意凝固到产品中，并通过现代化的生产程序实现产品的标准化、规模化复制性生产的过程。文化授权产品的流通是指使生产出来的授权产品通过一定的渠道最终为受众所接受的过程，其实质是文化和经济价值的传播和流动。在市场机制下，文化授权产品的流通如同其他产品的流通一样，需要借助发行、代理商和其他参与者的共同努力，以此来实现高效快速地流动传播。

第二节　图书馆文化创意产品的经营战略

一、图书馆文化创意产品的品牌建设

公共图书馆要想做大做强自己的文化创意产品和品牌，形成自身的影响力，除了深度挖掘自身馆藏特色，区分受众群体、资源特点，最大限度地发挥自身优势外，还需具备市场预测的前瞻性，积极参与社会竞争和合作，努力创新体制机制，培养人才队伍，选择合适的发展路径来开发、营销文化创意产品。

（一）推动体制创新

虽然我国部分博物馆在文创开发工作中取得不少成功经验，但是也有部分博物馆长期惨淡的经营状况。部分试点图书馆在工作初期，也十分迷茫，毫无经营头绪，无所适从。究其原因，很大程度上是由体制造成的。作为国家全额拨款的事业单位，其运营经费来源于财政，取得的创收效益也需全部上缴，因此，此类事业单位很少具备商业意识，更谈不上拥有创新意识。对此，《文创开发意见》在推动体制机制创新部分明确提出："文化文物事业单位要严格按照分类推进事业单位改革的政策规定，坚持事企分开的原则，将文化创意产品开发与公益服务分开，原则上以企业为主体参与市场竞争。"这无疑为事业单位的经营行为指明了方向。例如，广东省立中山图书馆前期也有一定的文化创意产品开发工作基础，但在内部机构设置上，没有单独配置经营部门。在成为试点单位后，在实践过程中逐步感受到因没有经营主体机构所带来的操作上的局限性。为了推动文创工作的顺畅发展，1988 年成立的隶属于广东省立中山图书馆的广东图书设备公司被作为经营文化创意产品的归口单位，从而使申请专项经费、与第三方企业合作、售货、签具合同发票等工作变得方便许多。

然而，由于《文创开发意见》并未签署国家市场监管总局，因此，其在实施过程中可能存在断层。目前，未设立下属企业的事业单位在工商部门登记注册设立企业时存在一定的难度。总之，将公益服务与文化企业的产品经营分开，并以企业为主体进行市场化运作、参与市场竞争的大方向是正确的，但前景仍需继续摸索。

（二）争取资金支持

图书馆在推动文创工作时普遍存在的难题是缺乏启动和运营资金。各项财政经费、事业收入均为专款专用，无文化创意产品开发工作的专项经费。这就急切需要图书馆在开展文创工作时多渠道、多方法争取资金支持。《文创开发意见》明确指出："中央和地方各级财政通过现有资金渠道，进一步完善资金投入方式，加大对文化创意产品开发工作的支持力度。研究论证将符合条件的文化创意产品开发项目纳入专项建设基金支持范围。"广东省文化厅据此专门制订分工方案，由省文化厅计财处协调省财政厅落实国务院文件规定，在工作推进前期，给予试点单位文化创意产品开发工作一定的专项工作经费，并设定在一定期限（2~3 年）内每年拨付一笔专项经费作为启动资金，到期不再拨付，由其自负盈亏。同时，已设立下属企业的图书馆进行文化创意产品开发经营，可通过国家级和省级的文化产业发展专项资金申报方式得到支持。2017 年 4 月，文化部发布了《文化部办公厅关于做好 2017 年度中央财政文化产业发展专项资金重大项目申报工作的通知》（财办文〔2017〕25 号），在特色文化产业发展部分，强调指出，"主要采取项目补助的方式，重点支持各地依托独特的文化资源，通过创意转化、科技提升和市场运作，提供具有鲜明区域特点和民族特色的文化产品和服务的特色文化产业项目。"另外，国家文物局发布的《关于申报 2017 年度文化产业发展专项资金项目（"互联网 + 中华文明"部分）的通知》（文物博函〔2017〕930 号）规定，重点支持文物素材创新再造，充分利用数字化、网络化、智能化技术，对具有代表性的文物资源进行开发，在教育、旅游、影视、动漫、设计等行业开展应用推广。支持社会力量与文博单位深度合作发展融合型文化产品。

当然，文创工作产生的"利润收入"也存在分配的问题，一旦产生的收入可分配到运营资金中，那么，其便能够成为文创工作的专项资金积累。

（三）加强人才培养

缺乏设计人才和经营人才，是多数公共图书馆进行文创工作的短板之一。加强培养有高端创意研发、经营管理、营销推广才能的团队是公共图书馆开展文创工作的重点。图书馆应通过馆校结合、馆企合作等方式，提供实践平台，有针对性地培养相关专业人才，鼓励交流合作，结合多种形式引进优秀专业人才，以壮大文创工作团队。例如，广东省立中山图书馆成立了以馆长为首的文创工作小组，并配备专职人员进行文创开发、经营工作，但具备专业的开发、设计、经营、管理等人才较少。同时，为响应国家政策，做好试点单位的文创开发工作，广东省立中山图书馆派员工积极参加专业培训。例如，参加文化部文化产业司委托中央文化管理干部学院开展的2017年文化产业创业创意人才扶持计划、广东省文化文物单位文化创意产品开发工作推进会等。

另外，激励机制的缺失也给文创专业人才的培养带来一定困难。目前，事业单位鲜少对文创人员进行绩效奖励，将文创工作纳入绩效考核，这些都会影响人们从事文创工作的积极性。

（四）选择发展路径

1. 活化资源，打造品牌

图书馆应深挖馆藏的文化价值，提取馆藏独特的IP元素，提升文化创意产品开发水平，应用多种载体和表现形式，积极打造集实用性、艺术性、符合多样化消费需求于一体的可体现自我特色的文创品牌。结合馆藏元素制作开发生活用具外，可根据各类精品展览、讲座等读者活动制作有针对性的文化创意产品。例如，广东省立中山图书馆定期举办的“图书馆一日游”活动，旨在向读者宣传图书馆的服务范围、服务内容等，并尝试将真人游戏配套设计成图书馆知识迷宫模型类的创意产品，增加游戏趣味。值得一提的是，根据馆藏、活动特点，青少年年龄特性等方面，设计出了具有益智功能的魔方、知识大富翁、百科拼图、益智模型等产品，以吸引青少年读者走进图书馆，了解图书馆，使用图书馆。另外，结合图书馆丰富的数字化资源，可尝试开发兼具文化内涵、科技含量、实用价值的数字创意产品或信息服务产品，如移动阅读器、电子文书、特色专题数据库、特色网络培训课堂等，以打造图书馆品牌。

2. 拓展渠道，创新营销

图书馆依托高新技术创新文化资源的展示方式，拓展文化创意产品的营销渠道和受众群体，提升体验性和互动性。目前，大部分图书馆选择在馆内设置展示区来销售本单位开发设计的文化创意产品。为扩大销售人群、提高营业额，也有部分图书馆尝试开设网店、微店进行产品专卖，但收效甚微。为进一步创新营销推广理念、拓宽销售渠道，需要时刻追踪科技前沿，用新的技术研发，新的技术生产，新技术的营销。例如，2017年4月，广东省立中山图书馆与第三方合作，联合举办VR虚拟数字图书馆体验活动。该活动通过运用VR虚拟技术，展示全景虚拟展馆，向读者传播国学六艺的相关知识。同时，通过虚拟展馆中的多处触发点，读者可进行六艺知识互动问答。由此可见，新技术提升了读者的体验感受，受到读者追捧，但如何将新技术植入文创设计和营销工作中，需要进一步深入思考。又如，国家博物馆与阿里巴巴集团于2016年签署全面战略合作协议，共同打造“阿里鱼·国博云文创设计研发中心”与“文创中国”平台。国家博物馆与阿里巴巴集团使用的“馆藏 IP+ 互联网”文创合作新模式，采取的强强联合发展、壮大文创产业的方式，值得图书馆业界借鉴。

总之，公共图书馆的文创工作开发、经营等归结起来便是知识服务。从产品到包装，从内容到形式，其中的每一个环节不仅要考虑文创产品的文化价值，还需要考虑其商业价值。因此，公共图书馆在做好公益服务的前提下，应将文化创意产品的开发、营销作为图书馆宣传推广、形象塑造的一个手段，并将能为读者带来更多愉快的体验和互动感受为开发宗旨。

3. 搭建平台，跨界合作

各相关领域应积极为文创工作搭建支撑平台，通过举办产品遴选推介、创意设计竞赛等活动，促进文化创意产品的展示和交易，促使优秀的文化创意产品走出去。2017 年 5 月，文化部公共文化司联合全国图书馆尤其是文创开发试点图书馆，制定了《全国图书馆文化创意产品开发联盟章程》，该章程旨在通过各种行业学习、研究、交流和协作等活动，在文创研发、人才培养、营销渠道建设等方面实现共建共享，并尝试为管理部门制定行业规范标准，从而不断提高图书馆文创研发整体水平，促进文创工作良性发展，扩大文创工作的社会影响。另外，图书馆积极参加国内外的文化文博展会、文创专题会议等活动，也有利于文创工作的开展。

例如，2017 年 5 月，广东省立中山图书馆携 12 种新开发设计的文化创意产品参加“第十三届深圳文博会”，产品基本陈列在此次广东团展览之内。其中，“治学格言木镇纸”入选《创新协调绿色开放共享——第十三届中国（深圳）国际文化产业博览交易会（广东团）》图册；“治学格言木镇纸”“木笔筒”“《金刚经》高仿影印本”“《旧粤风貌》明信片”“蓬草纸画系列布袋”“老广州系列陶瓷杯”等产品入选《琢文创器——广东省文化文物单位文化创意产品选粹》。

目前，图书馆文创开发普遍缺乏设计开发人才，文创开发工作仍处于初期，因此，实现与社会其他相关产业的跨界合作尤为重要。图书馆可通过委托创意设计等相关产业的第三方企业进行产品开发设计、面向社会开展创意设计大赛或进行作品集等方法，开拓文创开发思路，增加创意思维经验。总之，图书馆要不断寻求社会力量的参与和合作，积极争取与社会上有关创意设计、旅游、电商等企业单位的跨界融合，通过吸纳社会力量，提升自身研发能力，拓展研发渠道，延伸产业链条，最终实现互利互惠。同时，图书馆应积极争取与同系统具有先进经验的文博单位进行合作。例如，国家博物馆的“文创中国”平台不仅为图书馆进行文创工作提供了良好的合作平台，同时也减少了图书馆在政策、机构、人才、运营、销售等方面面临的问题。

（五）开发模式

图书馆文化创意产品开发模式主要包括自行开发、与厂商合作开发、代销、公开市场采购、艺术授权等模式。图书馆可以采用公司运行模式，与社会力量合作组建文化创意股份制公司，并以知识产权等方式作价入股，对图书馆自身注册商标或典藏品予以授权。图书馆授权的前提条件是完全解决著作权、版权，通过设计授权、制作授权、图像授权、品牌授权等不同方式将馆藏资源与社会力量紧密结合起来，形成文化创意产品开发模式。但在公司授权之后的营销环节有可能出现仿制品、伪劣品等侵权行为。

三、图书馆文化创意产品的经营模式

文化创意产品是公共服务的前沿阵地。图书馆一切工作的归宿就是从事公共服务，为广大用户提供知识咨询、娱乐休闲等服务。出于保护典籍的目的，一些典籍重藏轻用。现今，政府提倡文创活动，促使图书馆以馆藏文献为中心转变为以公共服务为重心。因此，图书馆应在坚持用户无障碍服务、普遍服务的基础上，进一步开发典籍的价值，将其以文化创意产品的形式展现出来，供用户选购。近年来，随着文创工作的深入发展，图书馆文化创意产品开发由传统的典藏、研究、展览、教育等领域转向休闲、生活、学习、娱乐、信息传播等方面，并呈现产业化发展趋势。

（一）淘宝“国图旺店”模式

国家图书馆摸索出的文创研发思路是从 280 余万册（件）馆藏古籍善本中“去其糟粕，取其精华”，遴选出精湛的、典型的文献内容，在此基础上，组织文创工作者研发出大量的衍生品、复制品、出版物等，以满足用户的需求。国家图书馆文化创意产品开发一直走在前列，其与淘宝网合作，在淘宝网平台上开设了淘宝“国图旺店”在线展销平台。国图旺店与文创商店一起，构成国家级图书馆的文化创意产品展示阵列，实现了线上、线下同步服务。另外，国家图书馆不局限于目前的发展状况，组建了全国图书馆文创联盟，通过与各类型图书馆通力合作，优势互补，不断做活做大文创工作，力争让典籍中的文字“活起来、走出去”。

（二）文化授权模式

文化授权是指将原创性的物质形态的文化作品和非物质形态的传统技艺进行复制，并将依托于文化作品和传统技艺的知识产权予以授权开发和利用，最终形成多样化的文化产品和文化服务。图书馆文化授权的结构模式通常分为以下三种。

（1）图书馆直接授权的结构模式。即图书馆作为授权方直接将本馆拥有或通过授权取得的知识产权的授权标的物授权给被授权方，被授权方按照合同规定使用授权标的物，并向图书馆反馈权利金或其他相应报酬的模式。

（2）图书馆委托授权的模式。在该模式下，图书馆不直接作为授权方，而是委托授权经纪代表图书馆作为授权方，将图书馆拥有知识产权的标的物直接或进行一定的创意设计后，授权予被授权方；被授权方按照合同规定使用授权标的物并向授权经纪支付授权金。最后授权经纪按照一定比例将权利金反馈给图书馆。

（3）图书馆综合采用直接授权和委托授权的模式。根据实际需要，图书馆可选择部分授权标的物向被授权方直接授权，同时可以委托授权经纪代表图书馆将其他标的物授权于被授权方或者直接向消费者和社会公众提供服务。被授权方可直接向图书馆反馈权利金或相应报酬，同时代表图书馆作为授权方的授权经纪将对应的权利金或其他报酬按比例回馈给图书馆。

上述三种授权模式的适用性不同，在实际运用中也各有利弊，不同图书馆可根据本馆实际，尤其是自身的核心竞争力，选择相应的授权模式。

1. 直接授权模式

直接授权模式的优点在于图书馆能够掌握授权过程和授权管理的主动权，对授权流程的各个环节和授权工作的进展程度能够有效地掌控，从而能够从图书馆的利益出发，最大限度地维护图书馆的权利，尤其是能够对授权过程中出现的不利于图书馆的情形进行及时纠正。另外，图书馆直接授权模式的优势还体现在图书馆对本馆藏品资源、图书馆文化特点更为熟悉，与图书馆藏品管理、科学研究和展览部门的沟通协调更加便捷，从而可以更好地发挥其在文化授权过程中的主导作用。因此，直接授权模式往往成为图书馆文化授权的首选模式。同时，图书馆采取直接授权的模式也存在一定的不足之处，具体体现在以下两个方面。

（1）图书馆作为非营利机构，在直接授权过程中需要与不同的被授权方接洽、谈判、拟定授权合同并监督合同的执行。这对于缺少市场交易和法律监督经验的图书馆来说将是一项庞大而复杂的工作，尤其是图书馆对授权合同的监督效力明显不足，面对在合同执行中出现的违约情形时往往处于被动的境地。

（2）图书馆作为非营利组织，长期游离于市场之外，对市场需求缺乏敏感性，对消费文化认知不足，导致其在选择授权标的物时更多地考虑标的物的遗产价值和研究价值，而忽视了标的物作为产品具有的潜在的市场价值，从而影响了文化授权产品的价值实现。

2. 委托授权模式

图书馆文化授权的委托授权是指图书馆委托他者开展的授权行为活动。在该模式下，图书馆不直接作为授权方，而是委托授权经纪代表图书馆作为授权方，将图书馆拥有知识产权的标的物直接或进行一定的创意设计后，授权予被授权方。被授权方按照合同规定使用授权标的物并向授权经纪支付授权金或在授权活动中不断回馈权利金。最后，由授权经纪按照与图书馆的约定，将一定比例的权利金反馈给图书馆。

市场化程度的提高有效配置了人力资源，从而提高了劳动生产率，进一步推动了社会分工的深度演进。随着文化产业的发展和专业化程度的提高，文化经纪作为一类独立的角色从文化产业中分工出来。授权经纪属于文化经纪的一种类型，正是随着授权产业的深入发展而出现的。它在授权过程中逐渐成为联结授权方与被授权方的重要角色。在图书馆文化授权中，授权经纪发挥着沟通图书馆、被授权方与社会公众的作用，从而形成图书馆委托授权模式出现的背景和支撑力量。

授权经纪的加入是对图书馆文化授权的结构模式的创新甚至重构。一方面，授权经纪缓解了图书馆与被授权方之间存在的信息不对称问题，使双方的信息供求关系更加透明，从而使文化授权的结构更加完善、运行更加顺畅。另一方面，授权经纪为图书馆文化授权向更广阔的市场空间拓展，在更广泛的领域寻找授权合作方提供了一个突破行业壁垒、建构多元市场、扩大授权规模的捷径。因此，授权经纪的存在往往被视为一种市场缺陷的代偿。在图书馆文化授权的委托模式中，授权经纪所扮演的不单是交易中介的角色，还扮演具有文化意义传播和授权营销功能的角色，即市场策划人、形象包装者的角色。因此，授权经纪与作为委托方的图书馆构成了一种利益共存、风险共担的利益共同体关系。图书馆文化授权的委托授权模式正是建立在这种利益共同体基础之上。失去两者间利益共存的基础，委托授权的模式将难以运行。

在现实中，授权经纪往往由作为市场主体的授权代理商、授权中介、授权平台和知识产权集体管理组织充当。因此，根据授权经纪的不同类型及其在授权过程中发挥的作用，可以将图书馆委托授权模式分为代理授权模式、中介授权模式、平台授权模式和著作权集体管理授权模式。其中，代理授权模式是指图书馆指定一位授权代理商代表图书馆就其授权标的物与被授权者协商、沟通并完成授权环节的模式。代理商代表图书馆与被授权方洽谈授权的前提是与作为委托者的图书馆签订委托代理合同，明确代理商的职责和权利，以确保图书馆通过授权取得有利的地位或利益。

代理授权模式的优点体现在，合适的授权代理商更加了解市场需求，并有能力引入或联系更多地被授权方参与图书馆文化授权，从而将图书馆文化授权推向广阔的市场空间。并且，具有一定知名度的授权代理商往往具备一定的市场营销能力和管理监督能力，从而能够有效地保障图书馆文化授权的顺利进行。

同时，代理授权也存在一些不足之处。代理授权模式虽然可以在一定程度上降低图书馆的交易成本，但图书馆仍然需要耗费部分人力、时间成本用于授权合同的审阅和确认，因此，并不能完全降低交易成本。另外，授权代理商吸引被授权方与之合作多半是建立在授权代理商代理大量授权标的物或者代理多个不同图书馆商标、影像资源的基础上。因此，代理授权模式会受到授权商的知名度和代理规模的影响。如果代理商代理授权的规模较小、知名度低，那么将不利于代理授权模式的运行。

3. 综合授权模式

文化授权的综合授权模式是指图书馆综合采用直接授权和委托授权进行授权的行为模式。根据图书馆的现实条件和实际需要，图书馆可选择同时进行直接授权和委托授权，即图书馆可选择一类或部分授权标的物向被授权方直接授权，同时，可以委托授权经纪代表图书馆将其他类型的标的物对外授权。在综合授权模式下，通过直接授权方式授权的被授权方直接向图书馆反馈权利金或相应报酬；通过委托授权方式授权的被授权方向授权经纪支付授权金或相应报酬后，由授权经纪按合同约定反馈给图书馆。因此，综合授权模式是一种直接授权与委托授权并行的复合式授权模式。该模式是图书馆结合自身实际和不同授权标的物的类型做出的多元化、区别性的授权策略。一般来讲，图书馆品牌知名度和社会影响力，馆藏规模、组织机构和人员配备等因素，以及授权标的物的类型决定图书馆是否采用综合授权模式。若图书馆具有一定的品牌知名度、藏品影像的数量庞大、藏品的社会认知度较高、授权标的物类型多样，则完全可以采取直接授权和委托授权相结合的综合授权模式。综合授权模式汲取了直接授权与委托授权的部分优点，使图书馆能够结合本馆实际对授权标的物的授权模式做出选择，从而实现了不同标的物授权模式的优化和价值创造的最大化。其不足之处在于，综合授权模式的复杂性，可能会增加授权过程的交易成本，在一定程度上会占用图书馆较多的资源。因此，图书馆需要充分考虑图书馆实际，在此基础上判断是否适合采取综合授权模式。

（三）股份制文化创意公司模式

授权模式容易受制于委托企业，并且往往会低估馆藏产品的文创附加值。利用原有经营渠道的模式会使图书馆受到一些束缚，并且大多数图书馆也没有这样的基础。对此，可根据《文创开发意见》中的方案，即允许试点单位以知识产权作价入股的方式投资设立文创企业，也可以引进社会力量，调动各方面力量共同参与，形成混合型经济模式，运用公司模式兴办文创公司。为防止馆藏资源流失，弥补图书馆文创产业运营的缺陷，图书馆在采用这种模式时，应实行“公”“私”结合的多元化运作模式。在股份制中，图书馆应主导公司的发展方向，公司与其存在隶属关系，但允许公司在诸如业务、研发、营销、财务核算、人员构成、管理制度等方面自主经营。公司经营模式摒弃了图书馆传统管理模式，“铁饭碗”等事业单位用人体制，在公司运营中一去不复还。公司人员能上能下，各尽其责，人们的创业积极性与公司的经营灵活性都较高。并且，文创公司经营收入又能够再次投入如用户服务、馆员福利、业务研究、展览、教育等领域。

另外，在股份制公司模式下，图书馆需要创新投融资方式，积极吸引民间资本投向文创产业，支持社会力量投资兴建文创项目，研发文化创意产品，由政府或图书馆单一投资转向政府、图书馆、社会力量、公司、个人多方投资。政府资金主要体现为各类扶持资金、专项资金等，因此，图书馆可积极申报各类对口扶持资金，如文化创意、动漫开发、特色文化产业、APP 文化相关项目等类扶持资金。例如，国家图书馆利用北京市文化创意产品奖励资金，研发了《庆赏昇平》系列文化创意产品。图书馆不但自身需要加大对文创资金支持力度，而且需要建立科学、合理的财政投入、自筹资金与社会资金搭配机制。另外，图书馆应下放权力，如有关市场导向类文创项目，应突出以公司为主体，由公司自主决定资金结构、研发方向、资源配置、营销策略等事项。由于文创公司最大的股东是图书馆，所以为保证图书馆主体地位，应设置如下股权结构：一是图书馆象征性地投入少量资金，约 1%，其余以知识产权作价入股，所占比例为 20%~25%；二是允许图书馆业务及管理人员投资入股，所占比例为 25%~30%；三是社会力量占股比例应小于 45%，以保证图书馆与管理人员合计控股在 55% 以上。在融资方面，多方融资需要政策层面的支持。因此，政府需要加大对文创公司的扶持力度，给予更多的财税支持，如提供贷款补贴、贷款担保、减税免税、税收优惠等支持。在经营方面，要防止行政指派，务必选派熟悉业务、精于管理的专业团队联合社会力量来开发文化创意产品。另外，让管理人员拥有股份，不仅能够使其明确责、权、利关系，也对公司产生归属感，有助于防止国有资产的流失。同时，设立完善的奖惩制度，以激励和保证公司人员尽心尽责、全力以赴。

四、图书馆文化创意产品的营销与推广

网络信息爆炸时代，对于信息需求者来说，图书馆已不是获取信息的第一选择和唯一选择。OCLC（联机计算机图书馆中心）早在 2005 年的一份报告中指出，89% 的大学生进行信息检索时首先选择搜索引擎，而只有 2% 的大学生选择图书馆网站。中国新闻出版研究院 2016 年 4 月发布的第 13 次全国国民阅读调查报告显示，我国成年国民数字化阅读方式（网络在线阅读、手机阅读、电子阅读器阅读、光盘阅读、iPad 阅读等）的接触率为 64.0%，同比上升了 5.9 个百分点，首次明显超过纸质阅读。由此可见，无论是在学术界还是在一般公众心目中，图书馆都正在失去作为主要信息服务提供商的地位。这种现象引起了一些图书馆馆员的恐慌，有些人甚至怀疑图书馆是否会走向“消亡”。以 Fialkoff 为代表的学者认为，图书馆地位的丧失，很大程度上是由于其在营销方法上的失败。因此，面对来自互联网商业信息提供商的竞争与挑战，图书馆一方面需要创新营销方式和手段，另一方面需要继续探索多样化的信息服务方式。即使没有来自外界的压力，图书馆自身发展也需要创新营销。相关专家认为，图书馆只有采用创新营销方法，把注意力放到用户需

求上，才能向用户提供优质服务，使其重新充满发展活力。

（一）图书馆文化创意产品营销实例分析

1. 我国高校图书馆的成功营销实例

我国高校图书馆在近几年的营销实践中，逐渐意识到创新营销方式的重要性，并开始在营销工作中寻求改变，开展了一些较为成功的营销活动，不仅达到了良好的推广效应，也取得了较好的社会反响。下述为三个不同的营销实例。

（1）清华大学图书馆的《爱上图书馆》微电影。《爱上图书馆》是我国图书馆界中首次获得“图书馆国际营销奖”的营销作品（获得 IFLA2012 年第十届“图书馆国际营销奖”并位居第一）。该作品自在优酷网站发布的 20 天内就创造了 16 万次的点击量，7 万多次的转发、引用。该作品一改纪录片式长篇累牍的介绍模式，以图书馆中发生的情感故事为背景，采用简短的微电影形式，在浪漫爱情故事中穿插对图书馆的理念、资源和服务的介绍，引起大学生的心灵情感共鸣，使其在潜移默化中受到感悟，从而抓住了读者的心。

（2）北京大学图书馆的“西洋名画摄影模仿秀”摄影展。“西洋名画摄影模仿秀”摄影展是北京大学图书馆 2014 年于“4·23”世界读书日举办的“书读花间人博雅”主题活动中的一个子活动。该活动以一组“对比＋模仿”形式的摄影展为活动内容，摄影展右侧是一副古典西洋油画，画中有位读书的女子；左侧则是模仿画中人的北大女生。该活动一经推出就吸引了众多读者的目光，据统计：展览两个月，到馆参观人数至少为 4 万人次；图书馆官方微博的相关话题阅读量更是超过了 28 万次；展览期间，大部分被推荐书的借阅量均有提升，从而增加了用户的阅读行为，取得了阅读推广的实际效果。另外，该活动还在社会上引起了广泛关注和反响，新华社图文中心、《北京青年报》《大学生》杂志等纷纷对其进行了长篇报道。该活动在 2015 年教育部高等学校图书情报工作指导委员会举办的“首届全国高校图书馆阅读推广案例大赛”中荣获一等奖。

（3）深圳职业技术学院图书馆“藏在深闺人未识——谁都没有借过的书”主题书展。深圳职业技术学院图书馆 2014 年“全民读书月”举办了“藏在深闺人未识——谁都没有借过的书”主题书展。活动一经推出，仅一周时间，展出的 87 种图书中就有 63 种被众多知音人带走。有些图书除展出的样本被借出外，书库中的复本也被借出了，不少展架从原来的无人问津变为展后的空空如也。该活动在“首届全国高校图书馆阅读推广案例大赛”广东地区赛场做汇报时，以其精彩的活动的创意赢得了现场评委和同行的赞赏。

2. 我国高校图书馆营销实例的启示

（1）高校图书馆营销“有意义”不如“有意思”。图书馆营销推广无疑是有意义的，但一味强调“有意义”却未必能达到推广的目的。这是因为“有意义”的营销未必有吸引力，如果一次营销活动不能引起读者参与的兴趣，无法引起读者的共鸣，那该营销活动无疑就是失败的。而上述的实例揭示了高校图书馆营销的要诀：“有意义”不如“有意思”。例如，清华大学图书馆的《爱上图书馆》微电影从情感出发，用“爱上”一词，一语双关地在人与图书馆之间搭建起情感的桥梁。大学生读者首先被“爱上”这一暧昧的词所吸引，进而想要知道是如何“爱上”的，然后被视频中的同学在图书馆浪漫地、有趣地相识、相知、相恋的恋爱故事所吸引，最后在不知不觉中“爱上”了图书馆。该作品的情感创意，使作品“有感情”且“有意思”，从情感上俘获了大学生读者的心，从而达到了图书馆营销推广的目的。而北京大学图书馆的“西洋名画摄影模仿秀”摄影展则从“有看头”上发掘活动的“有意思”，用“北大美女”模仿“书画美女”，制造了现实与书画之间的穿越感，通过视觉效果的冲击，吸引读者参与到活动中来，从而吸引住了大学生的眼球，达到了“惊艳”读者的效果。深圳职业技术学院图书馆举办的“藏在深闺人未识——谁都没有借过的书”主题书展更是从猎奇的创意出发。该活动“有意思”之处在于其运用“反时尚”的做法，不推荐最热门书，反推荐“谁都没有借过的书”。而“谁都没有借过的书”这一串文字反而能够激起读者的挑战欲望，将“枯燥”化为“有意思”。

（2）高校图书馆营销需要“有点意思”。高校图书馆的营销推广是目的，而要达到良好的推广效果，需要在营销活动中加点“意思”。首先，高校图书馆需要围绕其自身的文献资源和服务展开营销。这些资源和服务能够满足人们的精神文化需求，但在某种程度上来讲，它们并不是人的生活必需品，因此围绕高校自身文献资源和服务进行的营销需要“有点意思”。其次，高校图书馆的用户——大学生喜欢“有点意思”。如今的大学生群体以00后为主体，他们思维活跃，信息面广。要吸引他们的关注，营销的形式必须丰富多样，营销的内容必须贴近他们的学习和生活，营销使用的语言需要符合他们的风格，而“有点意思”的营销活动更能引起他们的关注。因此，成功的高校图书馆营销需要“有点意思”。事实证明，一味“有意义”的营销推广并不能达到良好的推广目的，文献资源的“高冷”特质与高校学生追求新意的性格特点相去甚远。高校图书馆营销唯有寻求改变，适应读者与受众的偏好，才能吸引读者的目光。否则，高校学生只会将时间和精力花在玩游戏、刷微信、旅游、唱歌上，而不愿意去发现文献资源中的“颜如玉”与“黄金屋”。高校图书馆营销过去一直侧重于“有意义”，如今，需要从“有意思”入手，需要通过“有意思”的方式和手段把“有意义”的资源和服务推介出去，以重新获得大学生读者的青睐。

（3）高校图书馆营销如何从“有意义”走向“有意思”。明确了营销的要诀后，高校图书馆就需要考虑如何发挥自身优势，创新开展各种各样“有意思”的营销活动。高校图书馆开展的营销活动应通过“有意思”的“外壳”或形式将“有意义”的内涵传达出去，从而获得更多大学生的关注与认同，推动高校图书馆的发展。因此，可以把高校图书馆开展“有意思”的营销理解为：高校图书馆从以用户为本的角度出发，采用有创意的、新奇的营销思路、方法和手段营销图书馆及其资源和服务，以达到吸引师生的关注，满足师生需求，进而实现自身价值的目的。那么，图书馆文化创意产品营销如何做到从“有意义”走向“有意思”？以下是作者结合实例分析得出的四点启示。

①借助娱乐手段开展“有意思”的营销。娱乐营销作为一种营销形式，是指以用户的娱乐体验为诉求，通过愉悦用户而有效地达到推广商品的目的。图书馆文化创意产品可借鉴此种营销方法，通过策划娱乐游戏，巧妙地寓服务推广于娱乐之中，并通过为读者创造独一无二的娱乐体验，来捕捉读者的注意力，以达到刺激读者选择、使用服务的目的。策划娱乐游戏时，应借鉴当下热门的、流行的、时尚的娱乐活动及其形式，这样才有可能吸引用户的眼球。例如，结合当下热门娱乐节目，在图书馆开展“撕名牌”活动，或者开展“书室逃脱”“阅读达人秀”“一站到底知识竞赛”等活动。在活动中巧妙地结合图书元素与读书线索，通常能收到很好的营销推广效果。

②借助“故事”或“事件”开展“有意思”的营销。2011 年 1 月 18 日，网友“贺兰泰”的一条关于杭州图书馆馆长褚树青就读者投诉的拾荒者入馆看书的回复——“我无权

拒绝他们入内读书，但您有权利选择离开”的微博引发了网友对杭州图书馆的大量关注。该微博在短时间内被网友疯狂转发了10 000余次，评论近2 500条，不少网友对杭州图书馆的做法赞叹不已，更将其称为“史上最温暖图书馆”。虽然这样一条微博并不是图书馆有意为之，但网友们确实被这个故事/事件打动了。故事/事件营销是一种很好的营销手段，容易起到潜移默化的效果和作用。因此，图书馆应该适时抓住契机，借鉴此种方法来策划“有意思”的营销活动，提升用户对图书馆的关注度。

③借助“情感”开展“有意思”的营销。情感营销是指以用户内在的情感为诉求，通过激发和满足用户的情感体验来实现营销目标。图书馆文化创意产品营销也可以借鉴情感营销的方法策划情感营销活动。例如，抓住读者的好奇情感策划“与图书馆的第一次亲密接触”活动；抓住寒暑假时节策划“甜蜜夏天”“让书香温暖冬天”等活动；抓住秋天伤感的季节氛围策划“那些年我读过的书”“萌萌哒寄语”“圕·时光”等活动。将图书馆营销与情感表达联结，通常能取得良好的效果。

④借助“氛围”开展“有意思”的营销。氛围是指围绕某一团队、场所或环境产生的效果或感觉。好的氛围会像磁石一样牢牢地吸引用户，使用户频频光顾。而氛围营销就是要有意营造这种使人流连忘返的氛围体验。

（二）图书馆文化创意产品的营销策略

在文化文物单位体制机制创新过程中，图书馆在文化创意产品营销方面应该不断创新，逐步从单一模式向多元化模式转变。一是积极探索图书馆文化创意产品联盟等经营方式。对此，可以借鉴博物馆文化创意产品商店联盟模式。例如，江苏省博物馆商店联盟就是以南京博物院为依托，以江苏省博物馆学会为纽带，以长江文物艺术发展公司为市场运营核心，由省内各有关博物馆商店自愿加盟组成的行业连锁战略联合体。目前江苏省博物馆联盟通过采用先进的连锁管理运营模式和市场营销理念，统筹博物馆文化衍生产品精品系列的研发、营销及市场推广。二是善用互联网平台进行图书馆文化创意产品销售和市场推广。对此，可借鉴故宫、国家博物院等线上线下销售模式。例如，故宫博物院、国家博物院等均开设了淘宝专营店、微信公众号、移动客户端，充分利用新媒体手段开展营销活动，成效显著。2015年故宫博物院90周年院庆期间，其官方淘宝店在聚划算平台创下了单日成交6万件的良好成绩。另外，恭王府的线上电子商务平台被称为“开文化创意产品推广营销新模式先河”。不同于其他博物馆的网店，恭王府的电子商务平台是博物馆基于馆藏文物的纪念品及衍生产品购买平台，并且可以提供数字馆藏资源给各家动漫和影视企业，让其进行二次创作及开发。

1. 创新营销机制

随着互联网的应用和发展，人们对其依赖程度越来越高。因此，图书馆文化创意产品应积极开拓互联网营销渠道。图书馆可考虑利用网络论坛、微信、微博、QQ、BBS等拓宽营销渠道。例如，故宫博物院借助微博、微信平台开展营销，其开发的俑仕相伴彩绘陶人俑牙签筒、官帽伞等产品，在网络平台上大受欢迎，这对图书馆很有启发意义。另外，文创开发可利用互联网消费极具用户黏性的特点，开展用户体验活动，利用广告创意手段，设计充满人性化、个性化的广告内容，并开展精准广告投放活动。例如，开展扫码享受图书馆文化创意产品购买优惠，关注图书馆文创品牌抢红包等活动。图书馆要以高质量的文化创意产品吸引回头客，加强用户对图书馆文化创意产品的忠诚度，进而扩大图书馆文创的影响力。

2. 打造多元化营销方式

图书馆应加强创意设计和市场营销力量，逐渐摸索出适合自身的盈利模式。多元化营销方式包括实体店销售、电商平台、展会平台推广、会员制体验等。图书馆网络营销是对传统营销的重要补充，通过以互联网平等观念对待不同用户需求，开展营销的多元化拓展，以互联网协同理念建立与用户的关联，及时满足用户多元化、动态化的需求，推动图书馆文化创意产品开发向高层次、智能化转移。同时，图书馆网络营销以互联网分享理念开展与外部社会群体的合作，通过多元化的社会参与让更多的产品为社会大众所共享，从而实现与社会经济的协同发展。另外，图书馆也可利用自身网络平台对文化创意产品进行销售和宣传。

3. 开展"互联网 +"营销

"互联网 +"思维是一种用户至上的思维。图书馆应围绕用户思维、用户参与感、连接一切、跨界融合、开放创新、平台思维等，做好图书馆文化创意产品营销。以用户思维为导向提升数据服务质量，由国家图书馆牵头组建图书馆文化创意产品统一营销的信息发布平台；以市场为导向用户参与图书馆文化创意产品研发，达到传播层面、渠道层面和供应链层面互联互通，形成"粉丝经济"；以解决用户烦恼为导向定制数据服务"极致化"，量身定做产品和服务，并要超越用户的预期；以流量思维与平台思维为核心，运用互联网平台，开展网络营销，并高度关注流量及客户活跃度，调整营销策略。

互联网营销，具有节省成本、克服实体销售的时间和空间限制、口碑营销功能强等优势。互联网能够有效克服实体渠道的缺点，具有较强的用户黏性。图书馆应充分利用互联网技术，大力发展官方微博与微信公众号。例如，"微图书馆文化创意产品淘宝"，通过搭建统一的移动终端商业应用官方展示互动平台，鼓励用户自主消费与展示产品信息；也可以与知名营销网站合作，推出文化创意产品销售专栏。另外，图书馆也要重视产品实体店建设，若条件允许，可以在一些文化场所、旅游景点、商业街等地点开设实体店。如此一来，图书馆文化创意产品营销形成线上线下销售渠道，线下用户可以亲临其境地感受商品，实地选择；线上商品实时上线，并向用户推送相关信息，供用户选购自己喜欢的商品。

在互联网环境下，图书馆文化创意产品易于形成品牌效益。一款好产品通过人们在网络 BBS、威客、博客、微博、微信等社交平台上的交流、评价、分析、分享，容易产生正能量的口碑，从而达到口碑营销效应的目的。这种方式具有销售成本低、传播速度快、传播范围广与高效率的特性。例如，故宫博物院文创明星产品俑仕相伴彩绘陶人俑牙签筒和官帽伞，依托微博、微信的推送，迅速蹿红网络，从而实现了热销。由此可见，"互联网 +"营销模式对图书馆文化创意产品销售也将有较强的促进作用。

在互联网不断改变着图书馆文化创意产品开发的情景下，图书馆应充分利用互联网思维、互联网技术、互联网平台模式转变服务内容、服务方式，改进传统模式，同时，始终把社会效益放在首位。跨界融合是社会发展的一大趋势。图书馆文化创意产品开发应顺应这一趋势，重塑"互联网 +"思维，不间断地探索新的营销方式。图书馆可以与出版社合作，整合出版一些馆藏价值较高的出版类产品。例如，南京图书馆编纂出版了《南京图书馆典藏书目》《文津版四库全书》等图书。"互联网 +"营销要求图书馆在销售文化创意产品过程中，时刻注重重塑产品在传播层面、渠道层面和供应链层面，以实现互联互通。同时，强化以市场为导向，提升客户参与感，强调用户体验至上。另外，图书馆在设计文创产品时，应突出产品的有用性、易用性、友好性，并坚持用户体验，通过界面友好、操作简捷、功能独到等优势吸引用户。

（三）图书馆文化创意产品的推广

好的产品销售，还取决于产品的宣传推广。图书馆文化创意产品还应注重产品的宣传营销，宣传营销应体现专业性。销售人员不但要对产品有所了解，还应具备一定文化底蕴，熟悉图书馆馆藏信息，善于与用户沟通交流，捕获用户需求信息，及时推荐购买。同时，产品设计上也应体现良好的专业性，应蕴含强烈的设计感、艺术性、动态性、震撼性，不断满足用户的好奇心，勾起用户购买图书馆文化创意产品的欲望。

图书馆文化创意产品设计与营销需要重视产品版权的保护问题。图书馆要明确界定直接版权与间接版权的概念。一方面，提倡、支持、尊重、保护原创；另一方面，也需要尊重参与者与团队的作用。制定知识产权保护立法时需要注意保护馆藏信息资源再利用的完整性与文化创意产品投资者的最大利益。只有这样，才能够鼓励更多的资本、人才、社会力量投身到图书馆文化创意中。对此，可以借鉴美国的成功经验，美国是当今文化创意产业最发达国家之一。为保护文化产业版权专利，政府部门专门在国会图书馆中设立版权管理办公室，全权负责版权纠纷案件、专利申请、版权核对等工作，并协助政府部门处理专利版权事务。我国政府部门应加快知识产权保护立法，减少知识产权市场交易过程中的各类纠纷，加强知识产权保护，完善知识产权相关法律，提高知识产权保护水平，减少知识产权侵权事件的发生。

现今，互联网和移动互联网飞速发展，不仅年轻一代寄托于手机上网，老年人使用手机上网购物的人数也逐渐增多。据统计，我国网民数量达 7 亿，手机网民占其中的 6 亿。由此可见，要发展图书馆文化创意产品，互联网推广是一种快速、有效的推广手段。移动互联网更是拥有庞大的传播力和消费群体，通过互联网推广图书馆文化创意产品可以吸引更多年轻消费者的关注和支持。例如，故宫博物院大胆创新与腾讯公司合作，苏州图书馆与电商合作举行活动等。对此，图书馆应从以下四个方面做好文创产品的推广工作。

（1）图书馆可以通过互联网、手机软件、微信平台等与消费者密切联系，在交流中可以调查不同年龄段对文化创意产品的需求与喜好，并收集数据统计分析，研发出符合市场需求的文化创意产品，从而克服传统实体店传播速度慢、影响小、消费群窄的弊端。

（2）图书馆根据市场数据研发出实用性强、创意性足、普及能力广的文化创意产品，然后利用互联网，通过网站平台、电商平台、微信和微博推送、直播等方法，吸引更多的不同年龄层的民众关注，同时，根据时效性及时调整一些长期需求较少的产品开发方向与策略。

（3）图书馆可以不断加强互联网推广建设，利用丰富的媒体资源向民众介绍和展示图书馆的馆藏资源，并加入如对古籍资源、地方文化、新书推广等的鉴赏介绍和深度解析。加入与之相应的图书馆文化创意产品的详细介绍，不仅能让民众在互联网平台上深入了解图书馆，还能让民众感受到图书馆的活泼生动，改变图书馆在民众心目中的刻板印象。推出新产品、及时推送信息，方便民众在电商平台上随时购买到喜欢的图书馆文化创意产品。

（4）图书馆可以吸引知名、热衷公益的企业参与到文创工作中。文化创意产品不但具有纪念意义，而且更要突出创意性和实用性。在整个文化文物单位文创工作进程中，博物馆走在前列，图书馆可以借鉴博物馆的成功实例。例如，成都体育学院博物馆举办“礼乐·博戏——中国古代体育竞技大会”，并在会上展示捶丸、马球、蹴鞠、投壶等一些复古运动项目，被多家公司相中，极力要求其与公司合作开发。另外，文创企业组建后，可通过其网站、讲座、研讨会、餐饮、会员活动、座谈会、文化专题活动等形式，加大对文创工作意义的宣传力度。同时，也要注重引进外部人才，加强人才队伍建设，进一步增强竞争力。

二、图书馆文化创意产品开发工作经营误区的规避

（一）图书馆传统经营创收活动对文化创意产品开发工作的影响

20世纪90年代，在“全民经商”的社会大背景下，很多图书馆纷纷开展了各项经营创收活动，利用图书馆现有的便利条件进行各式各样的创收项目。例如，将空闲的场地租赁给社会机构，获取租金收入；在办借阅证时收取年阅读费；利用阅览桌收取自修室的座位使用费；还有的为新进馆的畅销书籍设立“热门书屋”，读者只有缴纳更多的阅读费才可以优先借阅，而不是面向所有的读者借阅，图书馆由此可以获得更多的创收。特别是不少图书馆还专门成立书店，将购进的图书先面向读者进行销售，最后将卖不动的图书作为馆藏收纳。这些行为在当时作为一种经营创收模式被不少图书馆纷纷效仿采纳。虽然上述各种经营创收形式使图书馆获得了经济收益，提高了工作人员的福利待遇，但是在一定程度上削弱了读者的正常借阅权益，影响了优秀资源的流通，降低了馆藏质量，并对图书馆的公益形象产生了不良的影响。

随着国家对各个行业不规范经营活动的整顿，图书馆也恢复了其原有的公益性质。为加强图书馆的社会服务功能，文化部、财政部于2011年正式印发了《关于推进全国美术馆公共图书馆文化馆（站）免费开放工作的意见》（文财务发〔2011〕5号），其中，指出：“到2011年底，全国所有公共图书馆、文化馆（站）实现无障碍、零门槛进入，公共空间设施场地全部免费开放，所提供的基本服务项目全部免费。”本次免费开放新政的出台，从国家意志的层面确定了公共图书馆免费开放的朝向。通过一系列惠民政策大大地提高了图书馆的服务水平，改善了图书馆的阅读环境，保障了读者权益，丰富了各种馆藏资源，使阅读人数急剧上升，发挥了图书馆应有的服务大众、传播知识的社会功能。同时，文件也指出：“维护好美术馆、公共图书馆、文化馆（站）的公益性质，不得以拍卖、租赁等任何形式改变公共文化设施用途，已挪作他用的限期收回。”在这种规定下，图书馆原有的经营创收活动随之基本消失。另外，在开展经营活动中，除了通过经营创收活动取得的收入在使用、分配过程中或多或少与国家有关财政政策有一定冲突之外，图书馆在面对相关部门审计时也会受到一定影响，出现一些问题。因此，不少图书馆对经营创收活动产生抵触，除了做好公益性业务服务之外，再不愿意与各种经营创收活动产生任何关联，这种逃避心理影响了目前图书馆文化创意产品开发工作的开展。

（二）图书馆文化创意产品开发工作中经营创收活动的误区

（1）误区之一：图书馆文化创意产品开发不是新的业务工作，只是原有图书馆实体

经济创收活动的延续。

图书馆文化创意产品开发工作不同于图书馆原有的传统经营创收活动。经营创收活动更多的是利用图书馆现有的场地、设备及馆藏资源将广大读者应享受到的权益商品化、经营化，由此产生了经济价值，它并没有进行二次加工，更不是出于要传承文化的发展动机。图书馆经营实体所提供的只是图书、复仿制品等简单商品，其运营宗旨主要在维持，而不是发展。而图书馆文化创意产品，首先是文化，其次为产品。文化创意产品开发工作是对馆藏内容进行挖掘，赋予其以现实意义，并通过采用多种方式，让公众了解其内在文化，特别是传统文化，以便传承历史，弘扬民族文化。在开发过程中，通常采用现代经营形式来体现馆藏价值。虽然这一过程也产生了经营行为，获取了经营收入，但是与传统的经营创收活动是两个不同的概念。传统的经营创收，是指图书馆通过提供多种形式的有偿服务创造收入。例如，举办各种讲座、展览；开展视听、复印服务；经销图书、文具、图书馆设备用品和食品、饮料等。不少图书馆曾经试图创新图书馆运作模式，也大体经历过经营创收从内设部门到开设独立经营的现代公司，再到暂停公司运营的历程。如今，随着文化创意产品开发的兴起，图书馆运作模式又将恢复内设部门或成立自负盈亏的公司模式，从而映射出图书馆文化创意产品开发工作在管理思路和机制上的模糊与摇摆。目前，图书馆文创项目大多是由图书馆专门部门或专人负责运营，即图书馆文创产业的市场主体是图书馆自身。而任何市场主体参与经济活动都带有明确的目的，以在满足社会需求的同时追求自身利益最大化为目标，营利性是市场主体最为显著的特征。这将图书馆推向了两难境地，因此，不难想象，图书馆进行商业经营活动时，在动机、动力和效率等方面所面临的尴尬与纠结。

（2）误区之二：图书馆文化创意产品开发工作只是开发馆藏资源内容，仅是指物质产品

目前，不少图书馆虽然也开展了文化创意产品开发工作，但是却简单地认为文创开发工作只是充分挖掘馆藏资源内容，对馆藏资源进行创意加工就达到了目的。因而没有认真研究《文创开发意见》内容，也没有深入领悟政策含义。《文创开发意见》的基本宗旨是“深入发掘文化文物单位馆藏文化资源，发展文化创意产业，开发文化创意产品，弘扬中华优秀文化，传承中华文明，推进经济社会协调发展，提升国家软实力。”因此，正确地理解馆藏文化资源的内涵尤为重要。

目前，文化创意产品一般被认为是以物质产品形式存在。例如，国家图书馆通过将古籍图书进行复制、出版或开发衍生品等多种形式向读者推介展示。以《芥子园画传》中花鸟虫草为灵感设计立体瓷瓶、书签、邮票、笔记本文创产品，围绕图书馆馆藏形成了丰富多样的图书馆文化创意产品种类和形式。南京图书馆根据从明代古籍《金陵图咏》中选取的一张插图制成文件夹。台湾师范大学图书馆根据从古籍《山海经》中选取的插图，研发了纸胶带。台湾图书馆曾经选取《采风图合卷》中的插图制作成笔记本、马克杯等。这些将创意和商品融合形成的趣味性、实用性的文化创意产品是典型的物质产品。这些产品开发作为文创经验被广大图书馆认可，但也容易使一些图书馆误认为文化创意产品开发仅是指这些内容，使文创工作开展受到局限，从而制约了文创的发展。

（三）图书馆文化创意产品开发工作中经营创收的对策

1. 树立文化创意产品开发工作是一种业务创新的理念

文化创意产品开发工作应将社会效益放在第一位，这是一项历史赋予现代的使命，是将古老的文字活起来，使更多的年轻人意识到文化内涵与民族特性的需要。因此，它不是传统意义上简单的经营行为，也不是图书馆仅仅销售馆内资源的活动，而是经过深入挖掘，创新开发，运用知识和创意将馆藏资源进行再加工，以此促进优秀文化资源实现传承、传播和共享的社会功能的活动。文化创意产品开发工作对于图书馆来说不是可有可无，而是新时期图书馆的一种业务服务延伸方式，应该将文化创意产品开发工作纳入图书馆整个业务范围之中，使其成为图书馆业务工作的重要组成部分，而不应当成经营创收活动的延续。《文创开发意见》指出："支持文化资源与创意设计、旅游等相关产业跨界融合，提升文化旅游产品和服务的设计水平，开发具有地域特色、民族风情、文化品位的旅游商品和纪念品。"台湾地区将文创工作融入旅游，将景点、景区的特性结合起来做文创开发，其旅游产业已经发展到精致旅游的阶段。文创与旅游相互促进，共同提升，给图书馆开展文创开发工作带来了一个启发，即成立文化旅游公司虽然是一种经营创收活动，但更是一种文化创意产品的开发形式，是促进产业相互融合，优势互补，以相关产业带动传统文化传播的有益探索。

2. 明确开展文化创意产品开发工作是深层次的馆藏文献加工

图书馆馆藏资源是与一定历史时期的文献生产和应用方式紧密相连的，它包括图书、期刊、非正式出版物、照片、论文、电影、美术作品、胶片、唱片、磁带、缩微文献、计算机可读资料等各类型文献资源。它们以不同的存在形式及载体方式记录了人类所积累和创造的知识信息。图书馆馆藏不只是各类型文献资源的总和，还是一种包括精心收集、组织、储存等文献选择、利用形式及方法在内的具有特定功能的知识体系。由此可知，馆藏不只是仅代表资源内容本身，它还包含资源的收集、整理、储存、应用等过程。因此，开展图书馆文化创意产品开发工作，除了挖掘资源内容本身之外，还应认真研究对馆藏的利用形式。要通过创意活动使文献资源更加方便、更加科学地服务于读者。

《文创开发意见》明确指出："推进文化文物单位各类文化资源的系统梳理、分类整理和数字化进程，明确可供开发资源""鼓励开发兼具文化内涵、科技含量、实用价值的数字创意产品。"这启发了图书馆可以充分利用自身馆藏资源进行各式各样的特色数据库建设等文创开发工作。另外，图书馆在注重产品文化属性的同时，还应强调产品的创意性及功能性。通过观众期望与文化创意产品升级的互动，使人们真实感受和正确理解图书馆所传递的文化信息。创意研发是文化创意产品开发的核心要素。因此，不能拘泥于以往临摹复制的文化创意产品类型，而是既要把握传统文化脉络，又要注重探索现代表达方式，以实现图书馆文化创意产品的多元呈现，从而使图书馆文化创意产品兼具艺术性、知识性、实用性、历史性、故事性和趣味性。图书馆文化创意产品的设计元素应能够正确地体现其所代表的文化内涵，揭示元素背后的文化故事，使人们易于接受。同时，文创产品应具有一定的功能性。文化内涵与使用功能的结合，能够使人们通过使用文化创意产品获得更多的知识，从而达到图书馆社会教育的目的。

3. 突出文化创意产品开发的多样性

《文创开发意见》中指出："鼓励依托高新技术创新文化资源展示方式，提升体验性和互动性”“深入挖掘文化资源的价值内涵和文化元素，广泛应用多种载体和表现形式。”这为文化创意产品开发工作提供了一个新思路、新视角，即提升体验性和互动性的新型文化资源展示方式，创新的多种载体和表现形式也都属于文创开发。例如，深圳图书馆在全国率先采用 ILAS 系统和 RFID 技术。这两项创新不仅使图书馆从之前的人工借阅模式变革到机器自助借阅，而且能使读者高效地利用图书馆，并为图书的防盗安全提供强有力的技术保障。河南省图书馆研发的“智能采访管理系统”，通过采用“互联网 +”模式，结合大数据分析，对传统馆藏采集模式进行了创新，从而大大地提高了图书馆书目采访的准确度及效率。内蒙古图书馆实施的“彩云服务计划”，运用云计算的理念，整合图书馆和出版社资源，实现了传统图书馆向“云图书馆”的转变。“我阅读，你买单，我的图书馆，我做主”，彩云服务对图书馆的一个最大贡献就是大大提升了图书流通率，新书流通率甚至达到了 100%。另外，中国首部秦文化 VR 电影短片《统一》运用互联网技术与 VR 技术，为观众营造出身临其境的感觉，从而打造出全新的参观模式。这种“历史文化 + 前沿科技”的手法为丰富文创开发形式提供了很好的借鉴。

在丰富文创工作开发多样性方面，一些文化文物单位走在了前面。例如，故宫博物院设立的“故宫体验区”可以让人们近距离接触文物，在这里人们可以学做拓片，穿一串朝珠，而且只需要缴纳材料工本费即可。上海图书馆通过提供书籍、资讯和信息，提供创造的工具，激发创客的创意灵感，引发思维的变革，使得公共图书馆真正成为一个馆内历史资源与创客开阔的思维相互融合，迸发创意的场所。另外，广州图书馆、长沙图书馆也分别成立了创客空间，利用图书馆各项资源，促进文创工作的开展。由此可见，文创开发工作不仅仅只是对馆藏内容进行开发形成各种文化创意产品。其实，为充分地利用馆藏资源、便于其传播而采用的各种广义上的创意方式或工具及各种新型形式也都是文创开发工作的重要组成部分。另外，图书馆出版服务与开发，馆藏及读者信息数据发掘分析与智库服务，建立全国文创工作资源共享平台等方面也属于图书馆文化创意产品开发工作。

三、图书馆文化创意产品开发项目的融资渠道

（一）图书馆文化创意产品开发项目资金面临的问题

资金短缺一直是图书馆文化创意产品开发的瓶颈，政府资金投放力度不足，使产品开发水平提升受到一定的制约。

（1）企业投资力度不足。目前，图书馆文化创意产品开发的资金来源主要是政府的拨款，企业在这一领域投资少的主要原因是企业对图书馆文化创意产品开发的认知十分有限，并且在政策上存在一定的限制，这导致图书馆文化创意产品开发投资力度不足。

（2）文化金融发展相对滞后。具体表现如下：金融支持图书馆文化创意产业结构不均衡，对图书馆文化创意产品开发支持较为谨慎；金融支持创新产品不多；金融机构提供的金融服务以担保、有形资产抵押等传统信贷方式为主，在知识产权等无形资产质押贷款以及其他配套金融服务方面仍显不足。

（二）图书馆文化创意产品开发项目的融资渠道

1. 投融资服务的策略

图书馆可以从建设投融资服务平台、实现多元化融资、创立文化创意产品研发基金等

方面着手，解决图书馆文化创意产品开发的投融资难题。

（1）建设投融资服务平台。充分发挥省级图书馆文化创意产业引导资金平台作用，为更多中小型图书馆文化创意产品开发提供融资担保；积极运用融资租赁、项目融资、银行贷款等多种方式，支持图书馆文化创意产业的重大项目建设；降低创投行业的进入条件，增加主营业务方面的经营范围；引导和鼓励金融机构开发和创新适应图书馆文化创意产品开发需要的金融产品，加大对图书馆文化创意产业的有效信贷投入。

（2）鼓励引导图书馆文化创意产品开发多元投资。通过采取个人独资、股份制、合作开发等多种形式，构建多元化的投入机制，引导、鼓励各类社会资本参与到图书馆文化创意产品开发当中。

（3）利用互联网融资。图书馆文化创意产品开发除了可以利用相应的产业发展基金或股权融资，还可以积极开发“互联网+”文化创意融资模式，如实物众筹。众筹融资（crowd funding）是指在大数据和云计算基础上产生的、以互联网金融为主要载体的资金集约化募集方式和筹措路径的总称。理解众筹融资模式必须注意以下两点：一是众筹融资不同于实体融资。众筹融资模式是一种“无实体资产抵押式”融资，即实体金融领域发生的固定资产融资和虚拟资本融资都与众筹融资有所区别。二是众筹融资不同于单人融资，众筹融资是指至少由两人以上规模构成出资者的融资方式，需要多人在职业理念、事业基础和融资习惯上的和谐认同，而不是单方面的个体资金筹集行为。近年来，伴随着互联网金融征信评价国标进程的加快，国内外很多文化创意产业都采取了众筹方式来募集产业发展的初始资金，并产生了良好的经济效益和社会效益。因此，图书馆文化创意产品开发需要加快文化创意产业众筹平台的建设，大力促进该产业融资观念的转变；加强文化创意产业基金的管理，合理分摊投资服务收益；积极推进知识产权质押贷款模式，为文化创意产业的发展提供强有力的资金支持；促进文化创意产业多种众筹模式的有机结合，建设新型生态融资化社会。

（4）创立图书馆文化创意产品开发基金。基金主要投向文化创意产品研发、生产、流通、销售、创意人才引进与培训、配套设施等。设立基金会是图书馆另一重要资金来源的保障，图书馆应同本地区的企业、公司及富人建立友好的联系，争取他们的资助。由于政府财政拨款资金有限，今后图书馆必须朝向趣味性、多元化的方向发展，树立高尚的公众形象，吸引更多的社会观众参与到其中，从而为图书馆获得更多的可用资金。

（5）利用国家税收政策，完善激励机制。通过文化产业政策和税收优惠来吸引社会资金向文化衍生产品开发领域流动，使其拥有充足的启动资金；通过法律手段使政策规范化、合法化，建立起图书馆自创收入的机制。对文化创意产品实行免税，对文创产业链进行税收优惠，鼓励图书馆依靠文化衍生品的开发经营来拓宽资金渠道，争取社会企业加盟到文创研发的团队来。另外，目前我国图书馆相关的法律条款，对促进文创产业发展的力度是远远不够的，甚至还存在一些制约因素。因此，对公益性图书馆捐款数额较大的个人，政府应通过各种形式予以表彰，从而争取更多社会公益人士的加入；对捐款数额较大的企业，政府应授予爱心企业的称号，以此来争取更多社会力量的参与。只有加大优惠政策的实施力度，人们才会逐渐改变自身的意识，才可能招来更多社会资金的注入，从而解决图书馆发展资金困难的瓶颈。

（6）建立并完善图书馆会员制。会员制在市场营销中具有独特的作用，其基本上是图书馆的必备系统。会员每年所缴纳的会费是图书馆一项稳定并可观的收入，更重要的是，会员制能够带来人脉效应。图书馆通过会员制可在各个行业、各个领域建立起一个支持自己的群体，他们在某些方面对图书馆的支持起着不可估量的作用。在图书馆转型发展，强化社会服务的大背景下，如果对图书馆会员制认识不足，将对图书馆以后的资金募集、市场开发、完善服务等方面产生严重的制约。会员制符合今后图书馆发展经营的模式，会员制的有效实施必将是今后国内图书馆拓展市场和提升服务的重要举措。

2. 争取政策资金支持

（1）争取政策支持。目前，国家相应的文创政策还不完善。例如，干部权限问题与事业单位不能办企业的限制条款。这就需要有关部门积极协调，尽早出台相关的政策，以推动文创事业的开展。主管部门应与工商行政管理部门协调，就图书馆等文化文物单位兴办企业出台相应政策，尽早使文创工作开展起来。例如，文创工作要跨界融合，在开展文化旅游工作中，如何取得旅游资质，如何使管理部门全力配合。另外，文创工作的税收归属行业及适用于何种税率问题，都需要文创工作的主管部门与工商、税务、旅游等部门进行协调与沟通，以解决图书馆文创工作面临的难题。

（2）加强多元化资金支持与合理配置。运营资金不足是图书馆文创工作的重要制约因素之一。政府将为图书馆提供一定的扶持资金，用于文创工作。这部分资金应该作为文创工作的启动资金，为图书馆所有，有条件的图书馆还可以拿出专项资金，与文化扶持资金和社会组织筹资一并组建文创经济实体。为保证图书馆公共文化服务的性质，图书馆应该持有 50% 以上股份，以维护图书馆的主导地位。另外，图书馆可以借助政府、图书馆、企业合作模式，形成政府与图书馆调控机制、政府与企业引导机制、图书馆与企业互惠机制的格局，以获取三方利益最大化。

第三节　图书馆文化创意产品开发中知识产权侵权风险的防控

创新创意产业已成为全球文化经济发展的新态势，文化创意产业也成为我国最具发展活力和潜力的产业之一。随着大众创新、万众创业的深入发展，国家创新创业战略深入公共文化服务领域。2016 年 5 月，国务院办公厅转发文化部、国家发改委等部门《关于推动文化文物单位文化创意产品开发的若干意见》，此后，部分省（直辖市）陆续颁布了《关于推动文化文物单位文化创意产品开发的实施意见》，并确定了不同类型的试点文化单位，这对于进一步发掘区域文化资源，发展文化创意产业具有重大的推动作用。图书馆作为公共文化体系重要组成部分，具有文化资源保存、公共服务、教育等作用，并在整个文化创意产品开发中率先作为。例如，国家图书馆以馆藏《庆赏昇平》中的公主、状元、孙悟空的卡通形象为灵感设计了公交卡、书签等生活小物件；南京图书馆开发了印有其标志的钱夹、铅笔等。但是，图书馆文化创意产品开发以文化为基础，以知识产权为保障，以释放和解放人的创造力为核心，以产品的研发、生产、营销为过程。其中，创新、设计、创意是核心，而知识产权保护则是文化创意产品的命脉。文化创意产品开发中最有价值的是创新创意，而最易遭遇侵权风险的也是创新创意。图书馆文化创意产品作为富含文化或精神价值，具备知识产权特征并能够满足人们使用需求的有价产品和服务，其知识产权保护至关重要。因此，图书馆文化创意开发实践中，应该重视知识产权保护问题。

（一）知识产权保护与利用的必要性

图书馆在藏品的研究、保护和数字化过程中形成了大量的以文字、图像、专利形式存在的知识产权。在此过程中，图书馆投入了大量的时间、人力和资金，如果缺乏知识产权的保护，这些文字、图像和专利可以较低的边际成本甚至零成本的代价被复制和使用，结果必将使图书馆的劳动成果以及以此为载体的知识产权的价值受到削弱。因此，图书馆需要借助知识产权制度对图书馆拥有的大量知识产权进行保护，并制定一定的规则限制他人对图书馆知识产权的随意使用。另外，图书馆的知识产权不能仅停留于保护层面，保护是被动运用知识产权法律规则的过程。知识产权保护的目的主要是减少利益的损失，保护行为更多地发生在权利受到侵害时，表现为一种被动的应对措施。近年来，图书馆对出现的抢注图书馆商标、不经授权而利用图书馆藏品形象的侵权行为的被动应对，正是图书馆以静态方式被动维护知识产权权益的体现。对知识产权单纯的静态保护往往使图书馆处于被动的境地，并且不会带来增值。因此，图书馆需要对知识产权进行动态经营，通过开发、利用进而发挥知识产权的经济功能，使其实现增值，在动态经营中进行保护。

文化创意产业发展的过程正是知识产权取得、开发和经营的过程。文化创意产业得以发展的前提是知识产权的所有权与使用权的分离，由此实现了知识产权以财产权的形式进入文化创意产业的生产、流通环节。知识产权进行生产与流通环节的结果，一方面，使知识产权作为一类软资产可以在产业发展中实现产权交易和身份转换，进而推动文化创意产业的发展；另一方面，可以对知识产权的创造者进行激励和补偿。文化创意产业的创意从构思、开发、制作、销售到最终为消费者所接受，整个过程都涉及相关知识产权的运用。文化创意产业的开发经营和价值形成与创造基本是围绕着知识产权的创造、形成、保护、交易、转化和消费展开的。因此，文化创意产品的生产与流通过程也是知识产权的开发与流通过程。在此过程中，知识产权作为一种无形的知识财产，充当了不变资本的主要要素，将蕴含的价值转入文化产品中，并随着文化产品的流通而不断向其注入价值。价值交换、注入和实现的过程多以一种不同主体间的契约方式来确定。因此，知识产权又是这种契约方式下价值交换和实现的保障。图书馆文化创意产业的发展过程也是充分开发、利用、经营图书馆知识产权的动态过程。

图书馆作为知识产权的所有者，在一定的时间和约定的范围内将知识产权的使用权让渡给被使用者，作为无形资产应用于文化创意产业的发展中。这一过程即是图书馆文化授权中的授权许可过程，通过授权过程实现了图书馆知识产权的所有权和使用权的分离。在文化授权的管理中，按照图书馆与被授权方此前建立的契约关系，知识产权及其所依附的授权标的物被授权客体用于文化创意产业发展的产业链中，在实现知识产权价值转换的同时图书馆亦得到了价值补偿和鼓励。英国政治经济学派代表人物加纳姆（Garnham）立足政治经济学的研究方法，认为版权法对复制权进行了限制，使文化产品比它们原本的状况要稀缺。文化授权是图书馆主动对所拥有的知识产权的利用和经营，通过对授权对象的授权和特许使用，以人为手段限制了他者进入复制渠道的机会，从而使复制无法轻易达成。因此，图书馆文化授权成为图书馆利用知识产权的这一特性制造产品的手段。图书馆知识产权的财产权可以分解为多项相对独立的权利，根据授权标的物的特点和不同权利的使用范围，可以将这些权利授予不同的客体，即便同一个权利也可以授予从事不同行业的被授权方，从而实现知识产权的多维开发和多重交易，最终使知识产权的价值得到深度拓展和不断增值。因此，图书馆文化授权是实现图书馆知识产权有效保护与充分利用的需要。

（二）图书馆文化创意产品开发中可能存在的知识产权侵权风险

1. 图书馆馆藏信息资源

图书馆馆藏信息资源丰富，但图书馆拥有信息资源对象，并代表拥有其著作权，特别是捐赠文献。《中华人民共和国著作权法》第二十条规定，作者的署名权、修改权、保护作品完整权的保护期不受限制，其第二十一条规定，公民的作品，其发表权保护期为作者终生及其死亡后50年。因此，图书馆开发馆藏中的现代文献可能存在侵权风险。作者死后50年，其作品的发表权已进入公共领域，可以属于图书馆所有，但不能超出《中华人民共和国著作权法》规定的合理使用的范围，即“为个人学习、研究或者欣赏，使用他人已经发表的作品”“图书馆、档案馆、纪念馆、博物馆、美术馆等为陈列或者保存版本的需要，复制本馆收藏的作品”。需要注意的是，著作人身权保护期限是无限期的，保护著作人格权，与图书馆宗旨一致。如果图书馆对现代作品进行开发，那么将面临“使用者在该著作权上获利但未支付适当的报酬”侵权风险。因此，大部分图书馆不愿意开发现代作品，而热衷于百年文献，尤其是珍品、善本、孤本、刻本等古籍文献开发。这些百年文献其著作权早已是公众财产，对象所有者拥有其著作权，可进行重制应用，图书馆在这类文献上不涉及所述原著作权的问题，但出现了相对的古籍重制过程中所产生“新创”著作问题。

2. 产品设计的原创性

文化创意产品的知识产权以著作权为主，商标权为辅。著作权不需注册登记，保护的多是作品的表现形式，侵权补偿成本较低，但法律风险较高，易于被侵权；商标权需要申请注册，保护作品表现形式、作品创意内容、流通营销等内容，侵权补偿成本较高，不易受到侵权。实践中，文化创意产品的知识产权侵权多发生在著作权领域。文化创意产品研发中涉及的知识产权保护主要是指创意设计师的原创性受著作权保护。但是，图书馆的馆员及外聘创意设计师，因自身支付了工资或劳务费，并签订了双方约定的，其开发产品的产品所有权应属于图书馆。另外，由于人员自身问题及互联网的便捷性，图书馆文化创意产品设计的图片、图像、文字资料等也存在知识产权风险。例如，内部人员盗取而复制贱卖。知识产权保护不力，将会挫伤馆员或创意设计师创新的热情，影响其创新的动力。

3. 知识产权价值评估

价值是体现文化创意产品文化内涵与文化属性的特征标尺。价值评估是评定文化创意产品能否进入市场流通渠道的重要评定手段。一般包含文化创意产品的艺术专业化程度、产品技术的创新方法、产品的成本和流通货币价值三个方面的评估定值。在文化创意产品的草创阶段，通过消费者舆情调研和图纸绘制，并结合现今消费群体（含用户、读者）对传统文化和手工技艺的特殊情结，确定了文化创意产品的知识创意高增值性、工艺标准高规格性、收益成本的高风险性，即三高标准，作为理论基础的补充内容，用以指导价值评估的实际运用。独特性是知识产权的根本属性。文化创意产品中含有智力与体力的劳动成果，知识产权可有效地对其进行保护，使著作权、创作权等权利不容侵犯。知识产权价值评估法则下的文化创意产品设计存在“励精图治”四个方面的要求：一是发挥价值评估的激励作用。由于无形资产可带来经济效益（《国际评估准则指南》定义了无形资产的适用度），当创意资本进入市场化运作后，创意的价值就转化为创意生产力；二是知识产权给文化创意产品带来无限的创意价值，是对文化创意产品“精美别致”的考量。图书馆在数据分析、信息制作和文献资源建设方面，应树立完备的所有权意识；三是文化创意产品直观的感受和良好的用户体验是馆藏资源从平面走向立体的最佳诠释。无论是实物文化创意产品，还是虚拟数字产品，抑或非物质精神产品，都是创意图景从“图”变成“景”的过程；四是图书馆要开发文化创意产品，更要管理、治理文创产业的研发环境。把文化创意产品的文化性深入用户的消费心理，把创意性写入用户的时代共鸣，把产品的科学性投入用户的品质生活。

4. 法律政策

我国现行的知识产权法律制度对文化创意产品开发的保护属于事后保护，这就使图书馆文化创意产品在研发过程中的法律保护处于真空状态。产品设计同质性较强，导致在实践中对抄袭、剽窃的行为难以界定，与此相关的法律法规，在著作权、专利权保护的内容、范围、方式等方面还属于空白。虽然国家与地方政府出台一系列促进文化创意产品开发的政策，但是未明确知识产权保护问题。例如，2016 年 4 月 27 日，国务院总理李克强主持召开国务院常务会议，确定推动文化文物单位文化创意产品开发的措施，着重提出“加强品牌建设、知识产权保护和交易。推进文化资源数字化进程。”2016 年 5 月，国务院办公厅转发文化部、国家发改委等部门《关于推动文化文物单位文化创意产品开发的若干意见》，其中未明确规定知识产权保护问题，仅要求“强化开发过程中的文物保护和资产管理，制定严格规定，健全财务制度，防止破坏文物，杜绝文物和其他国有资产流失。”随后，大部分省（直辖市）相关部门颁布《关于推动文化文物单位文化创意产品开发的实施意见》，其中也很少涉及文化资源（包括馆藏信息资源）开发与利用的知识产权的问题。仅发现《重庆市人民政府办公厅关于推动文化文物单位文化创意产品开发的实施意见》中指出：“依托市版权保护中心和各种版权交易平台，对接文化文物资源知识产权专业保护、鉴定评估和许可授权服务，促进文化文物资源的社会共享和深度开发利用。”总之，我国目前的相关政策内容缺失知识产权条款，无法实现利用政策保护图书馆文化创意产品开发中的知识产权，也不能弥补法律滞后、灵活性差的缺陷，从而不利于文化创意产品研发。

5. 管理体制

我国的文化创意产业目前还没有一个专门的行政管理机构。诸如出版印刷、影视广播等以出版方式发行，以版权保护为核心的传统创意产业，都由文化和旅游部进行管理。但以网络数字为载体的新型文化创意产业目前由工业和信息化部管理。多部门的管理现状无益于文化创意产业的发展，而且也影响文化创意产业相关法规、政策的制定与推广。知识产权管理长久以来分属于不同的部门，多头管理的模式导致著作权管理机关、专利管理机关、商标管理机关仅在自己的职权范围内行使法律所赋予的行政管理职能，各自为政，如果出现侵权问题，很有可能相互推诿、扯皮，从而不能很好地保护著作权人的合法权益。

（三）图书馆文化创意产品开发中知识产权侵权风险的规避策略

1. 强化知识产权授权

（1）图书馆文化创意产品开发突出知识产权的核心地位。因此，知识产权授权具有关键作用。图书馆可以采用以图像著作权的有偿授予来保护其知识产权，即首先将馆藏信息资源转制成图像、影像或其他数码形式，再通过数据库检索和图像授权等方式提供给文化创意公司。馆藏信息资源中的古籍文献，历史年代悠久，其法律意义上的著作权年限早已过去，因此，不存在著作权归属的法律问题。图书馆可对这些古籍进行高精度的扫描和摄影，拥有这些古籍的摄影著作权，可用于通过艺术授权进行衍生品的开发。艺术授权是指被授权者与授权者双方签订契约，将艺术作品之著作权等无形资产，在特定地理区域与时间内，应用于某特定商品上的过程。授权者从每单位授权商品的销售所得中抽取权利金。版权是艺术作品的无形价值，艺术授权将版权以签订契约的形式商品化进而推向市场，从而使这种无形价值得以兑现。图书馆进行出版品授权在于为用户提供更丰富多元的图书选择，由此与用户合作，开发多元化的出版内容，从而促进图书馆教育推广与文化宣传。图书馆以发行数量和单价核算权利金，并以应缴权利金的一定总额作为履约保证金，并且，在出版物版权页上需要标明“图书馆授权监制”字样。另外，规范图书馆品牌授权运营。品牌授权，又称为品牌许可，是指将商标或者品牌等知识产权以合同的形式授予代理商和被授权者，授权者通过合同中设立的规定获取经营所得，但授权者需给予被授权者一定的资源，如组织的设计、人员的培训、经营管理方式等方面的指导。通过品牌授权的模式开展图书馆文化创意产品的营销和推广，被授权商可以将已授权品牌的商标、造型图案等运用于文化创意产品的设计开发中，并取得销售权。

（2）培养文化授权的理念与意识。意识对客观事物和实践活动具有一定的能动作用，树立正确的意识能够指导人们实践活动的开展。因此，图书馆文化授权的开展首先需要树立文化授权的理念和意识。文化授权理念的树立和意识的培养应是图书馆文化授权的前提和逻辑起点。与传统的产业经济活动相比，文化创意产业的发展更加强调不同参与者之间的合作创造，力图通过合作创造，实现文化创意各项价值的经济转换，推进文化创意成为一个稳定的、具备进化能力的文化与经济融合的新奇系统。因此，产业发展的协同效应更加明显。

当前，发展文化创意产业已经成为图书馆界最时尚、最前沿的议题。尤其是对国内图书馆而言，迎合并融入文化创意产业的发展已经成为图书馆实现整体价值提升的新契机和事业发展的新的增长点。但由于受到传统思维定式和作为非营利组织长期远离市场主体身份的影响，图书馆对发展文化创意产业更多采取亲力亲为的姿态，希望文创产业发展的各环节由图书馆亲自主导完成，而不愿过多地与其他机构特别是市场主体进行有机的合作。现有的合作也更多地表现为图书馆主导下的代工式生产或设计生产一体的协作关系。这种局面的出现与国内图书馆长期以来形成的“自我中心意识”和非市场化结构模式下的统包统揽思维密切相关。由于图书馆受组织结构、知识储备和市场经验方面的限制，发展文化创意产业并非图书馆的长项。因此，图书馆需要转变思维方式，调整发展思路，更新发展理念，跳出以图书馆为主体的文化创意产业发展模式。在知识产权保护机制下，通过文化授权，将市场调研、产品设计、生产制造和商品销售等环节授权予馆外机构，于协同合作中实现取长补短，不失为图书馆发展文化创意产业的良策。

发展文化授权，一方面，图书馆需要树立授权的理念和意识，摒弃“发展文化创意产业是馆内事”的传统思想，破除“肥水不流外人田”的陈旧思想。只有具备了授权理念，才能在条件成熟时有意识地发展文化授权。另一方面，图书馆需要端正对文化授权的认识，不能简单地将文化授权等同于授权生产或授权设计与生产。当前国内外一些图书馆采取的生产或设计生产环节的授权合作的实质是一种文化创意产品在生产或设计生产环节的外包，即合作单位根据图书馆的要求进行复仿制品或衍生产品的生产或设计生产一体化，严格来讲并不能称其为图书馆文化授权。只有端正对文化授权的认识，破除狭隘的授权合作理念，图书馆才能真正开启文化授权工作。

（3）授权内容的知识产权管理。经过文化资源的数字化，图书馆积累了大量以图像、标识、文字、影音形式存在的文化符号。这些文化符号成为潜在的授权标的物，授权标的物及其所承载的知识产权直接构成了图书馆文化授权的对象。文化授权的实质是对授权标的物所承载的知识产权的让渡和转移。这要求图书馆，首先必须拥有授权标的物的知识产权，然后才能进行授权。图书馆数字化后的文化符号所承载的知识产权类型主要是著作权，因此，图书馆在实施文化授权前需要拥有标的物的著作权。这就需要对授权内容进行知识产权管理。授权内容的知识产权管理主要是通过对以不同形式存在的文化符号的知识产权类型、状态和归属进行梳理和建档，并在文化授权过程中进行动态跟踪管理。通过对授权内容的知识产权管理，厘清潜在授权标的物的权利类型、归属状态并建立无形资产的台账，确保图书馆文化授权的权利归属主体和边界清晰。如果授权标的物的权利受到法律或已有合同的限制，那么该标的物将不能作为图书馆文化的内容。通常数字化后文化符号所承载的知识产权主要是著作权，但有时会同时具有多种权利。例如，一些文化符号除具有著作权外还拥有设计权，经过注册或申请后还会受到商标权、专利权的保护。对潜在的授权标的物，图书馆是否拥有知识产权直接影响到图书馆能否进行授权。因此，往往存在两种情形：一是图书馆仅享有授权标的物的所有权但未拥有满足授权之需的知识产权；二是图书馆同时拥有授权标的物的所有权与知识产权。对于前者，图书馆并不能直接以该内容作为授权对象，若要以此为授权内容就需要先取得知识产权所有人对其权利的转让或授权，然后才能进行授权；对于后者，图书馆可依据其所拥有的权利直接授权。另外，图书馆文化授权过程中的知识产权动态管理，要求图书馆及时对授权标的物的知识产权状态和归属做记录并建档，以备此后授权的查阅和参考，特别是针对图书馆专属授权的情况，以防出现重复授权而使图书馆陷入被动的现象。

2. 构建知识产权保护体系

（1）图书馆层面。图书馆需要关注市场上的潜在侵权因素，时常关注知识产权的法律状态。虽有法律保障，但是图书馆文化创意产品中知识产权的保护与风险规避，需要订立严谨的合同条款，规范合同审批流程，同时应设立法律处理机构，专人专职逐条审批合同，流程规范，形成一套行之有效的合同审核工作机制。另外，图书馆应建立自己的知识产权管理部门或者知识产权岗位。图书馆可以借鉴广州国际文物博物馆版权交易博览会模式，其旨在创建图书馆领域的版权交易博览会品牌，搭建一个图书馆版权交易和品牌授权的专业性、国际化高端合作平台，开展版权保护利用、品牌授权合作等问题研究，通过宣传、展示、营销产品，满足用户多层次、多元化、个性化文化消费。此外，也可以借鉴“台北故宫博物院”的做法，提高知识产权的管理水平。“台北故宫博物院”针对知识产权保护问题，于 2014 年 11 月成立了“台北故宫博物院智慧财产权维护小组”，制定“台北故宫博物院智慧财产权维护小组设置要点”，积极执行打击盗版的相关业务，并与其他图书馆结成知识产权联盟，联合加强知识产权的利用和防御。

（2）政府层面。政府部门要完善知识产权相关法律，提高知识产权保护水平，加强产权交易市场监管与服务，加大对文化领域知识产权侵权行为的惩治力度，从而有效地保护知识产权；应当有效发挥行政主体的引导服务职能，帮助纠纷主体用最短、最行之有效的方式达到解决纠纷的目的；结合图书馆文化创意产品自身的特点，注重诉讼外的司法纠纷解决机制，形成与民事诉讼制度相联结的多元化纠纷解决机制；降低侵权行为追究刑事责任的标准，建立惩罚性赔偿制度，更加合理、公平地划分双方当事人的举证责任，完善权利人维护机制；建立针对性的准入和退出机制，包括图书馆文化创意产品质量认证标准、相关产品登记、抽检与年检等；政府相关知识产权行政部门强化图书馆文化创意产品的知识产权日常管理工作，包括事前预警、事中监控、事后反馈与惩罚等，全方位、多渠道地打击知识产权侵权行为。另外，可以借鉴美国的成功经验。为保护文化产业版权专利，政府部门专门在国会图书馆下设立版权管理办公室，全权负责版权纠纷案件、专利申请、版权核对等工作，以及协助政府部门处理专利版权事务。

3. 加大知识产权保护意识的培育

政府、图书馆及其合作公司通过对知识产权保护的宣传与推广，大力增强图书馆文化创意产品开发中知识产权保护意识。图书馆文化创意产品的研发是一个漫长、痛苦的过程，如果缺乏产品保护意识，侵权成本又很低，就很难保证创意的清泉源源不断。

（1）政府要大力宣传与推广知识产权保护。政府及相关机构应该积极进行文化创意产业知识产权法律宣传，普及知识产权相关常识。政府鼓励公众以知识产权法为武器，保护自身的创意和创意成果不受侵害。行政机关应该担负起监督、宣传、指导的职能，让公众和创意企业对文化创意产业的发展都能树立积极的知识产权保护意识。政府以保护为主，建立健全的知识产权体系、增强民众对知识产权的尊重意识，给文化创意产业的健康发展营造一个良好的行业环境和社会环境。

（2）提高图书馆及其合作公司知识产权保护意识。图书馆及其合作公司首先必须了解知识产权保护的重要意义，必须知道从哪里找到工具以保护其知识产权。

（3）注重用户的知识产权保护意识教育培训。图书馆可利用座谈会、知识产权讲座等方式，开展线下知识产权的宣传和教育，同时利用微信、微博、博客等网络技术开展线上互动与宣传知识产权相关知识，以增强用户知识产权意识，遵守图书馆文化创意产品开发中有关的知识产权规定，保障图书馆文化创意产品开发可持续的发展。

（4）强化馆员、创意设计师、经营管理人员知识产权保护意识。馆员、创意设计师、经营管理人员更应牢固树立产权保护意识，每一件产品的设计都应涉及馆藏元素和介质，以免造成图书馆信息资源的损失。

（5）强化维权意识，构建图书馆文化创意产品开发工作知识产权保护体系。2015 年 3 月 20 日国务院颁布了全国性法规文件《博物馆条例》，助力博物馆文化创意产品开发工作。《博物馆条例》中明确规定了博物馆在不违背其非营利属性、不脱离其宗旨使命的前提下，可以开展经营性活动，从法规层面上首次指出博物馆可以进行文化产品开发与经营。图书馆应借鉴博物馆的相关法规规定，在文化创意产品开发工作中加强知识产权的保护与风险规避，并在文化创意产品开发的合作经营、监制、设计加工、商品代销等环节设置相应的合同模版，为法人代表及相关合作机构企业法人规避相应的法律风险。

据悉，故宫博物院已基于自身实际建立了一整套完整的商标保护体系，并对馆标、馆名、馆藏、建筑、产品等进行系统化注册。另外，故宫博物院采取品牌授权的模式进行文化产品的营销和推广。上述做法值得其他图书馆借鉴。在图书馆文化创意产品开发中，应尊重知识产权，正确区分与合理使用图书馆信息资源。例如，尊重著作权、隐私权、国家信息安全等，严格遵守《中华人民共和国著作权法》《中华人民共和国商标法》《中华人民共和国专利法》《中华人民共和国保守国家秘密法》以及图书馆地方条例等法律法规，从法制法规层次掌控图书馆文化创意产品的开发与营销，从而形成高效、规范的文创开发工作机制。

4. 加强版权保护

图书馆文创工作也需要重视文化创意版权的保护：一要充分尊重原作者的版权利益；二要注意维护图书馆自身的权益。在进行文化创意产品的合作开发或者授权开发经销时，需要签订条款以规范授权及知识产权事宜。图书馆在文化创意产品开发过程中应明确地界定直接版权与间接版权的概念，并制定相应的政策和法律法规，以解决文献资源再利用和文化创意产品的知识产权保护问题。

第四节　图书馆文化创意产品开发工作的人才队伍建设

素质是驱动员工产生优秀工作绩效的各种个性特征的总和，是以不同方式反映出的个人的知识、技能、个性与内驱力等。Boyatsiz（1982）提出了素质洋葱模型。素质洋葱模型是把素质分为核心、中间和外围层三个层次。其中，核心层是人格层，这是难以评价和后天习得的，包括个性和动机；中间层包括自我形象、社会角色、态度和价值观等；外围层包括知识和技能。另外，Bennis（1984）通过研究 90 位美国最杰出和最成功的领导者，发现他们都具备专注、沟通、信任和自我决定四种素质特征。Spencer 提出了素质的冰山模型，即素质存在于知识与技能、社会角色、自我形象、个性、动机五个领域。其中，知识与技能是外显的、可观察和测量的，而其余的素质则是在水面下且难以测量。Behling（1996）在总结已有的魅力型领导模型的基础上，提出了一个包含六个素质特征在内的魅力型领导模型。

一、文化创意人才界定

佛罗里达在《创意阶层的崛起》中指出，创意人才是从事“创造新观念、新技术和新的创造性内容”工作的人。由此可知，只有能够在文化产业中创造出新的观念、内容和技术等的人才才可以被称为文化产业创意人才。因此，文化产业创意人才主要是指处于文化产业链上游，拥有较为丰富的知识、较强的创新能力及相应技能，能够通过运用自身的能力创造新观念、新技术和新内容，进而提供高附加值的创意产品或服务，并为市场接受和认可的复合型人才。王刚、牛旺麟、杨伟国对文化产业创意人才素质进行了研究，通过对调查数据进行因子分析并进行结构方程验证，构建了文化产业创意人才素质模型。该模型由创意基础、创意能力和创意人格三个维度构成。其中，专业知识、文化素养、经验丰富性和专业技能构成了创意基础维度；创新能力、沟通协调能力、解决问题能力、学习转化能力、敬业精神和团队合作构成创意能力维度；创意人格维度则由风险承受能力、包容性与质疑精神构成。该研究确立的文化产业创意人才的素质模型，对文化产业中各类企业在招聘阶段对创意人才进行有效的甄选和识别，在入职后对其进行的培养和开发等方面都起到了积极的借鉴和指导作用。对创意人才本身而言，通过对比可以明确自身的不足，从而有针对性地加强自身学习以适应文化产业飞速发展的要求。

二、重视文化创意人才的培养

文化创意人才是创意产业中最为重要的资源，所有好的创意归根结底都是由人来做的，培养大量的创意人才是创意产业发展的根本保障。而中国的创意人才市场总体上面临着人才缺乏、结构失衡、人才管理缺乏高端设计、培养方法滞后，企业培训方式单一、人才流动市场化不够，存在恶性的“挖墙脚”现象等问题。而要解决这些问题，仍需要加强对创意人才的培养与创意人才市场的建设。人才的获得方式主要分为引进人才和培养人才两种。其中以培养人才为主，引进为辅。人才培养素质大致可以分为三部分，即人文素质、专业技能和综合素质。

（1）文化创意产业非常重视文化的内涵，而一种深厚的人文体验是创意人才创造出深度文化作品的基础。日本人才培养模式即是如此。日本学习动漫的学生，除了画画，还要阅读大量的文学作品，以培养自己对经典作品的剖析和感悟能力。很多业内人士注意到，我国的学生有优秀的动画制作能力，却没有动画故事创作能力。因此，各大高校或教育机构，应加强对学生人文素质的培养，加强学生的文化底蕴。

（2）人文素质对创意不可或缺，但是专业素质也有着极为重要的作用，优秀的专业技术是创意面世的必要支持。如果技术与质量都达到国际领先水平，但由于包装过于简陋，不符合工业设计美感而导致产品销量不佳就太可惜了。缺乏专业素养的直接后果就是使创意受挫。因此，要十分重视对人才专业技能的培养，有扎实的功底才有资本发展创意。

（3）任何产业的发展都离不开专业人才，而文化创意产业不同于其他传统产业，其范围广，涉及领域多，十分需要具备综合素质的人才即复合型人才。中国文化创意产业企业从业者的职位分布中，以设计类、策划类和编辑类等专业类职位居多，比例分别达到了45. 36%、13. 40%、18. 56%，三者之和达到了77. 32%，而财务、管理、行政、教育等非专业类职位所占比例较低，不到三成。艺术院校培养模式几乎都是想让每个人成为大师，而脱离商业运作，必然检验不出是否符合实际经济发展的需求。然而，文化创意产业要想发展，离不开商业，这就需要培养学生全面的知识结构，尤其是商业运作的相关背景知识。这样才能使创意产品满足市场需求。

澳大利亚的“昆士兰模式”在文化创意人才培养方面为我国提供了一定的借鉴经验。2001年昆士兰科技大学创意产业学院的建立，标志着文化创意产业学科在高等教育体系中的地位正式确立，我国高校也可以在这方面做些许尝试。图书馆对人才的挖掘方式主要包含两类：一类是直接由高校引荐；二是直接引进所需人才。在全球化时代背景下，创意人才的流动性非常大。人才的引进不仅是一种技术需要，更是对世界上的多种文化元素和文化理念的吸收和改进。需要注意的是，人才引进是对本国的创意资源开发的补充，绝非替代，是一种创意思路的改变。人才是文创产业发展的基石，加强人才队伍建设，培养出文创领域内懂专业、善经营的文化复合型人才是我国图书馆文化创意产业今后发展的必经之路。人才作为文化知识的载体，是图书馆发挥其资源优势和获取精神财富的唯一途径。只有建设高素质的人才队伍，才能制造出高质量的文化创意产品，从而服务于社会公众，服务于国家。

近年来，既具有文化内涵、又有时尚创意的图书馆文化创意产品不断出现在公众视野，这是各个图书馆高度重视文创人才培养的重要表现。努力打造出一支专业技术过硬，充满活力的研发团队，必将成为今后各个图书馆的工作重心。但是，受制于当前的体制，人才因素仍是制约文化创意产品研发的主要瓶颈。为了克服当前体制矛盾下人才不足的问题，应转变观念，广泛吸纳和激发社会力量参与图书馆文化创意产品开发。社会公众是文化创意产品的消费主体，只有实现公众的参与，才能设计出大众喜好、市场需求的文化创意产品。图书馆可以通过内部征集、外部举行创意大赛等方式提高社会公众对图书馆文化创意产品的参与度。

三、创造良好的创意环境

文化创意人才只有在一个基础设施健全的地方才能更好地从事创意工作。因此，图书馆首先要做的便是加强基础设施尤其是文化设施的建设。要使创意与高科技实现互相融合、互相促进，建立专业的文化创意人才库，将符合条件的人才都纳入数据库中。另外，由政府牵头，加强企业与学校的沟通，实现双方信息对称，使学校能够按照企业的导向培养人才。

一般来讲，创意环境包括工作环境、沟通环境、团队氛围、竞争环境四个方面。

（1）提供适宜的工作环境。在北京、上海的很多文化创意企业中，公司在办公楼内会为人才提供健身器材、咖啡厅、吸烟区、自助甜品区等设施，这些休闲化设施的提供，有利于在创意人才需要发散灵感、休息大脑时为其提供可去的场所。这种做法也正是响应了“以人为本”的激励原则，符合文化创意人才对于自由、宽松、舒适的工作环境的要求。

（2）创造良好的沟通环境。信息交流在当今社会的作用日益重要，很多误解或者错误都是信息沟通不畅造成的。因此，创造良好顺畅的沟通渠道至关重要。

（3）营造和谐的团队氛围。管理者要及时发现存在于办公室的不和谐因素并及时予以解决。人与人在长时间的相处中难免会产生一些摩擦，这是正常的现象。因此，图书馆也要适时地提醒队员，加强团队协作，调整好各自的心态，从而创造出更多的经济价值和社会价值。

（4）建立透明公正的竞争环境。图书馆应为文化创意人才建立一个公正、公平的竞争环境。

四、提供系统的人才培训

文化创意类人才要求具有广博的文化视野和创意能力。随着大数据时代的繁荣发展，新知识产生的速度加快，因此，文化创意人员要想保持自身的灵感与创意，就要不断地加大自身的知识储备，增强专业技能。另外，图书馆要对创意人才有足够的重视，为其提供学习新知识新技能的路径，并且每年为其提供出国考察最新技术的机会。图书馆可从以下三个方面提供系统的人才培训。文化创意人才的知识储备随时更新。

（1）鼓励人才设计合理的职业生涯。图书馆要培养文化创意人才与图书馆文化相近的价值观，以便使个人与图书馆的目标达到统一，从而达到图书馆与员工的双赢。图书馆要积极了解人才的职业规划，并给予员工一定程度的指导。

（2）建立科学合理的培训体系。图书馆要了解人才的需求，提供合理的培训方式，并在培训过后跟踪调查培训效果，以便今后能对培训方式做出调整，增强培训效果。

（3）加强馆际与馆内交流。图书馆可以选派馆内人才到相关图书馆、博物馆等文化单位，交流学习文化创意产品开发的经验。另外，图书馆内部可定期举办开发文化创意产品的相关系列培训班，让馆员学习开发与推广文化创意产品的知识。同时，组建开发研究小组，对不同主题的文化创意产品进行分析、研究，以推进图书馆文化创意产品的开发与推广。

五、重视馆内人才

图书馆文创工作的开展需要相应的馆员积极参与，因此，图书馆要灵活处理好本职工作与兼职工作之间的关系。参与文创工作，有可能要付出更多的劳动，相应地会取得额外的报酬，这就需要图书馆对文创工作做好宣传，讲清楚文创工作的意义，说明文创人员面临的新的责、权、利的要求。总之，要让文创工作人员放心，让本职工作人员安心。

第六章　图书馆文化创意产品的开发应用

第一节　图书馆文化创意产品开发视域下馆配商的能力建设

馆配商是指主要从事图书馆图书配送销售工作的书商，与教材供应商、教辅供应商、个体零售书商供应图书的销售模式相比，馆配工作更为复杂，更为专业。它不仅要提供图书销售，还要提供书目提供、图书物流、数据编目、物理加工甚至图书上架等专业技能服务。因此，馆配商是一种特殊的文献资源供应商。馆配工作以图书馆文献资源采购为中心，展开配送产品和专业服务活动，形成了较为成熟的馆配市场，也成就了一批与出版社紧密合作并专注于向图书馆提供图书配送的馆配商。馆配商将图书馆与出版社两个供需双方紧密结合起来，发挥了很好的中介作用。文化创意产品以创意为中心，是特定行业中的人的知识、智慧和灵感的物化表现。《文创开发意见》中虽未对文化创意产品的概念、种类、形式等内容给出明确说明，但却明确鼓励美术馆、博物馆、图书馆等掌握各种形式文化资源的单位依托自身馆藏文化资源，主动开发各类文化创意产品。尤其，《文创开发意见》提倡的馆藏数字化、应用智能化以及工作模式创新等内容，能够为馆配商能力建设提供新思路、新方法。

一、图书馆文创开发工作将给馆配商能力建设带来机遇

图书馆文创工作是指图书馆依托馆藏文化资源，开发各类文化创意产品。“馆藏”不只是代表资源内容本身，还包含资源的收集、整理、储存、应用等过程与应用形式。因此，在文创开发形式上要突出文化创意产品的多样化，以创意研发为核心要素，并且，从创意诞生之初，就要考虑如何实现文化传播的“立体化”。在国家大力发展文化创意产业的背景下，图书馆文创产业发展也受到了重视，但我国大部分图书馆的资金来源于政府财政支持，真正能投入文创开发的资金往往有限。为了弥补文创投入的不足，多数图书馆采取引入公司模式对文化创意产品和文创产业做整体规划。公司运营解决了图书馆在事业体制下开展文创工作不灵活的问题，让图书馆文创产业的发展在资金上得到了保障，其经营收入也能再次投入如员工福利、业务研究、展览、教育等图书馆建设中，以保证图书馆公益性的方向。馆配商作为图书馆的服务商，应该抓住图书馆文创工作这一发展需求，认真研究《文创开发意见》内容，积极为图书馆提供文化创意产品开发计划。例如，《文创开发意见》中指出：“推进文化文物单位各类文化资源的系统梳理、分类整理和数字化进程，明确可供开发资源。”按此要求，馆配商可对公共图书馆的特色文献资源和高校图书馆专业性、学术类文献资源进行系统梳理、分类整理，形成数字化资源，为图书馆提供更深层次的文献服务。《文创开发意见》指出：“鼓励依托高新技术创新文化资源展示方式，提升体验性和互动性。”例如，深圳市科图自动化技术应用公司在 20 世纪 90 年代在全国率先

研发的 ILAS 管理系统，改写了我国图书馆长期依赖国外进口软件的历史，图书馆自动化集成系统大幅度提高了工作效率。又如，RFID 自助借还系统，实现了图书馆人工借阅模式向机器自助借阅的变革。类似的，还有郑州日成图书有限公司研发的“智能采访管理系统”。这些都是在图书馆业务需求与技术双驱动下进行的工作模式变革，这些变革改变了原有的工作形态。同时，给馆配商一个启发。目前图书馆的空间价值越来越突出，馆配商可与图书馆合作，进行空间再利用，塑造图书馆新的功能体系。

二、图书馆文化创意产品开发视域下的馆配商能力建设策略

1. 馆配商将成为图书馆文创开发工作的设计者

《文创开发意见》下发后，一些省级图书馆借助政策积极开展文创开发工作。例如，江苏省确定了一批省内文创试点单位，出台相关文创政策，并给予多项扶持政策促进文创工作开展。河南省图书馆设立了专门的机构“文创开发中心”，并将原有的经济实体一并纳入文创中心，由文创中心直接管理，以便文创工作的开展。馆配商应抓住当下这一历史机遇，积极为图书馆这一新的业务工作布局策划。例如，《文创开发意见》中指出：“支持文化资源与创意设计、旅游等相关产业跨界融合，提升文化旅游产品和服务的设计水平，开发具有地域特色、民族风情、文化品位的旅游商品和纪念品。”文创与旅游相互促进，共同提升，给了馆配商一个启发。馆配商可成立图书馆文化旅游公司，组织中小学生开展文化研学互动，这样既能促进产业相互融合，优势互补，又能以相关产业带动传统文化传播。

2. 利用好图书馆特色馆藏资源

馆配商服务的图书馆各式各样，在选择图书馆文创开发项目过程中也应理清思路，分析各类型图书馆特色，不能盲目跟风。省级公共图书馆集合了各县、市优秀特色资源，集中保存了与当地民众生产生活、社会风俗的历史资料。在文创开发过程中，馆配商应特别注重省级图书馆的特色馆藏资源。所谓特色馆藏即其他图书馆都没有的，独一无二的，具有宝贵的社会价值、研究价值及文化传承价值。地方特色文献详细记录了与当地有关的一切知识，具有鲜明的地方性、资料的原始性、形式的广泛性、内容的时代性等特点，它完整地保存了地域发展的真实面貌，是区别于其他地域的原始凭证。馆配商可根据省级图书馆所辖范围内的地方文献资料留存情况，系统梳理，建设该省地方文献联合目录合作平台。一方面，方便当地对地方文献管理与查询；另一方面，也为全国地方文献资源的整合做好对接工作。图书馆可以利用馆藏资源建立专题数据库。专题数据库既可以对馆藏资源进行再次开发和利用，又能够快速支撑其他各个项目管理所需的数据信息，是《文创开发意见》推进文化资源数字化进程的重要手段。另外，馆配商可以和图书馆合作开发专项数据库，也可自主开发并提供后期的维护管理。

3. 创新图书馆工作模式

图书馆工作模式创新有两种方法：一是被动接受，由市场提供开发模式；二是图书馆自发变革。不管图书馆采用哪种方式，馆配商都可切入。图书馆在自发变革的过程中，其需求也在不断升级，这就需要馆配商顺应图书馆新的需求，提供新技术和新服务。同时，馆配商也应把握图书馆的发展方向，主动研发前瞻性产品，引导图书馆不断创新。

馆配商可以从事软件开发，深化与出版社、图书馆的合作关系。一方面，馆配商可构建电子书运行平台，通过内容优势供出版社与图书馆进行选择。例如，馆配电子书的大中

盘——畅想之星，由人天书店推出。畅想之星电子书平台，迎合了出版社与图书馆的需求，凭借规范的渠道，优质的内容和成熟的载体，搭建起全国性、全开放的电子书馆配市场的B2B电子商务平台，是集版权管理、新书发布、销售、电子书采购和借阅服务为一体的综合服务平台，必将成为数字阅读时代最大的契机。另外，畅想之星电子书的购买方式灵活，包括PC客户端、支持主流移动客户端。出版社授权认可的电子图书，所有点击阅读量、下载数据量全部对图书馆和出版社公开，交易流程透明，图书馆和出版社都可实时查询交易数据。另一方面，随着用户阅读意识的提高，参与图书馆信息资源建设的力度逐渐增强，用户体验已深入馆配市场，于是馆配商利用技术手段，加大技术研发投入。例如，“图书馆智能采访管理软件”等，将图书馆采访工作流程的书目收集、整理、分类、剔除、排序等工序，通过计算机技术实现自动采访，并且还可以提供馆藏各项数据分析、图书馆、专家及用户荐购、馆配商管理等服务，从而将科技与图书馆业务完美地结合起来，形成了新的文化创意产品。

4. 为图书馆文创工作打开销售通道

图书馆馆员一般要求具备图书情报知识和计算机知识，而文创开发工作则需要馆员必须具备创意形成所需要的创新、设计能力，最为重要的是对整个馆藏作品的鉴赏能力和把握读者心理需求的分析能力。我国现有图书馆馆员很难达到这一要求。为满足文创服务的人才需求，图书馆可以借助外部力量，将文创工作过程中涉及的市场推广等非核心竞争力的业务外包给馆配商。馆配商有成熟的管理运营经验，又有一定的市场基础、稳定的客户渠道。因此，在文创开发工作中，馆配商应积极发挥自身优势，为图书馆文创工作贡献自己的力量。

综上所述，为馆配商与图书馆的深度合作提供了良好的机会。馆配商是为图书馆服务的，其馆配工作也是围绕图书馆的业务展开的。在新形势下，馆配商应配合图书馆做好文创开发工作，积极投入这项具有重大意义的事业中。

第二节　文化创意产品开发工作与智慧图书馆的建设

智慧图书馆已成为图书馆未来发展的趋势。多家图书馆借助智慧图书馆的理念与思维，不断转型变革，率先开创了智慧图书馆实践工作新亮点，并获得了社会好评。但是整体来看，在实践过程中，因受人才、技术、资金等因素限制，智慧图书馆进展缓慢，与预想存在一定的差距。而目前正在开展的图书馆文化创意产品开发工作有助于弥补这些不足。图书馆可借助文化创意产品开发政策来推动智慧图书馆的实践工作。

一、智慧图书馆的研究现状

1. 智慧图书馆的内涵

智慧图书馆的概念最早出现在2001年，通过不断的研究发展，逐步引起图书馆界的重视。智慧图书馆不受时空限制，但同时能够被切实感知，它通过物联网方式实现智慧化的服务和管理，具有可实现全球数据资源共享，服务高效的功能。从智能角度看，“智慧图书馆 = 图书馆资源 + 物联网 + 云计算 + 智能化设备”。由此可见，智慧图书馆是指充分利用物联网、云计算、大数据等信息技术，预知或即时感知用户的需求，并及时提供智慧化、智能化、泛在化服务的一种新型图书馆。

2. 智慧图书馆的研究现状

王世伟认为互联、高效、便利是智慧图书馆的三大特点。同时，他又认为弘扬“智慧工匠精神”是图书馆迈向新一代智慧图书馆的需要，要注重践行社会主义核心价值观，谋划图书馆发展的创新转型。刘宝瑞、沈苏阳重构了智慧图书馆的用户体验，预测了智慧图书馆及其智慧服务对用户体验的影响。潘杏仙、朱东妹、董家魁等探寻助力智慧图书馆用户教育的思路、策略以及具体实施方法，提出将用户培育知识内容渗透融入用户信息活动过程之中，并以微课翻转、MOOC 泛在移动形式重构设计教学内容，支持读者非正式自主学习，推进图书馆用户智慧培育意识及能力创新。袁红军提出从智能型服务、知识服务、人性化服务等三方面着手构建智慧图书馆智慧服务模式。刘丽斌认为智慧图书馆具有全面感知、互联互通、绿色发展、智慧服务与管理等特征。李安等人从培养智慧馆员的角度提出了变革现有馆员招聘模式，盘活人才资源存量，提倡馆员“专深——终身”二维学习模式等策略，论证智慧图书馆的本质其实是智慧图书馆员的观点。李萍、郑建明从核心内容服务库入手，构建了具有实践意义的智能交互系统的功能和布局，在实践中取得了预期效果。秦殿启认为，智慧服务是智慧图书馆的核心要素。由此可见，对智慧图书馆的研究多集中于其特点、用户体验、用户教育、智慧服务及与数字图书馆的比较等理论方面，并未就智慧图书馆没有全面在图书馆界实践的原因做出相关分析。

3. 智慧图书馆的实践现状

“智慧图书馆”的理念与实践最先出现在欧美发达地区。在 2001 年前后，加拿大首都渥太华地区率先建立了一个名为“Smart Library”的图书馆联盟，利用一个搜索界面便可查阅所有成员的馆藏资源。这项一站式服务堪称是国外关于智慧图书馆的最早实践。2001 年 10 月，澳大利亚的昆士兰州立图书馆将智慧图书馆与智慧社区联合在一起，形成了一个集成系统，建立了“智慧的图书馆网络”。我国的智慧图书馆最早起步于 2005 年上海图书馆开展的手机图书馆移动服务及台北市立图书馆运用 RFID 技术开创的无人自助服务。随后，各地智慧图书馆建设逐步开展起来，特别是在 2015 年，我国智慧图书馆实践工作取得了更为显著的成绩。例如，上海图书馆基于大数据分析、自媒体平台、数字化资源为读者量身定制了阅读账单、自助借还、读者荐购等精细化服务；深圳盐田区图书馆基于物联网、移动服务、大数据等技术让读者全方位地体会到了智能系统中人、物、书之间的互联互通；内蒙古图书馆基于云计算推出了“彩云服务计划”；中国科学院文献情报中心推出了手机软件“中国科讯”APP；河南省图书馆基于“互联网＋”思维研发的“智能采访管理系统”将图书馆的馆藏资源与出版社新出书目有效地整合对接，打通了双方信息不透明的屏障，既提高了图书馆的采访效率，也大大地降低了出版社的库存成本。

总之，这些图书馆的实践活动给其他各地市公共图书馆、高校图书馆提供了借鉴和参考。但是总体来看，我国大多数图书馆的智慧图书馆建设任务还很艰巨。从文化创意产品开发的角度看，研究智慧图书馆为其提供了一种创新的实践方式，进一步完善了智慧图书馆的实践工作。

二、制约智慧图书馆发展的因素

1. 政策因素

好的政策能调动工作积极性，激发干事创业的活力。智慧图书馆的实践工作推进不力，一方面，由于图书馆固有的事业单位性质，一些员工认为图书馆只要按部就班地做好日常公益性工作即可，对一些先进的理念接受得比较慢。这种保守的思维在一定程度上制约了前沿信息在图书馆发展中的应用。另一方面，由于没有相应的激励政策，激励政策的缺失使得图书馆员缺乏创新精神，工作上缺乏创造性，即使有一些想法也因没有具体的政策支持而得不到有效实施。长此以往，图书馆馆员的积极性发挥不出来，从主动变为被动，从而影响了图书馆创新发展的进程。

2. 技术因素

科技是第一生产力，是推动新兴概念转化为实践成果的重要因素和力量。随着大数据分析、云计算、物联网等高新技术的不断创新与发展，信息技术已在各行各业得到不同程度的应用，有些图书馆已走在了科技前沿。但是，对大多数图书馆来说，自身的技术力量还比较薄弱，其主要体现在以下三个方面：一是馆舍陈旧。有的图书馆的建筑设计仅仅是满足藏书、借书、公众看书等基本的空间需要，不能根据智能化设备要求去修缮改造。二是数字化进程进展缓慢。大部分图书馆还没有掌握用数字手段处理和存储各种文献资源的技术，这使大量优秀的馆藏资源还停留在纸质文献阶段。三是技术力量薄弱。图书馆自身技术基础比较差，不能根据业务流程研发实用性的业务软件，也没有相应的技术人员。图书馆即使有创新的思维，但由于缺乏必备的技术条件支持，也无法实现图书馆的智能化发展。

3. 资金因素

就目前来看，图书馆的投入资金主要来源于政府部门的财政拨款，但是资源分配比较悬殊。资金充裕的图书馆，每年财政拨款可达上亿元，资金匮乏的图书馆，年均只有几十万元，甚至更少，连图书与资料购置经费都难以保障，更谈不上在智慧创新方面投资了。这在很大程度上制约了图书馆的可持续发展。总体来看，多数图书馆的建设资金处于短缺状态并且多数图书馆缺少集资渠道。从主观原因分析，图书馆属公益性服务性质，按规定不能通过经营创收活动获取经济收入，这种政策导致了图书馆目前的工作模式。从客观环境分析，经济市场上资本的流动方向是由低回报产业流向高回报产业。社会上的投资机构一般会选择高利率、见效快的项目作为投资对象，而对投资高、回报周期长的文化产业项目则犹豫再三。图书馆作为公共文化产业的一部分，在市场资源配置中显然处于劣势地位。市场的趋利行为不利于文化产业投融资服务平台的建设，从而影响了图书馆的进一步发展。

4. 人才因素

人才是智慧图书馆发展的核心资源。随着新兴技术的运用，传统图书馆原有的人才结构已然成为图书馆发展的掣肘。图书馆稀缺人才之所以偏少，主要有以下三个方面的原因。一是有些地方的图书馆管理人员素质偏低，专业水平不高、科研能力欠佳，使图书馆的馆藏资源发挥不了最大化效用。二是馆员的知识结构比较单一化，平均年龄偏大，富有创造性的年轻人较少，新鲜血液不足，思维受局限也造成了图书馆创新工作进展缓慢。三是图书馆安逸的工作环境和缓慢的工作节奏吸引了一批只图有个长期稳定工作的馆员群体，这类群体缺乏把创新理念付诸实践活动的魄力。上述原因使得创新意识、创新行动在智慧化图书馆工作中很难体现出来。

三、文化创意产品工作与智慧图书馆的融合

1. 文化创意产品开发工作的业务优势

智慧图书馆的实践发展离不开图书馆业务流程的创新。图书馆开展文化创意产品开发工作可以将图书馆的业务技能优势发挥出来，将传统工作模式转化为智能化优势。图书馆可利用智慧图书馆建设过程中提出的理念与技术，顺应图书馆智能化的发展趋势，实现自身业务流程的创新。另外，文创工作可以激发馆员的工作热情，提升员工的创新思维能力，为智慧图书馆建设提出创新模式。例如，传统参考咨询服务与人工智能设备的结合，总分馆制模式与资源共享平台的结合，采编工作与智能系统软件的结合，古籍善本与 VR 技术的结合等。

2. 文化创意产品开发工作的人才优势

智慧图书馆的实践工作需要大量的人才。文化创意产品开发工作不仅可以充分发挥图书馆人才的聪明才智，而且可以使引进的社会人才与馆内人员优势互补。主要体现在：一是文化创意产品开发工作能够激发馆员的创造性，依托对馆藏内容的研究和业务知识熟练，结合馆员的创意与智慧，拓展出新的工作模式，有利于推动智慧图书馆的实践活动；二是文化创意产品开发工作可以吸引来具备相关知识和技能的“民间高手”，招募如产品设计、软件设计、计算机技术、智能化设备研发等领域的专业人才，完善图书馆人才结构。

3. 文化创意产品开发工作的资金优势

智慧图书馆的建设离不开资金的支持，文创开发工作不仅可以通过“自我造血”的功能为图书馆发展提供相对稳定的资金，而且还可获得国家文化扶持专项基金支持，更重要的是，《文创开发意见》明确指出“鼓励和引导社会资本投入文化创意开发，努力形成多渠道投入机制。”这说明文创工作可以吸入外部资金，让民间力量与图书馆结合起来，共同投资文化创意产品开发工作。社会资本的进入可以为智慧图书馆的实践工作提供资金保障。

四、积极推进文化创意产品开发工作，促进智慧图书馆可持续发展

1. 树立创新理念，提升图书馆智慧化服务水平

文化创意产品开发工作承担着挖掘馆藏资源，传承中华传统文化的历史使命，是图书馆的一项业务创新工作，应将其纳入智慧图书馆建设规划体系中。详细解读《文创开发意见》的具体内容，加强对智慧化图书馆相关理论与实践的理解有助于图书馆开阔眼界，开发出多元化的文化创意产品，拓展出创新的工作模式。文化创意产品开发能够促使智慧图书馆更新思想观念，通过创新创意开发，技术和人文的和谐发展，促进智慧图书馆可持续发展。

2. 加快制定激励分配政策，为智慧图书馆建设保驾护航

《文创开发意见》中提出：“试点单位具备相关知识和技能的人员在履行岗位职责，完成本职工作的前提下，经单位批准，可以兼职到本单位附属企业或合作设立的企业从事文化创意产品开发经营活动；涉及干部人事管理、收入等问题，严格按照有关政策规定执行。参照激励科技人员创新创业的有关政策，完善引导扶持激励机制。”这为图书馆馆员从事文化创意活动起到了“正名”的作用，并以实际奖励的方式鼓励图书馆人员大胆创新，

勇于探索，积极为智慧图书馆建设做贡献。图书馆界也应利用好文创政策，根据国家相关政策规定结合业内实际情况制定出可执行的利润分配政策，充分发挥业务职能优势，积极推动智慧图书馆的实践工作。

3. 利用文化创意产品开发机遇，提升智慧图书馆智能化

智慧图书馆是全新的数据管理与创新服务中心。文化创意产品开发依托数字服务中心，其产品设计、生产、流通均可通过移动互联网、校园网、图书馆专网等网络基础设施，加上数据管理服务、虚实服务空间、虚实协同场所、数字资源库存取等工具，实现馆藏资源向可视化、融合化、交互化、智能化的产品转化。利用文化创意产品开发机遇，智慧图书馆可以将馆藏资源与读者的消费需求融入统一智能化服务平台，增强文创设计人员、读者交互能力。同时，辅以各种嵌入式智慧导航、移动搜索和知识推荐服务，为读者提供个性化和定制化的产品。另外，APP 也是图书馆文化创意产品的一种类型，智慧图书馆 APP 注重移动资源的阅读与浏览功能，这要求强化 APP 与图书馆管理系统的服务集成，融合智能终端的特性，彰显智慧的移动服务，突出个性化移动服务，增强用户人性化体验。

4. 成立图书馆文创联盟，为智慧图书馆建设搭建平台

智慧图书馆建设需要有统一的认识，需要建立平台进行沟通、交流、协调，打造实现技术互补、资源共享的合作机制。成立图书馆文创联盟，不仅可以为图书馆界开展文创工作搭建一站式服务平台，还可以组织界内专家和学者探讨与智慧图书馆实践发展相关的重要议题，而有助于解决图书馆目前存在的问题，加强图书馆之间的交流，拓展思维，激发灵感。另外，文化创意产品开发环境下的智慧图书馆需要注重网络安全管理，要设定安全保密方案及文化创意产品知识产权保护措施。

第三节　图书馆智能采访管理系统的建设

图书采访工作，又称图书馆文献采访工作，是图书馆一项业务性很强的工作。它根据图书馆馆藏的分布和用户需求，通过订购、现采、按需印刷、网上采购、用户荐购等方式，有目的进行文献遴选、采集等活动。图书馆采访工作随着图书馆信息资源建设的变化而发生改变，信息资源涵盖了纸质文献、电子资源、网络信息资源等多种形式。因此，有必要改变传统图书馆的采访方式与工作，设计一整套图书馆智能采访管理系统，优化整合图书馆和出版社信息。图书馆智能采访系统能够及时进行信息查询，具有信息收集和科学分类等功能，对目前的图书馆学、情报学、文献学、出版学、阅读学等理论研究与采访工作实践有着重要的参考作用和使用价值。

一、图书馆图书采访研究现状

1.PDA 研究现状

读者决策采购（Patron Driven Acquisitions，PDA），主要用于电子书，是图书馆参照读者实际浏览电子书的情况，达到一定的标准，一键触发，确定电子书购买指令，获取电子书的新型资源建设模式。PDA 模式主要盛行于国外图书馆，在国内尚处于起步阶段。王洁慧等对网上读者荐购与读者决策采购两种模式进行创新性融合，将两者的优势结合起来，构建一站式读者荐购服务平台。黄显堂认为，在 PDA 的应用过程中，图书馆应注意采访

人员的角色定位、采购标准参数设置和工作流程的变化，读者荐购只是辅助。王凤满通过对香港科技大学图书馆三种电子书 PDA 项目的分析，得到主动与出版商合作、转变书商销售模式，灵活经费分配使用、定期分析成本效益，加强对出版商评估、选择合适 PDA 模式三个方面的启示。孙战彪认为从个性化推荐角度研究并改进 PDA 模式，通过建立高校图书馆读者兴趣模型，并基于协同过滤推荐、内容推荐和特色引导性推荐等方式将相关文献推荐给读者，以便读者方便快捷地获取有关文献。张媛详细介绍了公共图书馆对 PDA 模式进行大量且富有成效的本土化实践创新，提出了大力推进我国公共图书馆 PDA 项目创新实践的主要对策。

2. 图书采访研究现状

传统采访主要以现场订购为主，并辅助以招标采购、图书复制、征集、捐赠等，在“互联网 +”时代已不能满足用户需求。韩小亚等指出，可以吸收用户主导式采购基本理念，优化图书采访基本流程。田磊认为重复图书采访控制包括复本减少和复本增加两个方面，需要考虑读者需求、馆藏级别、馆藏数据、流通数据等多个因素，同时要处理好重复控制与馆藏补缺、显性复本与隐性复本、单行本与合订本及丛书、高价图书、初版图书与修订本等多种关系，以实现图书种数与册数的合理配置。蒋鸿标指出基于 Excel 表格的电子书目采用 MARC 标准著录，能从内容因素和形式因素揭示图书的内容特征和形式特征，根据影响采访质量的内容因素和形式因素制定相应的采访标准，能避免采访工作中的盲目性和随意性。刘丽艳从实际业务工作和合作机制两个方面分析了图书馆与馆配商合作中存在的问题，通过延伸采访职责，对天津图书馆与馆配商的合作机制进行改革与创新，提出了加强图书馆与馆配商合作的建议。

3. 图书采访系统研究现状

张扬主张设计一套网上图书采访系统，为采访工作提供决策支持。李明鑫等提出构建云中心采访知识库。朱华顺分析了高校图书馆传统采访模式存在的问题，利用数字信息化技术和文本挖掘算法，构建基于用户驱动的高校图书馆图书采访系统，从用户的角度出发，提高图书馆图书采访的质量。王松涛认为多数图书采访模块是从图书馆的角度进行图书采访，给出了改造后的再造业务流程，其功能包括图书推荐、制订采购计划单、图书采购、图书供货、图书验收等。郑琪分析了“芸台购”云服务平台的技术特征、平台架构、功能模块，重点介绍了“芸悦读”服务端功能应用，指出平台存在的问题，并提出联合共建系统、完善采访流程、提升电子书版权保护技术、消除数据鸿沟和开展信息素养教育等建议。谢玲论述了武汉大学图书馆荐购系统的主要功能特色，并分析了其发展方向。

综上所述，有关图书采访特别是面向一线图书馆员采访系统的相关原创性文章和技术数据还比较少；对于采访系统中的某些领域，如纸质采访系统研究、书目数据库建立、大数据分析、系统安全性、多平台互操作等的研究还不够深入。

二、图书馆图书采访发展现状

目前，在图书馆采访工作中，还没有一套成熟的面向一线服务的智能采访系统，无法提高采访效率及馆藏质量，在实际工作中仅有以下三种类似的管理系统。

（1）图书馆自动化管理系统开发商。例如，ILAS 系统、汇文系统等。这类系统通用性强，但缺乏出版书目信息的数据。

（2）书商开发。例如，中图海外图书选书系统，其优势在于书目数据组织较好，形式多样且更新及时，但其缺少馆藏分析、非馆藏要求剔除等功能，无法减轻采访压力。

（3）图书馆自主或合作开发。例如，清华大学图书馆辅助推荐书商的数据源，台湾高雄应用科技大学图书馆的采访系统采取与网络书店合作的模式等。这类采访系统存在着书目信息不全、分类标准不统一、系统的数据接口不丰富、检索功能不完善、大数据的信息分析能力有限等问题。

馆配，即给图书馆配书。图书采访工作主要是由馆配市场完成的。当前，馆配市场存在馆配行业利润空间较小、非理性竞争与诚信缺失现象、采访数据质量参差不齐等问题。目前，有能力收集齐全书目信息的机构只有各类型馆配商，特别是与大型出版社合作的馆配商。图书馆、出版社及其他中介机构无法拥有这种资源。如果由馆配商来提供书目，不可避免会屏蔽一些折扣高的书目信息，不容易做到客观、中立。研发一个可以连通出版社、图书馆、馆配商三方的书目信息平台除了要有书目资源外，还要有过硬的软件研发能力，而且，这个研发团队还要了解馆配行业，熟悉图书馆采编工作流程。只有这样，才能将图书馆业务需求与软件技术有机地结合起来。另外，书目信息平台的制作需要投入较多资金，回报周期长，销售对象偏少。因此，一般公司不愿意制作此类平台。

鉴于上述原因，河南省图书馆联合郑州日成图书有限公司、北京云晟文创科技有限公司成功研发了图书馆智能采访管理系统软件，为其他图书馆提供了一个便于图书馆客观、全面地挑选图书，提高馆藏质量的使用平台。这个平台很好地解决了书目被屏蔽的问题，并且通过科技手段减轻了采访人员的工作强度，提高了工作效率，也提升了馆藏质量，得到了图书馆客户的普遍欢迎。目前，该系统已在全国推广使用。

三、图书馆智能采访管理系统框架

图书馆智能采访管理系统根据馆配工作多年的工作经验，充分利用大数据技术与思维，运用“互联网+”技术、权重算法，自主研发的一套科学、高效、实用的智能采访管理系统，它用以满足各类型图书馆购买图书文献的需要，解决目前各类型图书馆图书选购中存在的个人因素和盲目性较大、缺少科学依据等问题。

图书馆智能采访管理系统收集了近十年以来约 200 万条书目信息，可后续周期性地上传新书书目数据，并将书目分类与主题词、学科名称分别建立对应关系。其中主题词约有 17 万余条，教育部划分的学科有 600 余个，可满足客户对图书的具体要求。如对图书的出版年限、出版社、页码、价格、装帧、学科类别等的要求。同时具有条件限制和查重功能，通过系统自动识别，剔除不符合要求的书目，直接获取本馆所需要的书目。待采访人员最终确认后，由系统分配至馆配商，最终完成采访工作。该系统可以大大减轻采访人员工作量，能够大大提高采访效率，保证馆藏图书质量。同时，该系统还具有馆配商管理、读者荐购、智能推送、书目推荐、现场外采、馆际联盟、订单分析以及馆藏统计分析等功能，是采访人员日常采编的得力助手。

高校的采访人员可根据自身学校学科设置建立学科对应关系；可选择对上传数据进行 marc 数据或 Excel 数据的查重处理；系统不仅可以通过上传馆藏进行馆藏分析，还可通过“馆际联盟”实现与其他图书馆馆藏进行对比分析等。多功能菜单的选择操作可满足采访人员在采访的每一环节的具体需求，最终完成采访工作。采访馆员和系统馆员在图书馆智能采访管理系统框架设计中需要协调合作。系统设计分为系首页、检索规则、订单管理、消息管理、推荐管理和馆藏管理栏目。图书馆智能采访管理系统框架，如图 6-1 所示。

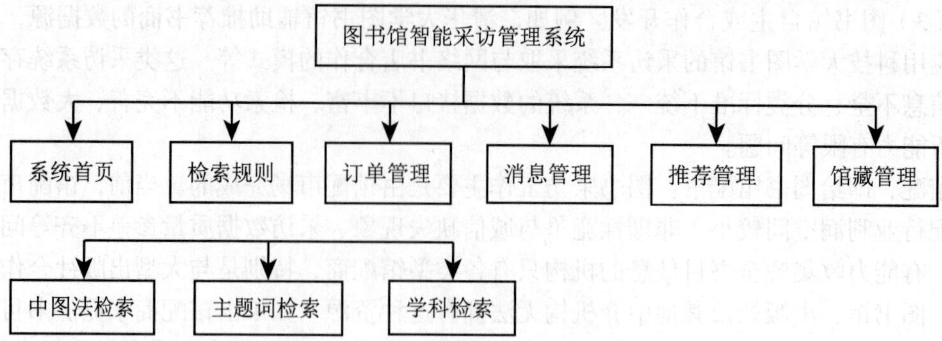

图 6-1　图书馆智能采访管理系统框架

图书馆智能采访管理系统主要有以下功能特点：

（1）丰富的图书资源。本系统拥有数百万本纸质图书资源以及数万本电子图书资源，涵盖了各个学科，并会周期性地导入最新的图书资源，图书馆可自行导入其图书资源，亦可从系统中选取所需资源进行导入。

（2）全面的系统功能。合理完善的荐购流程：导书、确认书单、荐购、审核以及发订、到货；多样的荐书方式：批量荐购、零星荐购；电子书除了荐购之外，还可进行试读以及在移动端进行全文阅读。

（3）个性化的服务。学校统一认证集成，相关个性化配置（合作书商，电子书购买方式，外馆查重馆配置等），自动化系统集成等。

（4）系统优势。强大的数据支持，流畅的荐购流程，恰当的反馈机制并配有移动端 APP 支持。

四、图书馆智能采访管理系统的实现

1. 图书馆智能采访管理系统的基本概况

图书馆智能采访管理系统从 580 余家出版社及 500 余家图书公司中，收集齐全每年 20 多万种新书书目以及目前出版社库存品种。并且，系统将书目数据整理成统一格式，保证最新、最全的书目供老师采选；在系统左侧导航栏书目数据分析中可以看到系统中所有书目每一类的种数占比及每一大类的平均单价。采访人员可以将本馆所要求的图书类别、地域特点、行业特点、专业特点、学科特点等按系统中的程序设置，分别输入有关数据，经过系统运行整理，采访人员可以得到与以上信息所匹配的书目信息，并以此进行科学、合理的选择。可以通过系统中的关键词、高级检索、中图法、主题、学科检索等设置相应的检索规则，系统自动匹配出图书馆相关的图书。例如，中图法检索：在左侧导航栏检索规则中，选择中图法检索规则，可以选择图书馆的专业及选书的需求来选择中图法。中图法分到三级，甚至四级，便于图书馆的采访老师选书。再选择查重，可与馆藏、书单、订单分别查重。馆藏需要导入中央库数据后与馆藏查重，判断此书是否还需要再购买，书单与订单则是由使用系统而产生的单子，系统本身具备查重功能。再选择图书的出版时间、出版社、装帧方式、开本、上传图书的时间、删除图书项（即不符合图书的要求的图书，例如，试卷、挂图等，不适合图书馆的收藏），再选择复本，输入这些条件后，还可以保存规则（便于下次再使用时，只需要修改某一条件就可以），输入各种条件后，点击检索，则出来所要的书单，可以单选也可以书单全选，最终生成书单。

2. 智能推送

图书馆智能采访管理系统可以根据客户专业设置不同的规则进行自动推送，分为新书推送、专题推送、出版社推送、新上传书目推送、关键词推送等。客户根据专业特点设置相应的推送规则，由系统定期推送出适合馆藏的图书书目信息，从而可以降低采访老师多渠道收集图书信息；首选可以设置相应的推送规则，如关键词、中图法、出版社等，设置后系统更新书目时，由系统自动推送出符合条件的书单；新书、专题等推送也是由系统自动推送出相应的图书信息，这样可以便于图书馆采选。

3. 外采书目

采编人员可以将外采的书目数据（只有一个书号）导入该系统，由系统自动匹配出相对应的书名、定价、出版社、作者、出版时间、分类、分辑号、分辑名、丛书名、读者对象等相关的信息，系统还可将自动匹配出的书目数据和未匹配出的书目数据分类导出，从而避免中标馆配商更换书目数据，防止外采数据丢失。

4. 书目单的自动分配

图书馆智能采访管理系统可将同一书单根据工作人员学科背景的不同，自动分配给不同的工作人员。此书单不仅可以由系统产生的书单自动分配给客户管理人员，也可以由管理人员生成总书单后根据学科不同自动分配；还可以将馆配商发过来的书目导入系统，由平台设置相应的规则，自动推送给相应的院系老师，以满足各院系方便采书，从而提高馆藏的质量。

5. 馆际联盟

图书馆采访人员通过馆际联盟，统一标准管理，互联互建资源，共享共知，及时获取全国同类型图书馆的相关馆藏信息，对照筛选，实现一次录入多终端共享的效果。

6. 热门标签

各大网站排行榜书目的收集、整理、汇总；在系统首页热门网站中还可以列出按各种形式推荐的畅销图书名目榜，例如，京东网、当当网、卓越网等图书畅销排行榜；点击更多时可以查看相应网站的详细书目信息；可以前往某一网站的地址，登陆某一网站查到具体的信息。

7. 专题书目

专题书目的收集、整理、汇总；系统中定期列出某一项专题图书的书目数据，便于学校补充各类的专题书目；在首页专题书目中点击更多专题则出来不同专题的书单，根据需要可以打开相应的专题书目进行操作。

8. 院系单独设置账号

在专题书目系统左侧导航栏运行维护中可以给院系分配相应的账号及分配不同的权限，由院系登陆平台自己选择合适的图书，从而减轻采编收集书目的工作量，以提高院系参与，提高馆藏的质量。

9. 订单、馆藏统计分析

在系统左侧导航栏中将订单按出版社、分类法、价格区间、到货状态、下单时间及馆配商的分配进行多样分析与管理。“馆藏分析”功能则实现将馆藏根据图书的价格、出版社、出版时间、中图法分类等多种条件进行馆藏分析。

在图书馆智能采访管理系统功能实现阶段，系统馆员基于对系统功能的设计和认知，制作荐书系统使用手册，采访馆员则根据对用户需求和读者心理的了解，撰写荐书系统邮件回复模板，为系统的正确使用和自动反馈功能的实现奠定基础。学科检索规则的选书流程，如图 6–2 所示。

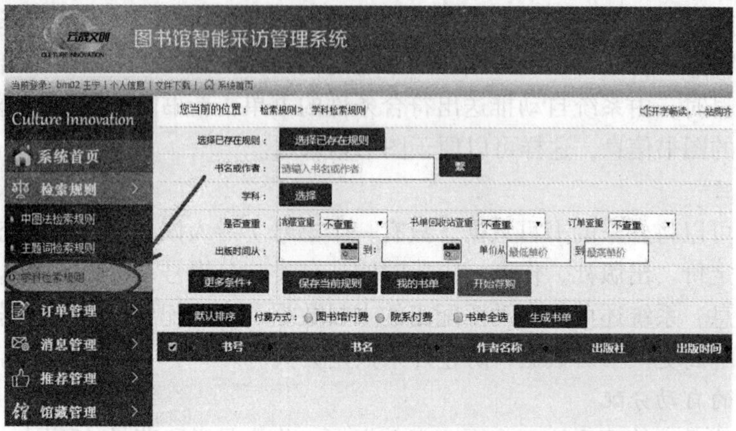

（a）

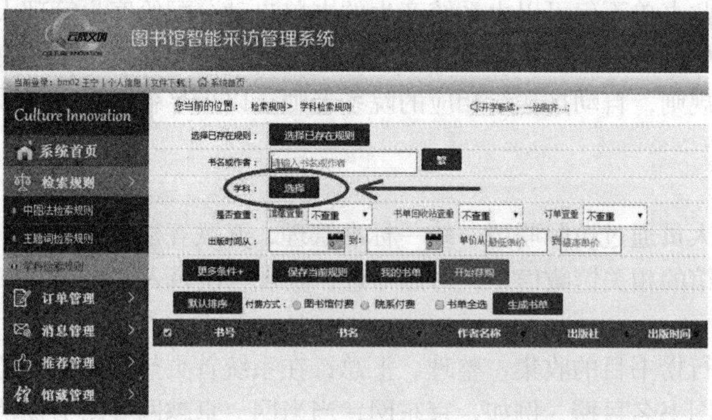

（b）

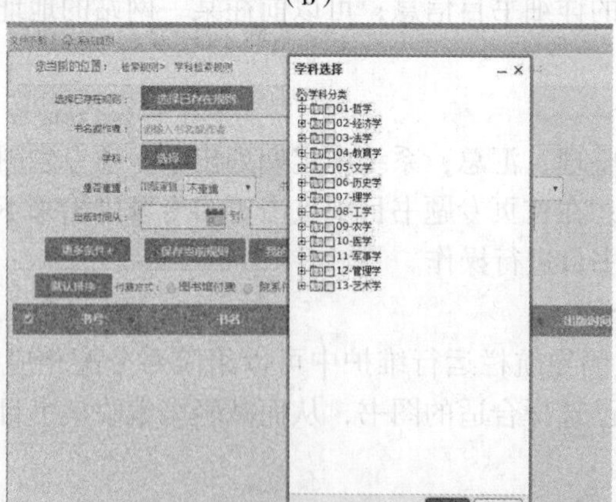

（c）

图 6–2　学科检索规则的选书流程图

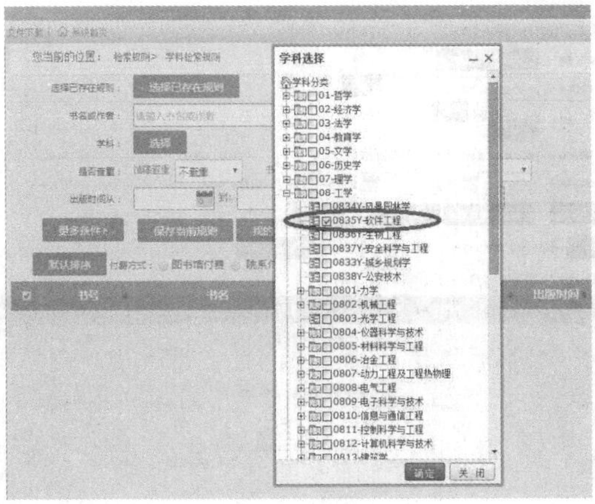

（d）

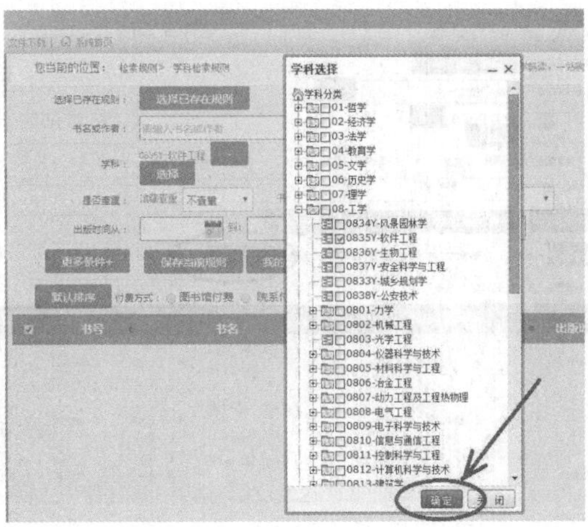

（e）

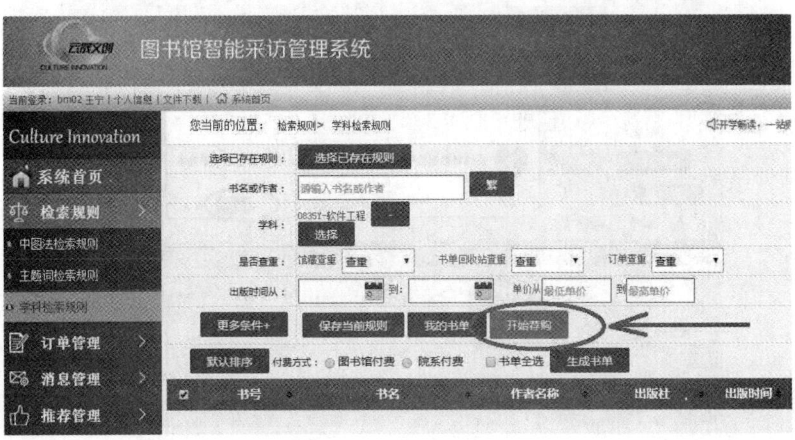

（f）

图 6-2　学科检索规则的选书流程图（续）

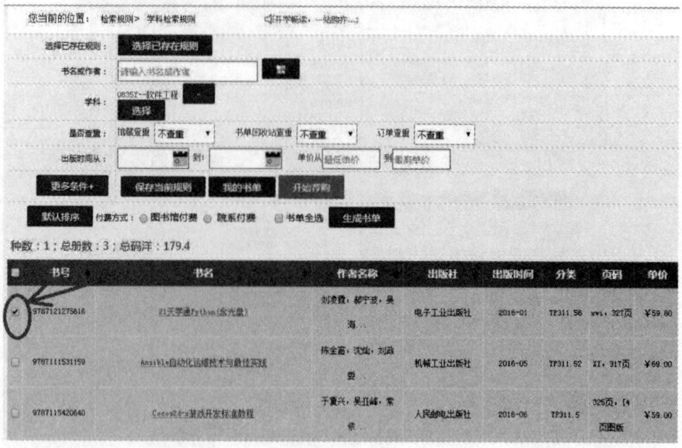

（g）

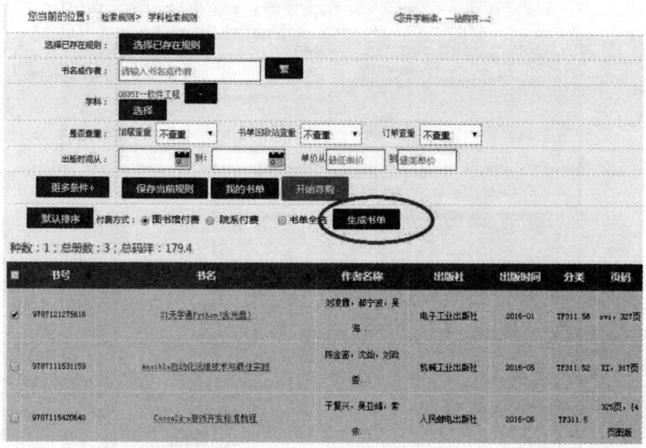

（h）

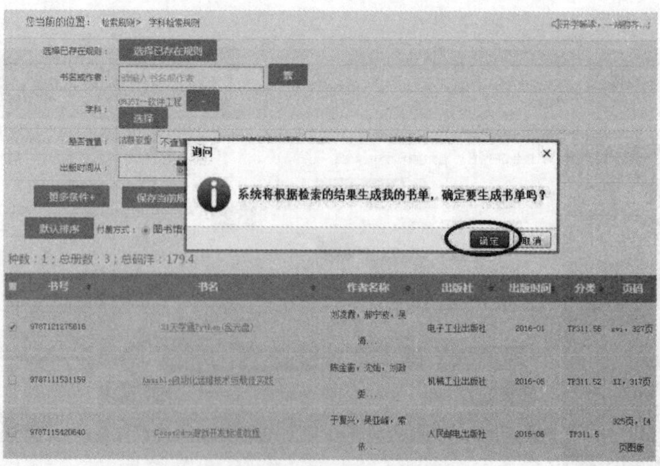

（i）

图 6-2　学科检索规则的选书流程图（续）

上述都是图书馆智能采访管理系统平台可以提供的内容，并且可一键共享多终端平台，使用起来非常方便，能够实现书目信息获取渠道多样化、透明化。与原有图书采访软件构架相比，图书馆智能采访管理系统强调遵循用户体验，依据馆藏、经费、借阅量、采购意向等情况，智能分级筛选匹配，在很大程度上减少人为因素造成的采购短板，避免机会主义，能够很好地发挥降本增效的作用，并且操作简单，准确快捷，易于掌握，有助于实现科学荐购馆藏的目标。

图书馆智能采访管理系统采用的一体化操作流程不需要借助任何其他终端服务，这是对以往图书馆界采访流程的一次刷新、一次革命。而且以人为本、效率为先的服务理念有力地推动了图书馆采访工作的开展。图书馆智能采访管理系统投入市场后，受到了安阳市图书馆、郑州职业技术学院、河南牧业经济学院、郑州工程技术学院等用户的好评。

第七章　图书馆文化创意产品开发工作的有关成果

第一节　图书馆文化创意产品开发工作的相关会议

一、全国公共图书馆文化创意产品开发试点培训班暨主题论坛

时间：2016 年 10 月 26—27 日。

地点：安徽省铜陵市。

会议概述：2016 年 10 月 26 日下午，全国公共图书馆文化创意产品开发试点培训班暨主题论坛在铜陵市体育中心举行，中国图书馆学会理事长、国家图书馆馆长韩永进以及文化部公共文化司副司长陈彬斌出席培训班暨论坛。

此次培训班暨论坛是文化部在全国范围内确定首批 37 家副省级以上图书馆作为文化产品创意开发国家级试点后，在图书馆系统中举办的首次培训班，这将开启图书馆文化创意产品新篇章。

论坛上，专家学者们围绕“公共图书馆文化创意产品开发”这一主题，结合自身实际，交流了国家图书馆文化创意产品开发情况、故宫文化创意产品开发情况、国家博物院文化创意产品开发情况、上海图书馆文化创意产品开发情况、中华古籍创客大赛有关情况等。韩永进指出，要以喜闻乐见的形式引导公众阅读经典、阅读书籍，立足优秀传统文化，培育社会主义核心价值观，树立民族认同感和自豪感。借助此次培训班暨论坛，大家一起探索一条图书馆文创联合开发发展新路子，最大限度地实现资源、信息、收益共享。要更加自觉主动地适应文化创意产品发展的要求，转变观念，加强学习，把握好图书馆事业与文化产业之间的关系，使两者相互促进，相互支撑，共同开创文化产品新局面。

二、图书馆文化创意产品开发培训班

时间：2017 年 9 月 13—16 日。

地点：国家图书馆。

会议概述：2017 年 9 月 13 日，图书馆文化创意产品开发培训班如期举行，国家图书馆馆长韩永进，文化部文化产业司巡视员高政，文化部公共文化司副司长陈彬斌，国家图书馆副馆长魏大威，国家图书馆副馆长、国家典籍博物馆常务副馆长李虹霖出席会议，与会人员还有文化部相关处室负责人、各省市图书馆馆长、文创工作负责人等 60 余人。

培训班由文化部文化产业司企业发展处负责人、知名文创设计师，以及国家图书馆、国家博物馆、恭王府等文创经营负责人授课，并赴故宫博物院现场教学，以提升各馆文创从业人员的专业水平，启发、探索文创开发经营的发展模式。大会现场还举行了图书馆文创精品集中展示，包括来自国家图书馆和联盟各馆的近百件文创精品一同亮相。例如，四

川省图书馆软萌可爱的文创产品“杜甫与熊猫”，湖南省图书馆外形古朴、内涵丰富的陶制小器“陶童”，河北省图书馆品味高雅、造型别致的创意纸抽盒等。

三、全国图书馆文创开发创新论坛暨优秀校企对接会

时间：2017 年 12 月 11—12 日。

地点：国家图书馆。

会议概要：2017 年 12 月 11—12 日，由文化部文化产业司指导，全国图书馆文化创意产品开发联盟主办，北京国图创新文化服务有限公司承办的“全国图书馆文化创意产品开发创新论坛暨优秀校企对接会”在国家图书馆（国家典籍博物馆）举行。国家图书馆副馆长、党委副书记魏大威，国家图书馆副馆长、国家典籍博物馆常务副馆长李虹霖，以及部分高校、企业相关负责人出席活动。本次活动是 2017 年 9 月“全国图书馆文化创意产品开发联盟”成立大会后，联盟各发起馆再次集结。在创新论坛环节，来自国家图书馆、首都图书馆、金陵图书馆等“联盟”成员以及中央财经大学、阿里巴巴、新浪微博、喜马拉雅等院校及优秀企业的专家和负责人从国内外文创开发政策、发展现状、自身参与文创开发的业务特点及经验总结等方面做了经验分享，就“图书馆如何通过文化创意产品开发的形式，让书写在古籍里的文字活起来”等主题进行交流，探寻社会力量参与图书馆文化创意产品开发的方式、方向，共同提升图书馆文化创意产品开发水平。论坛结束后，举办了优秀校企对接会，30 余家副省级以上图书馆与 40 余家企业和院校就各自的资源与业务特点进行了充分交流，并就切实可行的合作领域达成了初步意向，实现了图书馆与社会力量的资源无缝对接。

在首日的创新论坛上，名家荟萃，大咖云集，受邀参会的国家图书馆、首都图书馆、上海图书馆、金陵图书馆等“联盟”成员和中央财经大学、阿里巴巴、新浪微博、喜马拉雅 FM、法蓝瓷、字在、和合等优秀校企的 13 位专家代表，以“图书馆的文创开发”为主题，从国内文创开发政策、国内外发展现状、自身参与文创开发的业务特点及经验总结等方面展开研讨，分享文创开发经验，就“图书馆如何通过文化创意产品开发的形式，让书写在古籍里的文字都活起来”等核心论题进行了头脑风暴和思想碰撞，探寻社会力量参与图书馆文化创意产品开发的方式、方向，以合万众之心提升图书馆文化创意产品开发水平。

在 2017 年 12 月 12 日正式开启的优秀校企对接会上，同样英才汇聚，星光绽放，湖南图书馆、河南省图书馆、甘肃省图书馆、南京图书馆、中央财经大学、深圳梵尼诗、河北百年巧匠、西犀文化、嘉德明诚、载道文化等来自全国各地的图书馆、高校、企业的 19 位专家和负责人继续做精彩交流，就各自的资源与业务特点进行了充分介绍，并就可行的合作领域展开实际探讨。一方面，各图书馆介绍了自身的馆藏资源和文创经验，向与会代表明晰了各自的馆藏特色和业务特征；另一方面，校企在交流推介参与文创开发经验的同时，也通过特色产品的现场展示吸引了与会代表的关注。

通过对接会，与会代表相互了解、多方结识，共同寻求文创开发切实可用的资源和方式，实现了多方力量的无缝对接，各图书馆可以更好地与社会力量合作，充分发挥自身特点、利用自身特色资源，明确自身定位与文创开发方向，各校企也可得到各图书馆的资源支持与引导，达到校企间的双赢合作，文创开发将更具典型性、代表性和特殊性，文化创意产品也将更有民族性、文化性和社会性。

第二节　全国公共图书馆文化创意产品开发联盟

2017年9月12日，“全国图书馆文化创意产品开发联盟”成立大会在国家图书馆举行。“全国图书馆文化创意产品开发联盟”是由文化部推动并指导，全国图书馆文创试点单位自愿参加组成的非营利性行业联盟。该联盟以弘扬中华优秀传统文化为目的，以引领和推动行业文创产业发展为宗旨，为图书馆界文创起步晚、规模小、资源较为分散、品牌效应不强等问题提供解决方案，指导各成员通过文创研发、营销渠道、人才培养等资源的共建共享，提高图书馆文创研发整体水平。

联盟成立大会上，各单位与会代表针对《全国图书馆文化创意产品开发联盟章程（暂行）》、重点工作建设以及未来工作部署等进行研讨，为联盟工作的顺利开展打下了坚实的基础。

全国图书馆文化创意产品开发联盟章程

（暂行）

第一章　总则

第一条　联盟名称及性质

联盟名称：全国图书馆文化创意产品开发联盟（简称文创联盟）。

联盟性质：文创联盟是由文化部推动并指导，由全国图书馆等自愿参加组成的非营利性行业联盟。

文创联盟宗旨：借鉴“共享经济”“互联网+”等先进理念，以弘扬中华优秀传统文化为目的，指导各成员通过文创研发、营销渠道、人才培养等资源的共建共享，提高图书馆文创研发整体水平；统一引入市场合作，参与市场竞争，培育行业共有品牌；实现图书馆文化创意产品文化价值与实用价值的有效统一，满足广大人民群众日益增长、不断升级和个性化的物质与精神文化需求。

第二章　组成及职责

第二条　联盟构成单位

（1）有意向通过联盟形式开展文化创意产品开发的公共图书馆、高校图书馆及行业类图书馆；

（2）有意向与图书馆开展文创开发合作的企事业单位。

第三条　联盟组织架构

（1）在文化部指导下，以全国文创试点图书馆中自愿参加文创联盟的图书馆作为发起馆组建联盟。联盟成员享受联盟的各项权利和义务，充分发挥平台优势，整合联盟资源，提升图书馆文化创意产品开发的综合竞争力。

（2）文化部作为文创联盟的上级指导单位，对联盟开展的各项工作进行指导，并对其从政策、财政等方面提供支持。

（3）国家图书馆作为联盟成员之一，联盟秘书处设在国家图书馆。

第四条　发起馆职责

全国文创试点图书馆中自愿参加文创联盟的图书馆作为发起馆，应承担以下职责：

（1）领导联盟内各成员馆开展图书馆文化创意产品研发、经营工作；

（2）决定联盟组织构成及相关章程；

（3）讨论并决定联盟的重大事项及发展方向；

（4）审议联盟年度工作报告；

（5）决定联盟会员的加入和撤除；

（6）对联盟秘书处工作提出建议、意见并进行监督。

第五条　联盟秘书处职责

文创联盟设秘书处。秘书处是联盟的执行机构，在联盟领导下开展日常工作。秘书处开展以下工作：

（1）主持联盟秘书处日常工作，组织实施工作计划，监督工作进展情况；

（2）协调联盟各成员之间有关文创研发、营销等具体工作事宜；

（3）负责组织召开联盟工作会议；

（4）监督、检查联盟决议的执行情况；

（5）对日常工作中的重大事项做出决策并报联盟审议；

（6）建设文创联盟一体化平台，并负责其日常维护；

（7）协助处理其他事务。

第六条　联盟成员基本义务

（1）遵守《全国图书馆文化创意产品开发联盟章程》，执行联盟决议并接受监督；

（2）在联盟框架内，积极利用自身资源、场地优势，开展文化创意产品研发、经营等工作；

（3）承担联盟委托的工作，积极参加联盟举办的人才培养、业务交流等活动；

（4）积极配合联盟决议开展各项工作。

第七条　联盟准入方式

（1）申请单位向联盟秘书处提出加入联盟的申请；

（2）联盟秘书处在对申请单位进行资格审定后提交联盟发起馆工作会议批准；

（3）经批准后，申请单位方可正式加入文创联盟，享受相关权利与义务。

第三章　具体运行

第八条　联盟运作形式

1.宏观规划方面

联盟在履行规定职能的同时，积极组织力量开展国内外博物馆、图书馆、美术馆文创研发调研及业务交流活动，加强理论指导实践，探索图书馆界文化创意产品开发新模式；充分发挥行业引领作用，指导联盟成员加强文创资源的共建共享，互联互通；积极争取财政、政策、税收等支持，建设国内图书馆文创发展有利环境。

2.产品研发方面

文创联盟成员除自主开发具有本馆特色的文化创意产品外，也可依托文创联盟平台进行文化创意产品开发，通过文创联盟开发出的产品原则上需有联盟 LOGO 等信息。具体产品研发方式如下：

（1）委托研发。联盟成员之间可以开展相互委托研发合作，委托方可将不存在版权或所有权争议的本馆特色馆藏元素整理后交至受托方或上传到指定平台，由受托方组织文献、设计、市场等方面专家对元素进行评估、设计并打样，产品最终形态由委托方审核，审核通过后方可进入正式生产，委托研发细则参照相关协议。产品的知识产权由委托方与受托方共享，涉及二次授权等行为由双方协商解决。

（2）委托在线授权。文创联盟牵头与阿里巴巴等商业平台建设全国图书馆文创在线授权平台，联盟成员可将不存在版权或所有权争议的本馆特色馆藏元素整理后在平台上进行在线授权，相关授权方式另行议定。

（3）其他方式。除以上文创研发方式外，还可结合实际情况，积极探索新型的、适合图书馆的文创研发模式。

3. 产品推广营销方面

（1）实体营销。各联盟成员负责在包括本馆在内的地区开设图书馆文化创意产品销售实体店。秘书处负责建设汇集各馆文化创意产品的产品数据库平台，对产品的元素使用、创意设计、知识产权、定价、折扣等信息进行详细标注，各成员单位可通过平台选择意向产品，产品选定后由产品供应方与申请方按照相关协议开展营销行为。

（2）在线营销。由秘书处在淘宝、天猫等平台建设统一的图书馆文创在线交易平台，各成员单位可将本馆文化创意产品委托秘书处进行在线营销，秘书处负责交易平台的日常维护及管理工作，在线营销细则详见相关协议。

（3）品牌推广。通过联盟会议的形式制定图书馆文创整体推广规划与实施方案，借助中图学会、博博会、文交会、授权展等平台，积极推动图书馆文化创意产品走出去，致力于打造图书馆共有文创品牌。

4. 业务交流与人才培养

（1）联盟发起馆制订年度业务交流与人才培养计划，并委托秘书处具体执行。通过培训、专题研讨、业务交流等形式，加强文创工作专职岗位技能培训，提高从业人员素质。

（2）以联盟形式积极开展对外合作，加强中华优秀传统文化的市场转化力，互利共赢。

（3）组织、协助成员参加有关国内外及行业性文化交流培训项目。

5. 其他

通过联合策划项目等方式申请国家或地方相关资金支持。

第四章　附则

第九条　凡依法破产、关闭、解散、注销的联盟成员，即自动失去成员资格。联盟成员因自身原因可以退出本联盟，需提交书面申请。退出本联盟的成员不得再以本联盟成员的身份开展活动。

第十条　对于背离《全国图书馆文化创意产品开发联盟章程》宗旨，违反本章程中的义务规定条款并协商无效的成员，本联盟将做除名处理，通报联盟所有成员，停止其一切联盟内部活动。

第十一条　本章程未尽事宜或有关条款，经联盟发起馆工作会议通过，可对本章程进行补充或修正。本章程解释权归联盟秘书处所有。

“全国图书馆文化创意产品开发联盟”的成立，将加速提升全国图书馆的文创研发水平，让传统图书馆焕发生机与创意，实现文化教育职能和文化产业职能共同发展。国家图书馆（国家典籍博物馆）将充分发挥“领头羊”作用，创新思路、示范引领，联合各馆共同做好文化创意产品开发与经营工作。

第三节　图书馆特色文化创意产品赏析

一、国家图书馆

国家图书馆的文化创意产品主要分为文房雅品、生活用品、复仿书籍、纪念邮品、服装配饰、高级礼品七大类。

1.“翰墨·书香”文房四宝套装

由国家图书馆全程监制的“翰墨·书香”书法教具，将传统文房四宝——国家级非物质文化遗产之徽墨、歙砚，制笔之乡江西进贤定制的羊兼毫毛笔，以及安徽泾县特制的宣纸浓缩其中。产品中选用的徽墨为国务院批准的第一批国家级非物质文化遗产，由国家级非遗传承大师周美洪监制，质地黑润有光，入纸不晕，一点有漆，万载存真。

2. 古琴系列：古琴眼镜布

古琴位列中国传统文化四艺“琴棋书画”之首，被视为高雅的代表，亦为文人吟唱时的伴奏乐器，自古以来就是许多文人必备的知识和必修的科目。常见指法有右手指法以及左手指法，音域宽广，音色深沉，余音悠远。该系列眼镜布选取：左无名指按弦式、左手吟式、右手刺式、右桃式四种作为设计素材，在传递古代传统文化的同时，兼具现代设计美感和实用性。

3.《庆赏昇平》

《庆赏昇平》采用繁体印刷，图文并茂，通俗易懂。昇平署是清代宫廷戏曲演出机构。清代宫廷剧沿袭明制，由教坊司女乐承应。顺治八年（1651 年）改为内监承应。康熙二十年（1681 年）起，渐有南府、景山等称名。康熙中期，南府和景山已成为正式的演戏机构。乾隆年间，南府设内、外学。景山设总管首领，设有外学，另设新小班，成员为乾隆帝南巡时从苏州带回宫中的男女优伶。

4.《庆赏昇平》系列文化创意产品

《庆赏昇平》系列文化创意产品的设计核心是将图谱人物进行卡通化再创作。先从图谱众多形象中选取百姓最熟知形象，如公主、状元、孙悟空等。在设计过程中，如何将繁复的人物服饰图案进行合理简化、为只有半身像的人物补齐全身造型、将人物本来神韵和“萌态”巧妙结合，都是兼具研究性和设计性的工作。一般一个创意形象的设计环节需要 1 个月左右的时间，之后是衍生品的开发制作，将其呈现在各种生活常见用品上，形成读者手中拿的钥匙链、身上穿的文化衫、写字台上摆的笔筒、家门上贴的门神图案等。

5. 甲骨文领带礼盒

甲骨文作为中国现存最古老的的有系统的成熟文字，其造字方式、书写风格对中国文字具有开创性影响，被誉为 20 世纪四大发现之一。国家图书馆的甲骨文收藏形成了至今

35 651 片的规模，收藏量约占存世总量的 1/4，是目前世界上收藏甲骨最多的单位。领带采用甲骨文设计元素。银灰和深蓝两种色调不仅给人大方稳重的形象，甲骨文的图案装饰更显高贵典雅，凸显佩戴人非凡的品位。甲骨文领带设计精美，手工制作，具有很高的收藏价值，包装采用高档包装礼盒。

6. 创意礼品可收藏开馆明信片

此套明信片内含 10 张，其内容涵盖了国家图书馆——国家典籍博物馆开馆时举办的国家图书馆馆藏精品大展中 9 个展览，即善本古籍展、金石拓片展、敦煌遗书展、中国古代典籍简史展、西文善本展、样式雷图档精品展、少数民族文字古籍展、馆藏名家手稿展、咫尺天下舆图展中展出的精品，以及一张博物馆外景图。因此，此套明信片具有珍贵的纪念价值，也是收藏爱好者的绝佳之选。

二、上海图书馆

1. 上海图书馆馆藏家谱网上家谱数字化项目

上海图书馆现藏有家谱 30 000 余种 300 000 余册共计 365 个姓氏，收藏的家谱覆盖我国 27 个省（自治区、直辖市），是国内外收藏中国家谱原件最多的公藏机构，有着“全球中国家谱第一藏”之美誉。

上海图书馆家谱种多类齐，品高质优，包括古籍善本 100 种，均为上海图书馆馆藏珍本，其中不乏宋、元本；民国图书（100 余种），家谱共 3 000 余种。另外，还提供上图网上展览、上图网上微讲座（视频）、老唱片（音频）、数字人文展示、上海年华，以及关联数据，开创了国内家谱数字化资源全文上网的先河。目前，上海图书馆在线的家谱总数已经超过 8 000 种，后续还将继续增加家谱数字化资源上线。在地域分布方面，已上网的家谱涵盖了江苏、浙江、安徽、湖南、湖北、江西、福建、上海等收藏家谱数量较多的地区，亦有云南、四川、重庆、贵州、山东、甘肃、河南等收藏家谱数量较少的地区；在姓氏分布方面，已上网的家谱不仅有百家姓中常见的姓氏，也有稀见、罕见的姓氏，如荆、荀、昌、茹、吾、连、钭、相、郎、贵、元、支、戈、蒯、廉、后、慎、经、闾、环、阚、蒯、阙、印、束、忻、嵇、戟、鹿等；在名人家谱方面，已上网的家谱有文徵明、董其昌、毛奇龄、钱谦益、陈洪绶、惠栋、陈鹏年、柳诒徵、汪大燮、叶澄衷、缪荃孙、杨钟羲等古今文化名人。在 2018 年 2 月新一批全文上网的家谱中，新增了漆、管、裴、练、端木等稀见姓氏，还特别增加了《蟾溪程氏家谱》《杨氏宗谱》《张氏统宗世谱》等 9 种明代家谱，弥足珍贵。

该项目是将经过数字化扫描后的馆藏家谱资源展示在网上，公众可以无须踏足上海图书馆在外部公开网上就可以进行家谱的全文浏览和检索，极大地方便了公众使用和阅读馆藏文献。

2. 创 · 新空间

2013 年 5 月，上海图书馆三楼占地 2 000 多平方米的“创 · 新空间”正式对外开放，“阅读区域”“专利标准服务空间”“IC 共享空间”“创意设计展览空间”“全媒体交流体验空间”五大功能区域互为补充、相通相连而不隔断，更像一个充满现代设计元素的创意工作室。

激活创意、知识交流，创 · 新空间以各类创新型活动项目为载体，以馆藏文献、数字技术、创新工具为支撑形成复合型学习空间。“服务于产学研，资源高度集中”的空间既有多语种多载体跨学科的文献借阅、文化创意产业各行业报告和专题数据库服务，也有专业制图设备和设计软件，以及多媒体触屏、3D 打印等设备。专业会议用投影、音响等设备让读者更容易互相交流，立体化、感性化、多元化地展示各自的创新阶段性成果。此外，该空间与同济大学中芬中心、上海设计中心、上海市动漫行业协会、美田艺术工作室等多家机构合作，开展“专家坐堂”“现场教授”“互动教学”，形成馆员与专家、读者与专家、读者与读者，甚至专家与专家的多向交流。

截至 2014 年年底，创·新空间共举办各类展览活动 206 场，参与读者约 18 790 人次，各活动总接待 22 701 人次，其中双休日为活动场次以及参与读者最多的时间，约占总活动数的 73%。来自浙江大学、华东理工大学、同济大学等高校师生或企业曾在此打印 3D 作品。这个空间符合数字化时代对图书馆的新要求，不仅可以提供书籍、资讯和信息，也能提供创造的工具，激发他们的创意灵感，引发思维的变革，真正成为一个学习、探索以及开拓思维的场所。

3. 创之源

2009 年 5 月，上海图书馆上海科学技术情报研究所（以下简称“上图情报所”）推出“创之源”中小企业信息服务。其服务点位于上海图书馆三楼专利标准、检索工具阅览室。上海图书馆为中小企业提供包括政策、产业、市场、技术、专利、标准、企业文化、员工修养等方面的信息文献，还有找书、文献传递、资料翻译、媒体监测、参考咨询、共享空间、企业培训、专家坐堂、专题讲座、行业研究、科技查新、市场调研等服务。

为了能够更持续、更主动地为中小企业提供深层次服务，从 2009 年 10 月开始，“创之源”开始尝试中小企业信息推送工作。目前，在网站上所推送的信息分为“热点关注”和“重点推荐”两类，每周更新一次。其中，“热点关注”涉及本周或近期即将举行的讲座、培训等企业感兴趣的话题，具有一定时效性；“重点推荐”则积极推荐上图情报所各类资源、资源更新情况及相关企业服务内容。例如，对美国四大套报告、药物工程、工程索引、SAE 美国机动车工程师协会论文库等订购数据库资源进行介绍并及时研究和推送各个数据库的新增内容，希望企业用户能更好地利用数据库进行研发工作。另外，“重点推荐”部分还涉及 e 卡通等业务，对于 e 卡通新增的数据库资源及时报道，以方便企业足不出户就能使用上图情报所的资源。

可提供的电子资源包括中文期刊全文下载、馆藏标准数据库、馆藏美国政府报告数据库、馆藏美国行业标准和军标数据库、馆藏日本科技报告数据库、馆藏美国航空航天报告、北美制造商和产品数据库等。

（1）中文期刊全文下载：收录了从 1989 年至今的 9 000 种期刊全文。通过系统检索期刊论文，用银行卡完成付费后，就可以从网上把选中的期刊全文直接下载到本地电脑阅览。

（2）馆藏标准数据库：是馆藏世界各国标准的题录数据库，内容包括 ANSI、ASME、ASTM、BS、CNS、DIN、EN、GB、GJB、GOST、HB、IEC、IEEE、ISO、JIS、UL 等技术标准，查到题录后可以通过原文索取申请获取原文。

（3）馆藏美国政府报告数据库：俗称美国政府四大套报告，主要由美国商务部的 PB 报告、武装部队的 AD 报告、能源部的 DE 报告和宇航局的 NASA 报告组成。查到题录后可以通过原文索取申请获取原文。

（4）馆藏美国行业标准和军标数据库：可以检索到美国行业标准和军用标准中有效标准的题录，上海图书馆收藏有近 30 种美国行业标准。查到题录后可以通过原文索取申请获取原文。

（5）馆藏日本科技报告数据库：收录了两种日本科技报告——《电气学会研究会资料》和《电子情报通信学会技术研究报告》。学科专业涉及通信、电力技术、电子材料、电子设备、控制测量仪表、交通电气等各个领域。查到题录后可以通过原文索取申请获取原文。

（6）馆藏美国航空航天报告：又称 AIAA 报告，是美国航空航天学会以报告形式出版的技术论文，内容涉及航空航天业的科学、技术、工程、政策和标准的最新研究成果与技术创新。该系统目前仅提供 2006 年以来的馆藏 AIAA 报告的题录检索查询，查到题录后可以通过原文索取申请获取原文。

（7）北美制造商和产品数据库：该库汇编了美国和加拿大 18.9 万多家制造商的名录与产品目录，可以检索到北美新产品说明书。数据提供数万个公司网站的信息交流平台，更有上万个企业提供在线订购，还有超过 100 万的 CAD 图形可供下载。

4. 上海客堂间

2015 年，上海图书馆历史文献中心地方文献阅览室经历了重新设计和整修，专门开辟“上海客堂间”，通过沙龙、研讨与展览等并举的形式与读者围绕海派文化展开交流互动，是探索图书馆转型的重要创新项目。“上海客堂间”秉承了地方文献阅览室一直以来为弘扬海派文化提供平台的功能并有所创新，所开展的各类活动均以保存上海本土特色文化，以及记录独特的时代文化烙印为设计理念。“上海客堂间”开放践行了“图书馆是市民的第二起居室”的社会功能，为市民的公共大书房增添浓浓的人情味。此次改造解决了之前阅览室内阅览区域和活动区域两者相互影响的问题，还新增小型展柜、内置式投影仪和投影幕布，以及可悬挂展品的活动式假墙等硬件设施，以适应沙龙、研讨和展览等各类不同活动的需求。在与社会相关机构合作发掘海派文化内涵开展各项活动的同时，“上海客堂间”也充分利用上海图书馆历史文献中心名人手稿馆的丰富馆藏资源，选择适当时机展示相关的名人手稿，拉近名人与普通读者之间的距离，传播文化。自“上海客堂间”开幕以来，已举办各类活动十余种。活动形式也不拘泥于单纯的展览，还有展览与图书首发仪式、纪录片展映、讲座、捐赠仪式等相结合的系列活动。

5. 基于卷积神经网络的文献自动分类系统

自阿尔法围棋（AlphaGo）于2016年战胜李世石以来，机器学习被广泛研究运用于医疗、安保、预测、创作等各方领域，在一定程度上用以解决人力不足的问题。对于图书馆而言（以上海图书馆《全国报刊索引》为例），受限于人工标引，每月只能对 4 万余篇报刊篇名文献进行分类标引，无更多的人力分类更多的文献。为了解决编目人员日益减少、编目工作专业性强，专业人员培养周期长的问题，上海图书馆提出用深度学习的方式来实现机器自动分类，以解决上述人员不足的问题。通过在 TensorFlow 平台上构建深度学习模型，利用《全国报刊索引》过去四年的历史数据（约 170 万条）记录进行模型训练，并在生产环境下对 7 000 多篇待加工的文献做中图法分类预测，其一级分类准确率为 75.39%，四级分类准确率为 57.61%。为了使预测输出结果的可靠性更高（即系统输出的结果尽可正确，不确定的结果不予输出），设置适当的评估指标对预测结果进一步筛选后得到 2 198 条输出结果，其中正确的有 1 833 条（占比约为 25.66%），错误结果为 365 条（占比约为 5.11%）。由此可见，对于四级分类而言，在一定程度上可以替代 2 个半的人工，同时也证明了机器学习的可行性，并发表论文《机器学习在图书馆应用初探》于《大学图书馆学报》。同时，在此基础设计开发了基于深度学习的文献自动分类系统，供后续研究和生产使用。分类系统由模型预训练和模型预测组成。预训练通过对现有文献分类的结果搭建深层神经网络的深度学习模型并进行数据训练，包括数据预处理和机器学习两部分。预处理包括数据整理（去除无效数据）、分词、词向量转换。机器学习部分由一级分类器和四级分类器两大类分类器构成，通过对深度学习模型的训练构建相应的分类器供后续预测使用。模型预测则是对未知文献进行分类结果预测，通过对输入的文本数据进行分词构建词向量后经分类器逐级预测。

6.“上图爱悦读”微阅读移动平台开发与应用

为适应移动互联网的发展和用户 BYOD（Bring Your Own Device）的阅读需求，近年来上海图书馆在移动数字阅读服务技术开发方面做了很大的努力。自 2013 年起，上海图书馆启动研发“上图爱悦读”数字阅读自助机，并通过各方努力整合各类可用电子资源，终于在 2014 年 6 月自主研发完成“上图爱悦读”数字阅读自助机，并已申请“上图爱悦读”软件著作权与商标注册。读者利用该设备可享受免费试读和借阅最新电子书刊、网上办证等服务。该数字阅读自助机真正让图书馆所拥有的信息资源为普通大众服务，使读者享受到无处不在的移动阅读体验，“上图爱悦读”在模式、理念、服务上在图书馆界都属于首创，并且引领了数字阅读自助机的产品化发展。2015 年，在“上图爱悦读”数字阅读自助机的服务基础上，为了能适应移动互联网发展需求，又自主开发了基于 H5 应用的“微阅读微站”平台。“微阅读微站”平台是新型的轻量型网站，能方便接入各种类型的互联网平台。例如，微信、支付宝、APP 等，提供相应的移动阅读服务。微阅读微站正式发布至今已完成五期开发，并全面应用在上海图书馆的各类新媒体平台和应用客户端中。微阅读微站有着多入口、体验佳、轻量开发、灵活组合、传播快、引领性强、资源独家等特点。因此，目前已经有很多应用推广的实践，除了上海图书馆自己的微信公众号，还吸引了众多互联网企业及有数字阅读的大客户来寻求与上海图书馆微阅读微站合作。目前已经与支付宝城市服务、微信城市服务、腾讯新闻客户端、“头条号”市政大厅、上海诚信 APP、上海市体育局党校微信公众号、上汽工会微信公众号等进行合作。微阅读微站目前已有的功能包括馆藏纸质图书查询、电子图书查询、微阅读、图书续借、已借图书查询、图书馆讲座预定、培训展览揭示关注、网上办证、附近图书馆查询、个人中心、二维码读者证等众多功能。“上图爱悦读”数字阅读自助机 + 上图“微阅读微站”平台，已经成为上海图书馆在数字阅读推广实践中的重要服务工具，也开创了阵地体验宣传联合“互联网 +”的服务新模式。“上图爱悦读”数字阅读自助机还荣获 2014 年上海市文化广播影视管理局科技进步一等奖。微阅读“WE READING”（上海图书馆数字阅读活动）荣获第 14 届 IFLA BibLibre 国际营销奖的 10 个最富于启发性的项目等众多奖项。

三、南京图书馆

1.“陶风采——你选书，我买单”活动

2016 年 4 月 23 日，南京图书馆联合凤凰书城、新街口新华书店旗舰店共同推出“陶风采——你选书，我买单”活动，将图书馆新书采购权交给读者，下放图书采购权力交给读者，实现了理念和机制创新，真正地体现了以需求为出发点和落脚点，实现了读者借阅与图书出版的同步、服务跟需求的对接。通过提供联合编目、资源共享、图书外借等一系列基于动态数据的云服务，满足了读者的个性化、及时性阅读需求。

南京图书馆推出的“陶风采”荐购借阅惠民活动得到了广大市民和读者的一致好评。读者可以用借阅证借到心仪的新书，是真正地为读者着想，让读者有了“所见即所得”的借阅体验，同时也参与了图书馆图书收藏的工作环节，激发了他们的阅读兴趣，有助于形成良好的社会阅读气氛。

2. 惠风书堂系列文化创意产品

该类产品包括印有南京图书馆 Logo 的折扇、笔筒、鼠标垫、环保袋、文件夹等。

3. 十竹斋系列：镇纸书签套装、杯垫、反向伞

（1）镇纸书签套装：设计来源是南京图书馆馆藏文献明朝胡氏《十竹斋画谱》彩色套印本（果谱），但在设计上，换成一种有趣的方式以展示果谱的质朴，它以水晶透明材质作为交接，放置条案桌几上，硕果累累呼之欲出，闲趣的气息与古典风韵融为一体，典雅精致。

（2）杯垫：以《十竹斋画谱》彩色套印本为蓝本，分别提取石谱、竹谱、梅谱、果谱进行元素简化再次衍生设计。这是一个古朴而当代的杯垫，并刻有南图文创艺术中心特有标识，无论是煮茶还是品酒，这款集美感、书画、造型于一身的杯垫将为你的生活平添一分精致。瓷之温润如玉，沉淀的不仅是茶杯的重量温度，更是宁静、间素、悠闲的美。

（3）反向伞：十竹斋系列反向伞同样以南京图书馆馆藏文献明朝《十竹斋画谱》彩色套印本（果谱）作为基底，交错排序，用平面图形创意与联想组合而成的枝条延展性符合雨伞的流线设计，果实点缀其间，零星的美满与芳香四溢。

餐巾纸——淡且薄的纸似乎更符合作为南京图书馆馆藏文献明朝《十竹斋画谱》彩色套印本（果谱）生活化、清雅朴素的表现，将其设计两款图案餐巾纸，轻薄而不透，纸面触感柔顺，在餐桌上蹁跹起舞。

4. 水浒传一百零八将笔记本系列

以《南京图书馆珍本叢刊》清彩绘本《十水浒传人物图像》一百八幅为参考设计的，将各首领人物单独展现，再现一百零八将当年的身姿与风采。众所周知，《水浒传》是中国历史上以白话文写成的章回体小说，被后人归为中国古典四大文学名著之一。其内容如下：北宋山东梁山以宋江为首的绿林好汉，由被迫落草，发展壮大，直至受到朝廷招安，东征西讨的历程。深蓝绒面封皮深沉又低调，压刻着水浒传三个字，简单不失态度；内页附彩色连环画般的人物图像，活泼不失内涵。

5. 江苏省少儿数字图书馆

江苏省少儿数字图书馆是江苏省公共数字文化重点建设项目，是由江苏省文化厅牵头，南京图书馆承担，江苏省 110 家市、县（区）公共图书馆共同参与建设的全省性的公共数字文化项目。该项目创新形成“多个数字平台服务全省覆盖，O2O 线上线下融会贯通，多类数字阅读设备落实到位，全省公共图书馆共建共享”的服务模式，率先开创了全国领先的“全覆盖、均等性、便捷性、即时性”公共数字文化服务新平台，以实际行动贯彻落实“创新、协调、绿色、开放、共享”的新发展理念。江苏省少儿数字图书馆为顺应“互联网 +”时代发展，精选国内主流全形态少儿数字资源，提供全省范围 IP 覆盖的网站、APP、微信、平板电脑和触控大屏多平台数字资源访问，真正做到公共文化服务“打通最后一公里”，体现出公共文化服务的公益性、基本性、均等性、便利性。为更好地整合文化共享工程资源，

该项目还将全国文化共享工程支撑平台江苏地方特色应用系统“少儿乐园”纳入服务体系中，以活动为基础推广资源，以创新为动力做好项目，创造更高的服务效益。为突破困扰图书馆界“少儿数字资源采购经费少、少儿数字资源采购重复性同质化、图书馆资源建设地域差异大”等瓶颈，江苏省少儿数字图书馆采用“省馆牵头、各馆参与、共建共享、服务全省”的共建共享建设模式，同时颁布《江苏省少儿数字图书馆联合建设章程（试行）》，对组织架构、成员馆权利与义务等进一步明确。各级各地公共图书馆充分发挥各自职能和资源优势，在资金投入、资源采购、项目实施等方面加强统筹，协调推进。目前，江苏省少儿数字图书馆已经成为全国公共图书馆界规模最大的共建共享公共数字文化项目与省级少儿读者服务项目，在全国产生巨大影响力。

6. 数字视频宣传探索

该视频拍摄活动是南京图书馆在本馆少儿分馆的一个宣传试点，旨在通过在少儿馆对少儿读者的视频拍摄，记录和展示孩子们在图书馆少儿馆内的活动情况，让家长和公众对少儿馆有一个全方位的了解。同时，让少年儿童参与到拍摄活动中，在镜头中反观自己在图书馆内的一举一动，对照工作人员所叮嘱的言行规范，更生动有效地将图书馆融入孩子们的心中。不同年龄层次的儿童，参与视频拍摄的程度与方式也不同。0~3 岁馆的幼龄儿童：这个年龄阶段的幼儿，因无法准确沟通，且有家长陪伴，所以主要以家长伴读、辅导游戏为主，让家长参与到孩子在图书馆的认知活动中，通过在图书馆环境的活动，加深亲子交流以及对图书馆的感情；4~6 岁馆的低龄儿童：这个年龄层的儿童，对视频拍摄已经有了一定的认识，懂得参与到视屏拍摄中，并了解自己的行为在镜头的反馈，因此以馆内活动为主，由活动老师带领孩子阅读、游戏，在活动课中学习更多的课外知识，并参与活动充分展示自己；7~15 岁馆的青少年：进入小学后的孩子，对于镜头的表现欲明显增强，并有一定的表达能力，部分学生特别善于表达自己的想法，通过交流和指导，甚至可以自己完成部分视频拍摄，所以在 7~15 岁馆内，因没有家长陪伴，孩子们可以畅所欲言，充分展示自己。除了孩子，参与视频拍摄的也有工作人员、家长、老师及志愿者，大家共同融入这个活动中。而共同参与的不仅是拍摄视频这个活动，更是参与到图书馆这个环境中，并且融入这里。

四、金陵图书馆

金陵图书馆文创展陈商品分为京剧节定制、文房四宝、非遗文化产品、节气定制产品、馆藏资源开发、公益宣传等六大系列，累计 107 个品种，共 351 个款式。金陵图书馆的文创工作结合图书馆馆藏资源，以自主开发与合作开发相结合的方式，传承与发扬本土文化。值得一提的是，金陵图书馆还特意为文博文创大观园精心打造了公共阅读区和自助借阅区，文献主要以南京历史、风土人情为主，也是该馆阅读推广结合文创宣传的新举措。

1.“立体阅读”——南京传世名著《桃花扇》主题阅读推广

以 2016 年 10 月金陵图书馆书友会举办的南京传世名著《桃花扇》主题系列活动，通过“立体建模”创新大数据建模策划模式、“立体时间”创新时间线活动组织模式、“立体空间”创新多场景空间体验模式、“立体传播”创新终端在线读书会模式等，以及专家讲座、昆曲表演、电影赏析、话剧展览、有奖问答、在线读书会等数种形式向读者全方位多角度地纵深研究《桃花扇》。对《桃花扇》进行“立体阅读”的主题阅读推广活动，不仅收到了读者极好的反馈，也在其他阅读组织中广受好评，还得到了媒体的广泛关注与大力宣传。

2.“朗读者”盲人剧场

2016年4月23日，金陵图书馆邀请了一批盲人读者走进图书馆的视听室，与他们在书声、曲声、电影声中度过了一个不一样的读书日。这是金陵图书馆在第21个“世界读书日”推出的“朗读者盲人剧场”公益活动。来自南京市盲校、盲人企业和社区的盲人朋友以及广大读者共聚一堂，用耳朵倾听世界，用心灵享受阅读。“朗读者”是由金陵图书馆联合南京新闻广播共同举办的为盲人提供朗读服务的公益品牌活动，来自社会各界的志愿者从500人发展为7 000人，服务内容从幕后的个体朗读到成立“朗读者艺术团”举办公益演出，录制作品集总时长超过100小时，举办活动120余场，得到全社会的广泛认可。该活动先后荣获“江苏省第六届公共图书馆优秀服务成果二等奖”“全国盲人阅读推广优秀单位”“全市文明单位首批活动品牌三等奖”等殊荣。“朗读者盲人剧场”作为2016年的创意版块全新推出，以提升视障读者为主的弱势群体文化生活品质为宗旨，依托公共图书馆优质馆藏资源及标准化无障碍场馆设施，开展集盲人电影院、戏曲、话剧等适合盲人欣赏的文艺演出一站式服务，建立一个盲人读者与社会文化志愿者共同学习、互动友爱的阅读交流平台，通过文化助盲行动在全社会引领“全民阅读”新风尚。

3.“七彩夏日”少儿暑期夏令营

自2015年起，为丰富南京市青少年暑期课外文化活动金陵图书馆倾力打造了大型少儿阅读推广活动，活动共分为“赤—红蜻蜓国学堂”“橙—小橘灯童萌绘”“黄—柠檬草电影院”“绿—绿巨人口语 show”“青—青苹果朗读者”“蓝—蓝精灵手工坊”“紫—紫藤萝大舞台”七大板块，涵盖国学知识、绘本阅读、电影放映、英语互动、故事讲演、手工制作和才艺表演等动静结合、形式多样的活动内容。活动设计发放《我的阅读日记》开启签到盖章换礼模式，以图书馆为纽带，为包括小小新市民、留守儿童、视障、听障儿童在内的所有青少年搭建一个平等交流、学习共进的公益文化平台，让孩子们度过一个充实而愉快的暑假。2015—2017年，“七彩夏日”少儿暑期夏令营的品牌建设一直在创新，从“一场活动一安排”的传统模式探索出“1+1 ＞ 2”的系统化理念，从增加活动场次、丰富活动内容，到设计《金陵图书馆少儿活动读者反馈问卷》注重读者反馈，三年共开设公益性少儿阅读推广活动200余场，吸引读者参与3万余人次。丰富多彩、寓教于乐的活动，使青少年在益德益智、能力培养等方面得到锻炼和提升，三年的砥砺既打造出了“七彩品牌”，更凝聚出“七彩精神”。

4.“亲子阅读成长 +”乡村书院体验

“亲子阅读成长 +”是由金陵图书馆、金图文创联合南京长江书院共同开设的一项馆外亲子阅读成长活动。该活动以家庭为单位，时间上选择每月固定周末的“两天一夜”，每次接受10组家庭报名。阅读空间由图书馆拓展到乡村书院，在静谧优雅的环境中，把亲子阅读和个人成长相融合，不仅能培养青少年朋友的阅读兴趣，提升他们的阅读能力，而且在心理老师的引导下，爸爸妈妈和青少年朋友还能在阅读中发现和解决一些常见的成长问题，比如亲子关系问题、人际交往问题、个人的心理困惑、学习困惑等。在远离喧嚣的林间书屋阅读不仅能疗愈心灵、帮助我们发现和解决心理与现实的困惑，而且能够充实我们的灵魂、锻造我们的品格，让我们成为人格健全、精神强大的人。

五、广东省立中山图书馆

1.CE 立方艺术孵化仓

C3E3 艺术孵化仓是基于广东省立中山图书馆的省馆职能定位，并结合馆内现有资源提出的可持续阅读推广设想。其中，“C3”是指孵化仓定位，“E3”是指孵化仓功能。具体如下：C3=C（Canton）•C（Commonweal）•C（Class），即该孵化仓地域设定为广东省（Canton），性质锁定为公益（Commonweal），输出方式为公益艺术课堂（Class）。E3=E（Exhibition）• E（Electronic Commerce）•E（E-Art Library），即孵化仓以场馆展览（Exhibition）功能为依托举办本土青年艺术家（18~45 周岁）作品展，以弘扬和传承本土艺术，再根据展期内展品产品化同步调查数据将达到产品化预期的 5~10 件展品通过电子商务（Electronic Commerce）平台进行生产销售众筹，每众筹成功一件展品，其售价的 5% 将用于数字化艺术图书馆（E- Art Library）建设，10% 则用于公益艺术课堂（Class）教学。C3E3 艺术孵化仓拟采用三阶段分割建设，每一阶段建设周期为一年，三年后进入常态运作、升级扩容及试点推广。第一阶段：筹建期。该阶段广东省立中山图书馆作为项目甲方与 10 位符合条件的广东本土青年艺术家签订展览及公益艺术课堂系列协议。在该系列协议签署的基础上，与广州本地符合条件的 B2C 平台（朋友家、广州购书中心网上商城等）签订产品众筹销售及数字化艺术图书馆建设协议。第二阶段：运营期。根据协议逐项落实，实时监测各环节执行效果，建立跟踪数据库。第三阶段：升级期。在对运营期进行全数据分析的基础上，优化升级孵化仓功能，并选取省内有条件的公共图书馆建立子仓，试点推广。 C3E3 艺术孵化仓六个环节采用闭环运作，各环节运作处于公开透明状态。广东省立中山图书馆作为项目甲方对全环节运作进行总体监控。例如，在 B2C 环节，5~10 件进入产品化众筹销售的展品，其用于数字化艺术图书馆建设的资金流向将同步实时更新，一旦众筹成功即有相应的艺术类电子书被激活上架，广东省立中山图书馆持证读者便可凭读者卡免费阅读。

2. 广东省立中山图书馆采编部文化创意产品

在广州每年一度的“南国书香节”，广东省立中山图书馆采编部举行的“你阅读我采购”活动中，采编部为其设计了具有广州本土文化特色的文化创意产品作为礼品送出。礼品是带有如“湿水棉花——有得弹”“猪笼入水——财源广进”“打风都吹唔甩——情比金坚”等粤语歇后语 Q 版图案设计的挎包和帆布包，还有粤语口头禅设计的手机袋，如“生猛”“掂”“有米”等。活动产品设计都是由馆员绘图设计的，是以一位小书童形象作为主角，贯穿在整个广州本土文化特色的文化创意产品设计中。

六、深圳市图书馆

1. 地方版文献联合采编协作网（简称 CRLNet）

2000 年，由深圳图书馆、湖南图书馆、福建省图书馆、上海图书馆、天津图书馆、辽宁省图书馆共同创建，采取联合联机编目的方式，遵循 ISBD 及中国文献著录标准（GB 3792 系列），依据 IFLA 2000 年修订的《UNI-MARC Manual》，并吸收国家图书馆《中文图书机读目录格式使用手册》（2000 年 4 月定稿）修改的内容，CRLNet 制定了《中文图书数据处理规程》，并对所有上载用户进行“执证编目员”培训，从而保证了书目数据的规范化和高质量，为数据共享奠定了坚实的基础。

2. 城市街区自助图书馆

城市街区自助图书馆是深圳市建设“图书馆之城（2006—2010）五年规划”重点建设项目，是该市公共文化服务体系的重要组成部分，也是一项由政府出资承办的社会公益事业。城市街区自助图书馆走进街区，深圳市民可就近借书、还书、申办读者证，享受图书馆预借送书等各项免费服务。

3. 图书馆之城

“图书馆之城”是一个形象的概念，即把深圳建成一个没有边界的大图书馆网，以全市已有、在建和将建的图书馆网点与数字网络为基础，联合各图书情报系统，建立覆盖全城、服务全民的文献信息资源共享网络，实现图书馆网点星罗棋布、互通互联、资源共享，为市民提供功能完善、方便快捷的图书馆服务，达到提供丰富资讯、支持终身学习、丰富文化生活的目的。

“图书馆之城”内涵要义如下：一是从地域与空间上来说，它是一个覆盖全城的图书馆服务体系和数字化的服务网络，通过合理布局图书馆网点和文化信息资源共享基层点，实现图书馆文献信息服务的近距离；二是整合全市文献信息资源，建立全市跨系统的文献信息资源体系，形成资源特色，实现全市文献信息资源的共建共享，推进全市图书馆的数字化建设；三是实现图书馆服务的开放、便利与快捷；实现社会民众广泛的阅读参与，特别是弱势团体的参与；实现社会民众的文化权利。四是大兴勤奋读书之风，营造学习型城市，使阅读成为一种生活。10余年的“图书馆之城”建设促使深圳市公共图书馆规模、体系结构、服务效益都有了较大的发展和提升，逐步构建了一个理念超前、资源丰富、设施先进、服务便利、互通互联的图书馆服务网络。截至2017年年底，全市共有公共图书馆638座，其中市级公共图书馆3座，区级公共图书馆8座，街道及以下基层图书馆627座，遍布全市的“城市街区24小时自助图书馆”达到249台，公共图书馆总藏量达到4 245万册（件），形成了以市图书馆为龙头，区图书馆为骨干，街道图书馆、社区图书馆、城市街区24小时自助图书馆等为网点的服务网络。

七、浙江图书馆

浙江文化通——公共数字文化云平台。

浙江文化通是由浙江图书馆（全国文化信息资源共享工程浙江省分中心）研发实施的浙江省公共数字文化移动服务平台，是公共数字文化服务的全国首创，于2013年11月22日正式开通上线，2017年11月完成三期开发。文化通以移动无线通信网络为支撑，通过大屏机、手机、iPad等移动终端设备和微信公众号，为公众提供搜索和阅读数字信息资源、自助查询和完成图书的借阅，查询和订阅以及推送最新文化资讯和活动信息等服务。它体现了整合、共享、即时的特性，汇聚了浙江省公共图书馆、博物馆、文化馆、美术馆、科技馆、影剧院等公共文化单位举办的讲座、展览、活动、演出等文化信息。另外，它还专门配置了适合移动终端阅读的专用电子资源，为公众提供文化资讯预告和数字阅读、图书查询等公益服务，很好地实现了“互联网+”的公共数字文化服务移动供给。

八、杭州图书馆

1. 总分馆制

杭州市图书馆从2003年开始进行“跨系统联城乡的总分馆制”实践，到2007年年底已初步完成对杭州地区所属区、县图书馆的资源整合与共建共享共组，期间最为艰难的就是街道（乡镇）、社区（村）一级服务网点的建设。总分馆制采用统一的技术平台以及通借通还的理念，建立以市馆为中心、区县（市）馆为分中心、乡镇（街道）、社区（村）为基层点的公共图书馆四级服务网络，其目的是运用“一证通”借还书体系实现在组织架构内任何一家基层网点共享联盟馆内所有文献资源。同时建有城市生活主题馆、音乐分馆、佛学分馆、盲文分馆、棋院分馆等多个专业性分馆。杭州图书馆的总分馆制模式通过整合区域内各级各类图书馆资源，加大了资源流通的范围，改变了图书馆单一化的局面，解决了基层图书馆杂乱无序及资源匮乏的问题。

2. 少儿绘画导航文献服务仪项目

为丰富少年儿童审美教育的需求，提高中小学生人文素养，以高仿真图画课程为基本思路，结合临摹和数字教学，以电子课程的形式为学生提供游戏般的图画新体验。图画完成后，可打印出彩色作品，并有精简点评和相关文献的推送服务（五册），让孩子在快乐中收获美术知识。整套项目均为电子设备，可重复充电使用。少儿绘画导航文献服务仪是少儿绘画导航文献服务项目的主要创意产品。此项目把文献、信息、教育和艺术绘画有机结合，把教育需求和人文需求提高到一个新的服务高度，为做好图书馆公共文化服务打下了坚实的群众（用户）基础。该方案初期设计以少年儿童读者群为服务对象，运行成熟后可扩展至成年人美术学习、高校课程学习、文献众筹经营、产业设计等。项目运行流程如下：第一步：用户登录，绘画导航仪接收用户的操作指令；第二步：绘画导航收集用户绘画体验数据；第三步：数据框架与文献语义描述框架互通，推送相关文献；第四步：开启数据保存和打印功能，写入数据库；第五步：为不同层次的少年儿童绘画作品制定推送服务，扩大服务应用点；第六步：绘画作品关联，实现群体数据关联，分析群体各值偏好、学习兴趣、审美需求等，管理服务对象的绘画档案。从某种程度上说，为少年儿童提供文献服务、信息服务、知识服务甚至品质生活服务等。同时，利用绘画语言支持泛在服务，增强孩子成长阶段的集体记忆。美育教育服务在图书馆公共文化服务建设中是提供一种推陈出新、数字创意的服务。之所以有其新颖之处，是因为美术与阅读的结合，既传承了老牌的美育学科精华，又构建了全新的服务文化，也从专业性和思想性方面体现了图书馆服务发展的思路。

九、河南省图书馆

1. 图书馆智能采访管理系统

“图书馆智能采访管理系统”是河南省图书馆与郑州日成图书有限公司以及北京云晟文创科技有限公司，发挥各自优势，根据图书馆采访工作业务流程，结合馆配行业多年的工作经验，充分利用大数据技术与思维，运用互联网＋技术、权重算法，自主研发的一套科学、高效、实用的智能采访管理系统。该系统满足了各类型图书馆购买图书文献的需要，解决了目前各类型图书馆图书选购中存在的个人因素和盲目性较大、缺少科学依据等问题。目前，该系统收集了近200万条书目信息，并可后续周期性上传新书书目数据，将书目分类与主题词、学科名称分别建立对应关系；其中主题词约有17万条，教育部划分的学科约有600个；高校的采访人员不仅可根据其学科设置建立学科对应关系，还可选择对上传数据进行marc数据或Excel数据的查重处理；系统不仅可以通过上传馆藏进行馆藏分析，还可通过“馆际联盟”实现与其他图书馆馆藏进行对比分析等。多功能菜单的选择操作可满足采访人员在采访的每一环节的具体需求，最终完成采访工作。本系统采用的一体化操作流程不需要借助任何其他终端服务，这是对以往图书馆界采访流程的一次刷新、一次革命。目前，试用的图书馆多达100余家，遍及全国十多个省份。

2. 图书馆文创旅游信息联合平台

河南省图书馆文创中心研发的项目“图书与探索——从图书馆出发看世界”是在图书馆开展日常少儿读者活动的基础之上，总结归纳活动经验，将少儿读者喜欢的历史文化故事进行深阅读辅导，引发读者的深层次求知需求，设计开发出有文化特色的文旅线路。开展活动时由相应的文史老师带队，采用边学习边辅导的方式，在活动中使读者达到读万卷书行万里路的目的。特别是该项目可以利用全国各个公共图书馆的网络布局优势，将各个图书馆的文创线路联合起来，形成全国性的相关体裁的文化、历史文创之旅，并发掘各地的读者资源。通过文史知识的贯穿，形成一个遍布全国的文创旅游网络，共同开展文创旅游项目。为此，河南省图书馆文创中心联合北京云晟文创科技有限公司，协作开发出“图书馆文创旅游信息联合平台”与各个图书馆共享。每个图书馆只需在该平台上展示当地的特色文创线路上，通过平台的宣传推广以及各个图书馆的宣传，读者了解和参与活动将更加方便，从而形成特色的文旅产品。

3. 河南省地方文献资源共建共享平台

将河南省各类型图书馆的地方文献馆藏信息进行收集、整理、分类、编目、数字化以及大数据分析，从而形成一个地方文献的储存、交流、完善的信息共享平台。方便图书馆有针对性地补充馆藏，方便读者发布自己的藏书书目，与图书馆相互补充，相互完善，以实现地方文献资源的共建、共享。

4. 衍生品生产

径回东土　五圣成真帆布袋——“径回东土　五圣成真”图出自明末刻本《李卓吾先生批评本西游记》，简称李评本。李评本是《西游记》第一个较成熟的评点本，目前此书国内现存两部，除河南省图书馆外，另一部藏于中国国家博物馆。“径回东土　五圣成真”，意思是唐僧师徒四人连同白龙马历经九九八十一难终于修成正果，成了神仙之后，直接回到东土大唐。此图意在庆祝郑州日成图书有限公司和郑州日成图书有限公司自成立以来通过坚持不懈和勤奋努力而取得的累累硕果，同时也向大家展示了河南省图书馆珍藏的这部国家级的珍贵古籍。龙驹出行　春风得意帆布袋——“龙驹出行”图出自在郑州地区出土的砖雕，残砖散存于郑州民间。此图用散点透视法对马与车进行了细致入微的刻画。马嘴放大，耳朵高竖，步履矫健，乘车人神态安然，似乎在观赏四周之美景。此图配以唐宋八大家之首的河南孟州诗人韩愈的《早春呈水部张十八员外》，意在祝福大家能够春风得意、悠然自得，通过文化研学能够博闻强识、行游天下。

十、河北省图书馆

AR技术在我国图书馆应用的前景分析：图书是人类用来纪录一切成就的主要工具，也是人类交融感情、取得知识、传承经验的重要媒介。现如今，人类获取知识的途径越来越广泛，生活节奏加快，越来越多的人很难被传统的图书所吸引，纸质图书的阅读量逐年下降，公共图书馆都想在吸引读者、满足读者阅读需求上谋求创新。增强现实（Augmented Reality，AR）的定义：一种全新的人机交互技术，利用这样一种技术，可以模拟真实的现场景观，它是以交互性和构想为基本特征的计算机高级人机界面。使用者不仅能够通过虚拟现实系统感受到在客观物理世界中所经历的“身临其境”的逼真性，而且能够突破空间、时间以及其他客观限制，感受到在真实世界中无法亲身经历的体验。近年来，随着计算机图形、图像技术和空间定位技术的发展以及智能手机性能的不断提高，增强现实技术应用的软硬件条件已经得到满足，技术日渐成熟，应用场景和领域也越来越广泛，在各个行业都能见其身影。在公共图书馆领域，AR 技术可以在公共图书馆提供精准引导服务、改变信息咨询推送模式、丰富读者阅读体验、智能图书管理功能等方面进行应用，让读者对公共图书馆空间和资源都有更直观的了解。这也是今后互联网背景下公共图书馆强调用户体验、注重用户服务的参考。

十一、山西省图书馆

少年儿童图书馆“纸本”再造展示空间，是指围绕和利用少儿馆废旧书刊开展一系列环保创意制作和宣传活动，开辟图书馆少儿特色文化创意空间，形成新型、绿色、开放、共享的废旧图书资源利用新模式，推动少年儿童图书馆绿色环保发展，加快图书馆少儿文化创意蓬勃发展。具体来说，在少儿废旧书刊分级回收、筛选的基础上，可将大量书页作为青少年手工制作的开放式“原材料池”，集中放置，自由取用，由青少年自主完成创意制作，于“纸本”再造展示空间集中展示。同一空间内，由专门的老师开设美术、手工、装饰、设计工艺课堂，对小读者进行培训指导，开展“纸本”绿色循环主题设计制作大赛等活动。例如，少儿图画书再造创意大赛、环保服装设计大赛。该室内展示空间全部使用少儿阅览室废旧书籍建造，是一种特色馆的模式。

十二、山东省图书馆

1. 限量版图书《十美图》

《十美图》由清代画家冷枚创作，它既是雅俗共赏的艺术佳作，也是不可多得的乡邦文献。《十美图》册页装，绢本十开，左下角钤“枚”字印，封面佚名题冷枚十美图真迹，描绘了仕女优雅闲适的生活，如临镜、赏兰、吹箫、闻香、采芝、倚石、纫衣、梳妆、品茶、思远等。其中，临镜图画一绿衣仕女坐于檀几边，一手拿镜，一手抚发，神态生动自然。几上瓶花、梳妆盒及仕女衣纹写工清妍细致。吹箫图则绘一仕女席地而坐，地上横铺芭蕉叶两枝，持紫箫凝神吹奏，面部刻画尤细，巧妙的是仕女背后还有古书三卷相衬，幽雅清新，气韵天成。纫衣图中的蓝衣仕女坐床边正在缝补衣裳，衣带垂动，手指穿纫，极富生活气息。

2. 松鼠智佳打造“家门口的图书馆”——馆企合作开启“互联网 +”新模式

“松鼠智佳”是山东省少年儿童图书馆为促进少年儿童阅读，与社会力量合作开发的公益性在线图书借阅与社区智能取还书系统。其初衷是通过“互联网 +”时代图书馆服务模式创新，让更多的少年儿童快乐阅读、快乐成长，推动全民阅读与书香社会建设。“松鼠智佳”系统采用微信及手机 APP 登录，界面简单，操作便捷，可实现在线一键查询、借阅图书，并提供阅读交流等个性化功能；读者通过移动端借阅的图书会在24小时内下架、打包，免费配送到由读者指定的离家最近的智能书柜内，服务时效性强，用户体验良好。“松鼠智佳”以全新的服务理念得到了社会各界的广泛关注及认可，发展前景广阔。

（1）采用“互联网＋图书馆”的模式，拓展了公共文化服务的广度和深度，为新形势下图书馆借鉴互联网思维、加快向大数据时代的全媒体复合型图书馆转型提供了有效实例。同时，也是山东省在网络时代打造15分钟公共文化服务圈的一种全新尝试。

（2）运作模式的公益性。省少儿馆只需提供馆藏资源对接及相关服务，其余技术支撑、物流等工作由山东步客互动网络科技有限公司具体执行，省少儿馆无须支付任何费用，不影响原有工作内容，不增加工作人员工作量。该项服务亦不向读者和图书馆收取任何费用。

（3）具有可持续发展性。在内容付费时代，系统以图书借阅、知识共享切入，构建线上平台与社区终端渠道相结合的开放式生态链，后期将通过线上线下广告、内容付费等其他增值服务实现商业价值，从而为系统运行、发展提供更充足的资金保障。“松鼠智佳”将不断在馆企深化合作基础上良性发展，切实为读者提供更加方便快捷、可定制化的个性服务，通过社区智能书柜的有效覆盖，同时整合社会各界资源，届时将形成强大的发展合力，成为山东省公共文化服务及文化产业发展的新亮点。

十三、安徽省图书馆

书签：书签中的纸质书签图案来自红楼梦，木质书签除了选用红木和紫檀等高档木材外，书签上的图案采用徽州元素中窗棂格镂空雕刻后，再绘制蜡梅等雅致小景，精美至极。

十四、甘肃省图书馆

创新、合作、共享——甘肃省图书馆《甘肃知识文化服务平台》：甘肃省现有公共图书馆92个，包括14个市州馆和78个县区馆（其中8个馆在建）。截至2016年12月，全省共有65个图书馆实现了图书馆业务管理自动化，建立了电子阅览室，可通过互联网访问。但是仍然面临没有经费购买数字资源、没有软件揭示本馆特色资源等问题。甘肃省图书馆购买数据库资源包括电子图书、电子期刊、外文图书、政府信息服务等资源300 TB，服务方式以镜像为主加远程访问。存在的问题是：一方面省馆花费大量资金购进电子资源，但读者使用量较低。另一方面是县区图书馆没有资金购买数字资源、服务不足。甘肃省图书馆从2007年开始探索合作共享的联盟共建模式，先后与同方知网北京技术有限公司协商谈判多年，最终达成共识。2014年10月17日，甘肃省图书馆和同方知网（北京）技术有限公司共同举办了“甘肃公共图书馆数字资源共享联盟研讨会”，来自甘肃省44个县区图书馆的65名代表参加了研讨会，并签订了协议。2015年1月平台正式启动，联盟平台命名为“甘肃知识文化服务平台”。首批参加联盟馆包括30个图书馆，各成员馆使用同一平台检索数据、同一软件加工数据、相互之间实现文献传递服务，共享数据资源。“甘肃省知识文化服务共享平台”（以下简称平台）依托《中国知网》总库，构建符合县级图书馆服务需要的完善的数字资源库，形成一个大的数字文化服务平台，以此为依托为各个图书馆读者提供主动的个性化专题服务和多样化的服务。其特点是资源获取便捷容易，一站式检索，可实现各类资源的统一导航、统一检索，提高各类资源的利用率，依托数字资源平台为中小图书馆快速搭建独立的门户网站。平台自2015年1月运行以来，受到参加成员馆的欢迎。这是甘肃省图书馆在全省建立的第一个公共图书馆数字共享联盟，目前加盟馆共 38 个，达到全省县区图书馆的近一半。联盟馆利用这个平台，检索数字资源，下载本土特色资源，建立特色数据库，为读者提供服务，为当地政府提供信息决策服务，编制二次文献。

十五、云南省图书馆

云南省图书馆参考咨询系统：云南省图书馆参考咨询系统（以下简称云图参考系统）是一个将单点式信息服务、多成员协同操作相结合的系统。它的特点是开放、合作、平等、共创、共享、保密，是一款为机构用户提供数字化多格信息的虚拟参考咨询系统。

（1）以机构服务为核心，拓展深层次服务。云南省图书馆参考咨询部打造以机构用户为核心，针对不同用户订制开发的，以网络化、数字化信息服务为基础的虚拟参考咨询系统云图参考系统。支持发送图片、文字、视频、音频多格式信息；支持用户下载、打印、编辑，实行单点式直通、保密的信息服务。云图参考系统不仅满足基本的原始文献传递，还能通过建立分类专题，设置信息标引深度，自动量化统计分析，形成定量分析报告，提供课题咨询、专题咨询、情报调研、定题跟踪服务等深度信息服务。

（2）创新移动版数字化服务模式。由于手机不受电脑设备的限制，可随时随地享受信息推送服务，加上其广泛的普及率，在解决信息浏览具有突出优势。因此，云图参考系统顺应用户需求出发，在电脑版的基础上，拓展了手机功能。手机移动版的推出为用户提供了一个全面、安全、实时、直达用户的无缝参考咨询信息服务环境及新的服务模式。目前，该软件提供了安卓系统、苹果系统，用户通过扫二维码即可下载。用户使用分配的 ID 和密码登录后，即时查阅所订制的信息，实现了针对不同用户提供直通便捷，及时有效的服务。

（3）加强多成员协同合作。云南省图书馆牵头，以云图参考为操作平台，应用该平台多成员协同操作的功能，通过互联网远程操作，充分利用单点式信息服务、多成员协作相结合的方式构建“云南省公共图书馆参考咨询联盟”，以全面提升云南省公共图书馆信息服务能力，更好地服务于政府、社会和读者；整合各联盟馆特色参考咨询服务，共享参考咨询人才，合作开展虚拟参考咨询工作，真正实现参考咨询共创、共享、异地协同操作，全方位地为用户服务。

十六、长沙市图书馆

1.“青苗计划”阅读实践活动

“青苗计划”是以《全民阅读十三五规划》中“坚持少儿优先，保障重点”为基本原则开展的面向 0~18 岁未成年人的长期阅读跟踪服务项目，以教育学、心理学、图书馆学为理论支撑，通过阅读推荐、阅读时间、阅读分享、阅读展示、阅读评估五个环节形成服务闭环体系，从而研究未成年人阅读成长规律，促进未成年人阅读发展。

（1）阅读时间承诺。良好阅读习惯的养成需要持之以恒，日积月累的坚持则需要时间的付出。“青苗计划”阅读实践活动启动式当天，每组加入“青苗计划”的家庭即在现场郑重宣誓承诺每周开展亲子阅读 3 小时以上，并在微信朋友圈分享自己的阅读心得。此后，“青苗计划”组建微信阅读群，每个家庭每日在群内进行阅读打卡，践行阅读承诺。

（2）阅读书目推荐。按照未成年人的心智成长规律，以年龄分级为主，辅之以阅读能力的分级，有针对性地推荐阅读书目。截至2017年8月，“青苗计划”通过线上线下等多种方式为小青苗推荐了1 500余种图书。

（3）阅读分享提升。知识需要分享，阅读也需要交流。在“青苗计划”微信群内，每天都有家长分享孩子们的阅读照片、阅读笔记、阅读体验，互相交流每天的阅读心得。通过搭建有效的分享阅读交流和沟通平台，鼓励孩子们表达自我，提升自我。

（4）阅读展示激励。图书馆积极为青苗的孩子们搭建多样化的展示平台，让青苗们的风采不仅局限于图书馆的方寸之间，而是走向更广阔的天地。借助展览与表演相结合的方式激发孩子们的阅读兴趣，并将阅读成果对外输出，实现“内在”阅读积累的“外化”。

（5）阅读评估定级。以一年为周期，对日常收集的大量阅读数据进行分析，出具阅读报告，对孩子们的成长情况进行评估和定级：成长较为缓慢的孩子则继续接受本级的阅读指导，阅读能力有所提升的孩子则顺势进入更高等级，接受更为深入的指导和推荐。

2. 智能书架终端

智能书架交互终端是一种全新的理念，用来代替书架标识，它不仅实现传统书架标识具有的引导功能，同时展示书架图书的丰富信息，包括书架图书信息浏览、书架热门借阅图书、书架图书的书评信息、借阅次数、最新图书等，可以让读者进行信息检索，具有很强的交互功能，与RFID结合还可以实现图书自助借还功能，让书架活起来。

3.“云馆藏”

长沙图书馆将“互联网+”与图书馆业务深度结合，创新“云馆藏”服务模式，开发开放式采购借阅平台。读者登录后，可以获取京东等网络商城的图书信息，读者根据自己的需要选择心仪的图书，下单成功后由图书馆与电商统一结算，图书快递发送到读者手中，一个月后归还到图书馆即可。馆藏选书权利部分让渡，采访借阅环节的无缝对接，理论上可以实现市场销售的所有图书都作为图书馆的馆藏。凭借“总分馆”建设，通过“云馆藏”模式创新，图书借阅突破了“最后一厘米”。图书馆借书免费，可是许多读者宁愿自己买书，很大一部分原因是借还不方便、到馆交通时间成本高，不容易找到自己想要的书。通过改变现有公共图书馆文献借阅的痛点，提升阅读服务的质量，可以说是在图书馆服务供给侧的改革尝试。选书权利交给读者，最大限度地满足市民阅读需求，实现了“全民阅读服务的精准定位”，图书馆的效益得到了提升，全民阅读的潜能得到激发。

第四节　文化创意产品欣赏

一、国家图书馆部分文化创意产品展示

（1）芥子园画传笔记本套装，如图7-1所示。

（a）

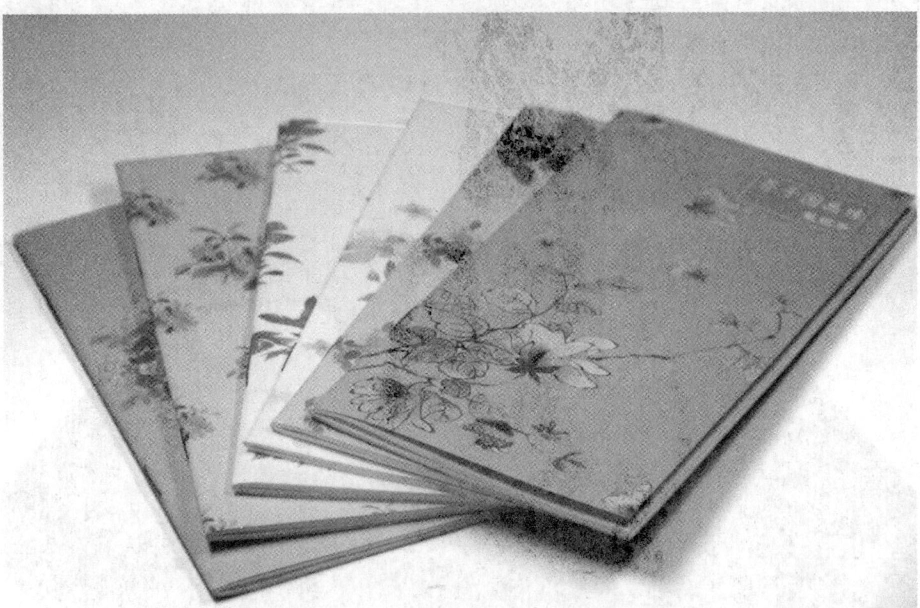

（b）

图 7–1　芥子园画传笔记本套装

（2）卡通孔子纸胶带，如图 7-2 所示。

（a）

（b）

图 7-2　卡通孔子纸胶带

（3）古琴系列古琴眼镜布，如图 7-3 所示。

（a）

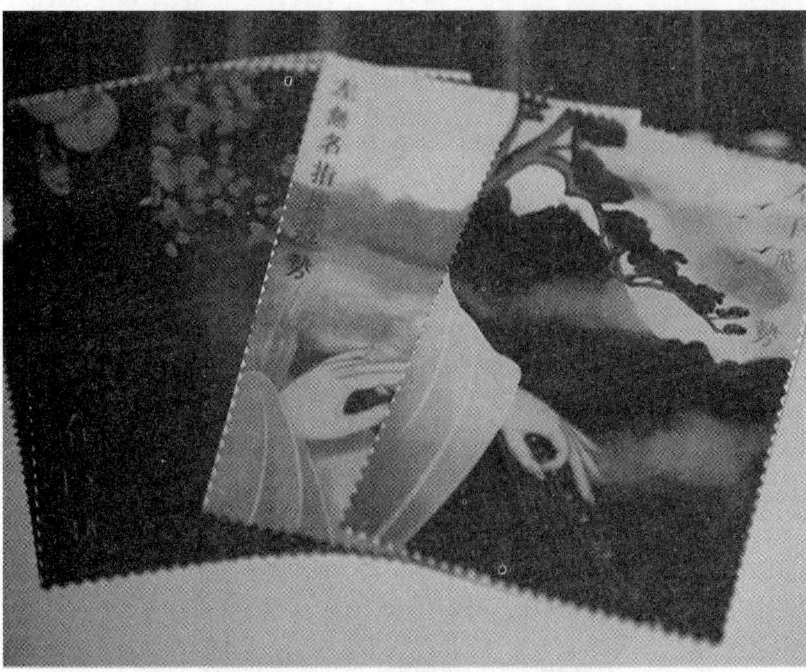

（b）

图 7-3　古琴系列古琴眼镜布

（4）清代中国画人物画戏曲人物《庆赏昇平》，如图 7–4 所示。

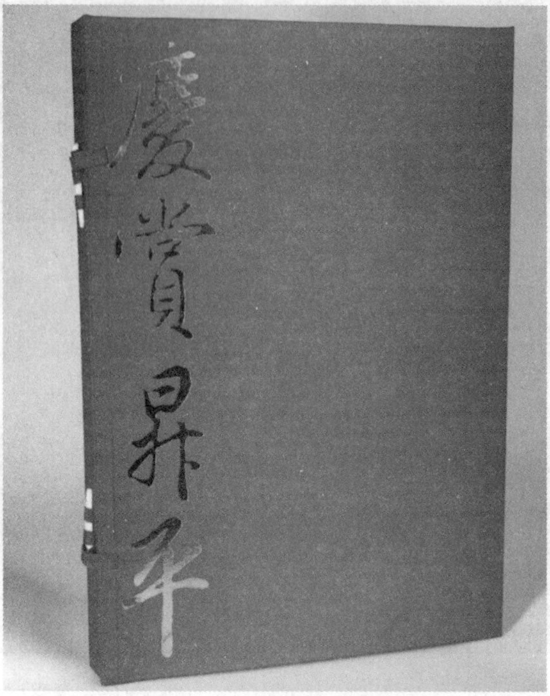

（a）

（b）

图 7–4　清代中国画人物画戏曲人物《庆赏昇平》

（5）翰墨书香文房四宝套装，如图 7–5 所示。

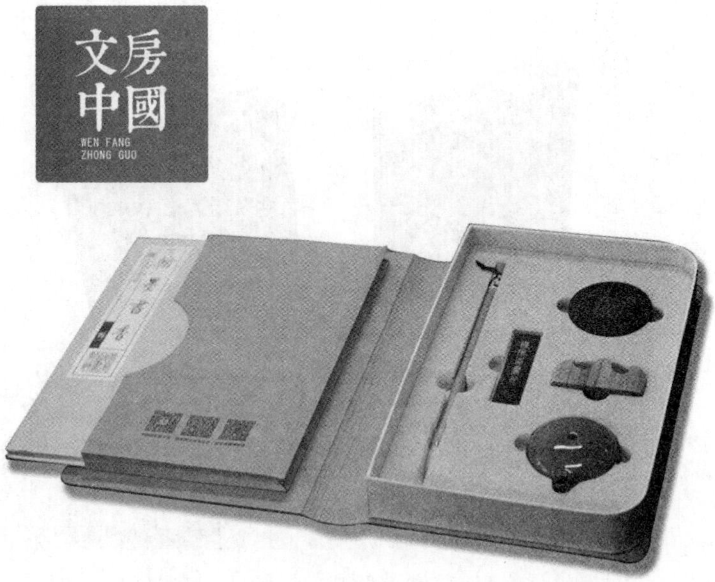

（a）

（b）

图 7–5　翰墨书香文房四宝套装

（6）甲骨文领带，如图 7–6 所示。

（a）

（b）

图 7–6　甲骨文领带

（7）法兰瓷，如图 7-7 所示。

（a）

（b）

图 7-7　法兰瓷

（8）福袋，如图 7-8 所示。

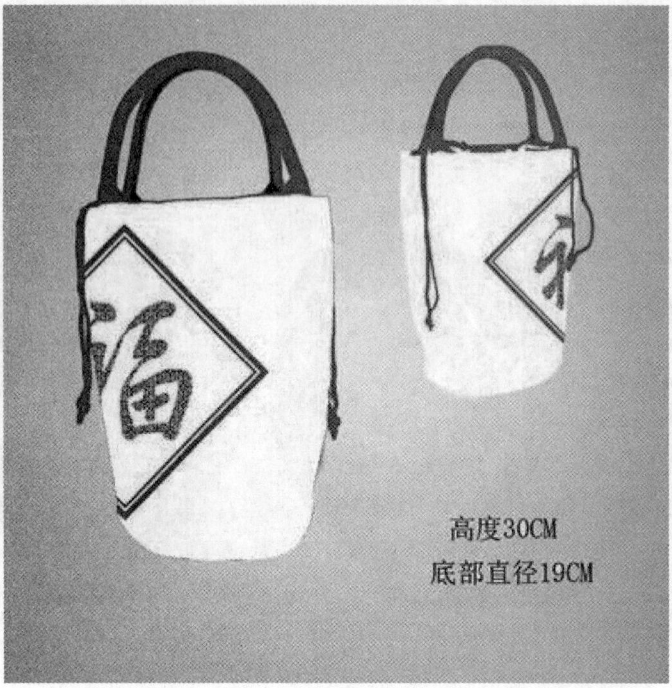

（a）

（b）

图 7-8　福袋

二、南京图书馆部分文化创意产品展示

（1）十竹斋系列——杯垫，如图 7-9 所示。

（a）

（b）

图 7-9　十竹斋系列——杯垫

（2）十竹斋系列——反向伞，如图 7-10 所示。

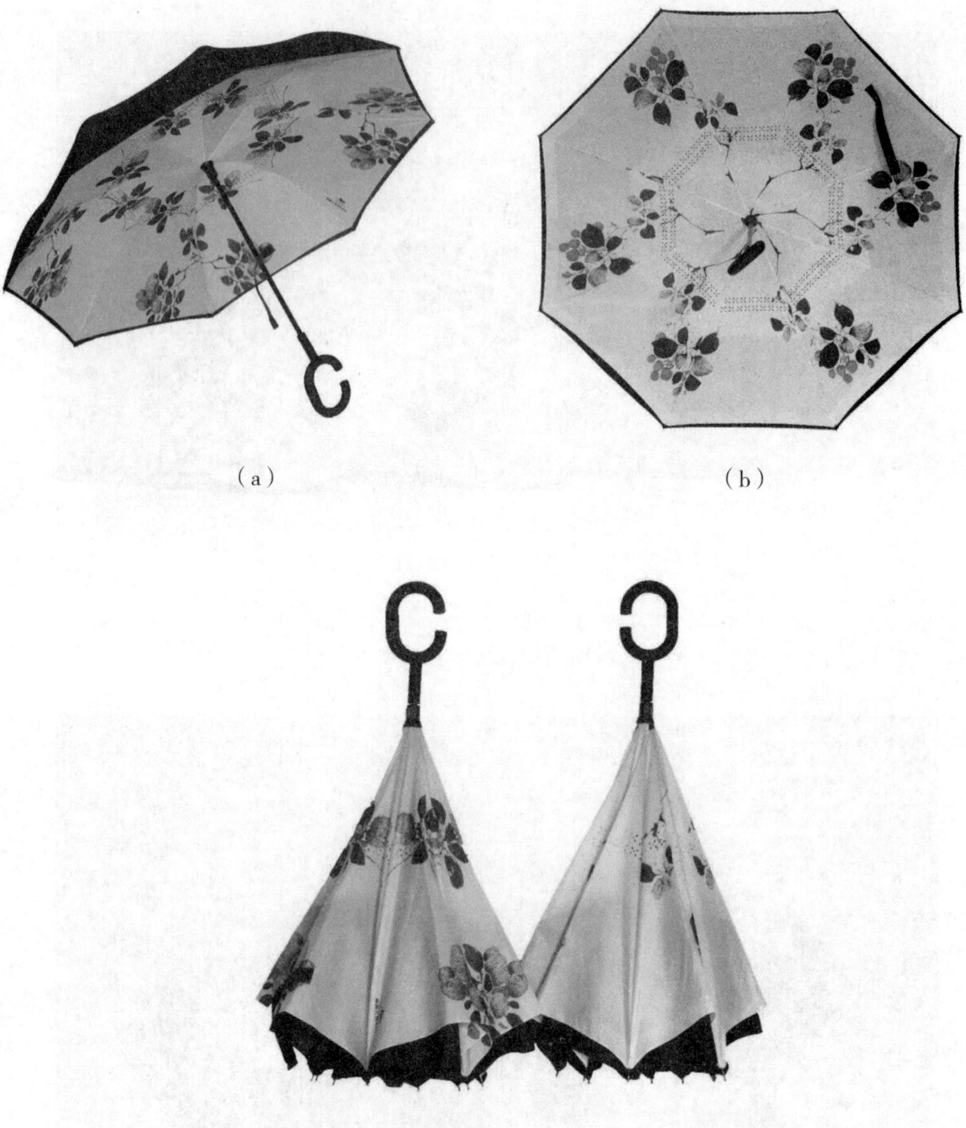

（a）　　（b）

（c）

图 7-10　十竹斋系列——反向伞

（3）十竹斋系列——餐巾纸，如图 7–11 所示。

（a）

（b）

图 7–11　十竹斋系列——餐巾纸

（4）水浒传一百零八将笔记本，如图 7–12 所示。

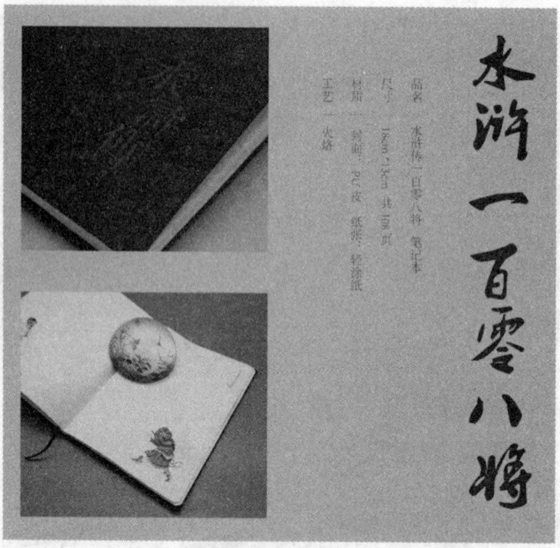

图 7–12　水浒传一百零八将笔记本

三、河南省图书馆部分文化创意产品展示

（1）龙驹出行春风得意帆布袋，如图 7–13 所示。

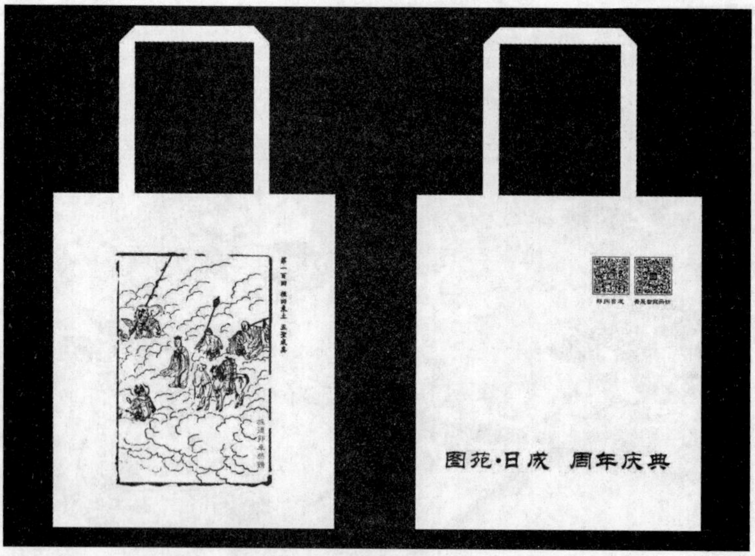

图 7–13　龙驹出行春风得意帆布袋

（2）径回东土五圣成真帆布袋，如图 7–14 所示。

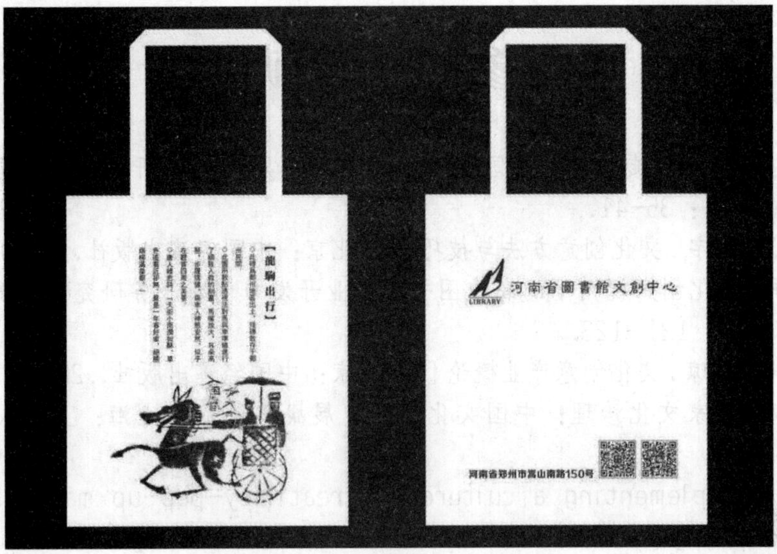

图 7–14　径回东土五圣成真帆布袋

参 考 文 献

[1] 余吉安，肖彬，赵红燕．中国文化创意来源及发掘模式研究[J]. 中国科技论坛，2016(12)：35-41.

[2] 张浩，张志宇．文化创意方法与技巧[M]. 北京：中国经济出版社，2010：1.

[3] 黄晓军．文化创意视角下的高校图书馆产业开发与创新服务研究[J]. 图书与情报，2016(6)：121-123.

[4] 吴存东，吴琼．文化创意产业概论[M]. 北京：中国经济出版社，2010：7.

[5] 胡惠林．国家文化治理：中国文化产业发展战略论[M]. 上海：上海人民出版社，2012：17.

[6] Lotts M.Implementing a culture of creativity-pop-up making spaces and participating events in academic libraries[J]. College & Research Library News，2015，76(2)：72-75.

[7] Pashia A.Empty bowls in the library makerspaces meet service[J]. College & Research Library News，2015，76(2)：79-82.

[8] Datig I，Herkner L.Get ready for a long night：collaborating with the writing center to combat student procrastination[J]. College & Research Library News，2014，75(3)：128-131.

[9] 魏用举．文化创意产业导论[M]. 北京：中国人民大学出版社，2010.

[10] 王秀伟．文化创意产业视域下的博物馆文化授权研究[D]．中国科学技术大学博士学位论文，2016.

[11] 王伟．文化创意产业服务模式在公共图书馆可持续发展中的作用及路径选择[J]. 图书馆理论与实践，2012(5)：71-74.

[12] 陶思琦．公共图书馆文化创意产业发展探究[J]. 西域图书馆论坛，2016(2)：14-16.

[13] 马祥涛．基于SWOT分析的图书馆参与文化创意产品开发策略研究[J]. 图书馆研究与工作，2018(1)：41-46.

[14] 赵希玉．博物馆文化创意商品的开发设计研究——以大英博物馆为例[J]. 美术教育研究，2016(13)：61.

[15] 王毅，柯平．美国公共图书馆文化创意产品开发实践研究[J]. 图书馆建设，2017(9)：69-77.

[16] Schmitt B H，Partain L D.Customer experience management：a revolutionary approach to connecting with your customers[J]. Wiley，2003(34)：99.

[17] Peet L. Gifted[J]. Library Journal，2015，140(4)：50-52.

[18] 金秋萍.美国高校图书馆创客空间建设的实践及启示[J]. 图书与情报，2017(01)：111-115.

[19] 王敏，徐宽．美国图书馆创客空间实践对我国的借鉴研究 [J]. 图书情报工作，2013（12）：97-100.
[20] 刘锦山．路易斯·赫雷拉：图书馆创客空间新构想 [J]. 图书馆建设，2017（6）：100.
[21] 张飞燕．“互联网 +”背景下的博物馆文化创意产品发展 [J]. 遗产与保护研究，2016（2）：22-26.
[22] 马自树．博物馆文化创意产品要有精准定位 [N]. 中国文物报，2016-04-13（005）.
[23] 张紫馨．博物馆文创实践——首博文创开发与思考 [C]. 首都博物馆论丛，2013.
[24] 刘浩，马晴．台湾地区图书馆文化创意产品开发研究 [J]. 图书馆建设，2017（9）：78-82.
[25] 皮永生，童沁，周正，等．文化创意产品解读与欣赏 [M]. 重庆：西南大学出版社，2014：8.
[26] 储节旺，是沁．创新驱动背景下图书馆创客空间功能定位与发展策略研究 [J]. 大学图书馆学报，2017（5）：15-23.
[27] 黄显堂．PDA 在图书馆中的应用浅析 [J]. 国家图书馆学刊，2014（1）：38-42.
[28] 王洁慧，张洪艳．高校图书馆一站式读者荐购服务平台的设计与研究 [J]. 现代情报，2016（7）：90-95.
[29] 王凤满．三种电子书 PDA 模式影响研究——以香港科技大学图书馆为例 [J]. 现代情报，2016（12）：85-89.
[30] 张媛．我国公共图书馆 PDA 实践持续创新的难题与主要对策 [J]. 图书馆理论与实践，2017（4）：20-24.
[31] 孙战彪．基于个性化推荐的高校图书馆 PDA 模式研究 [J]. 图书馆建设，2017（8）：36-41，48.
[32] 韩小亚，徐变云，王黎．纸质图书读者主导式采购与图书荐购的比较研究 [J]. 情报探索，2015（10）：86-89.
[33] 蒋鸿标．中文图书采访标准的制定与采访质量控制研究 [J]. 图书馆建设，2015（10）：23-27，39.
[34] 田磊．图书采访中的重复控制 [J]. 山东图书馆学刊，2016（2）：60-63.
[35] 刘丽艳．基于馆配市场的中文图书采访探索与实践 [J]. 图书馆工作与研究，2016（1）：67-69.
[36] 张扬．网上图书荐购系统的研究与分析 [D]. 云南大学硕士学位论文，2015：23.
[37] 李明鑫，李柏炀．基于云中心荐购知识库的图书荐购系统研究 [J]. 图书情报知识，2012（6）：55-59.
[38] 王松涛．图书采访系统的研究与分析 [J]. 云南大学硕士学位论文，2015：12.
[39] 朱华顺．基于用户驱动的高校图书馆图书采访系统研究 [J]. 图书馆学研究，2016（4）：13-17.
[40] 谢玲．武汉大学图书馆荐购系统实证研究 [J]. 图书馆学研究，2016（8）：74-78.

[41] 郑琪.基于读者荐购策略（PDA）的云服务平台架构研究——以“芸台购”云服务平台为例[J].图书馆学研究，2016（23）：27-31，91.
[42] 郭慧玲.图书馆电子书馆配研究[J].图书馆工作与研究，2017（5）：57-61.
[43] 黄琴玲，高协，李芳，等.协同工作模式下的高校图书馆新型图书荐购系统建设与思考——以上海交通大学图书馆为例[J].图书情报工作，2016（22）：61-66.
[44] 朱莉.档案文化创意产品开发阻碍因素及策略分析[J].档案与建设，2016（9）：33-35.
[45] 辛秀琴.公共图书馆文化创意产品开发研究[J].图书馆学刊，2017（8）：8-11，39.
[46] 刘汝建.“有意义”不如“有意思”——论高校图书馆的营销策略[J].图书馆杂志，2017（11）：62-65.
[47] 武晓菁.陕西省文化创意人才激励研究[D].西安石油大学硕士学位论文，2017.
[48] 景莉莉.文化创意产业众筹融资模式探讨[J].理论导刊，2016（9）：88-92.
[49] 徐艳红.基于文化创意视角的哈尔滨文化旅游发展研究[D].哈尔滨商业大学，2017.
[50] 李纪英.图书馆研发地方文献动漫摘要——创意文献意义及方略探析[J].河南图书馆学刊，2012（6）：111-113.
[51] 国务院办公厅.国务院办公厅转发文化部等部门关于推动文化文物单位文化创意产品开发若干意见的通知［EB/OL］［2016-05-16］. http: //www.gov.cn/zhengce/content/2016-05/16/content_5073722.htm.
[52] 中华人民共和国公共图书馆法［EB/OL］［2017-11-04］. http: //www.npc.gov.cn/npc/xinwen/2017-11/04/content_2031427.htm.
[53] 郑怿昕，包平.智慧图书馆环境下馆员核心能力研究[J].图书馆理论与实践，2017（1）：7-11.
[54] 王世伟.论智慧图书馆的三大特点[J].中国图书馆学报，2012（11）：22-28.
[55] 王世伟.图书馆应当弘扬“智慧工匠精神”[J].图书馆论坛，2017（3）：1-6.
[56] 刘宝瑞，沈苏阳.用户体验视阈下的智慧图书馆研究[J].图书馆学研究，2017（6）：43-47.
[57] 潘杏仙，朱东妹，董家魁，等.论教育信息化视域下智慧图书馆用户培育[J].图书馆理论与实践，2017（1）：33-36.
[58] 袁红军.图书馆智慧服务模式探析[J].新世纪图书馆，2017（3）：22-25.
[59] 刘丽斌.智慧图书馆探析[J].图书馆建设，2013（3）：87-89.
[60] 储节旺，李安.智慧图书馆的建设及其对技术和馆员的要求[J].图书情报工作，2015（8）：27-34.
[61] 李萍，郑建明.智慧图书馆中智能交互系统的研究和应用[J].图书馆学研究，2016（11）：34-38.
[62] 秦殿启.智慧图书馆的语境、要素和发展路径[J].图书馆，2016（6）：35-38，91.
[63] 王铁力，梁欣，过仕明.基于“互联网+”思维的智慧图书馆研究[J].情报科学，2017（4）：74-78.

[64] 曾子明，宋扬扬.面向读者的智慧图书馆嵌入式知识服务探析[J].图书馆，2017(3)：84-89，100.
[65] 魏群义，廖维，沈敏.智慧图书馆APP的设计与实现[J/OL].图书馆论坛，2017,37(7)：22-26.
[66] 何琦，高长春.论创意产品的价值特征与价值构成[J].商业经济与管理，2013(2)：83-89.
[67] 范丽娟.文化创意产业呼唤图书馆服务创意[J].图书馆工作与研究，2012(6)：18-20.
[68] 莫晓霞.图书馆文化创意产品开发探讨[J].图书馆建设，2016(10)：98-101.
[69] 赵晓红，武莉莉.公共图书馆文化创意产品开发研究——以南京图书馆为例[J].农业图书情报学刊，2016(11)：88-91.
[70] 田利.图书馆文化创意产品开发项目的构想[J].河南图书馆学刊，2016(10)：66-68.
[71] 周渊.国家图书馆从馆藏典籍中汲取文化创意产品研发灵感——让古籍里的文字活起来[N].文汇报，2016-07-10(001).
[72] 李峰，胡绪雯.参与博物馆文创发展，思考博物馆文创未来[C].中国博物馆文化产业研究，2015：30-37.
[73] 张紫馨.博物馆文创实践——首博文创开发与思考[J].首都博物馆论丛，2013(27)：144-152.
[74] 潘玉香，孟晓咪，赵梦琳.文化创意企业融资约束对投资效率影响的研究[J].中国软科学，2016(8)：127-136.
[75] 蒋菡.博物馆文化创意产品开发的实践与思考[C].江苏省博物馆学会学术年会，2014：262-266.
[76] 博物馆条例（国务院令第659号）[EB/OL][2015-02-09]. http：//www.gov.cn/zhengce/2015-03/02/content_2823823.htm.
[77] 田利.关于图书馆开展文创工作的理性思考[J].图书馆工作与研究，2017(2)：9-13.
[78] 田利.图书馆文化创意产品开发工作中对经营创收认识的误区[J].河南图书馆学刊，2017(2)：63-66.
[79] 王佳莹.文化创意旅游发展动力机制研究——以丽江古城为例[D].云南财经大学硕士学位论文，2017.
[80] 郑钧.试论省级公共图书馆文化创意产品开发工作[J].图书馆工作与研究，2017(8)：84-90.
[81] 王珂.2017年我国人均出游3.7次[N].人民日报，2018-01-09(006).
[82] 杨辉.资源型城市转型发展中的政府举措——以德国鲁尔工业区为例[J].中北大学学报（社会科学版），2016(4)：58-61.
[83] 柯平.《公共图书馆法》的时代性和专业性[J].图书馆杂志，2017(11)：7-11.
[84] 曾琪洁，吕丽，陆林，等.文化创意旅游需求及其差异性分析——以上海世博会为例[J].旅游学刊，2012(5)：103-111.

[85] 郑海鸥. 推动公共图书馆事业新发展 [N]. 人民日报，2017-11-06（008）.
[86] 邱伟华. 高等教育慕课的价值创造与盈利模式 [J]. 现代远程教育研究，2017（4）：39-49.
[87] 刘梦华，易顺，夏汉军. 国际视野下的旅游满意度指标体系拓展研究——以香港酒店与景区的权重对比为例 [J]. 旅游研究，2017（2）：53-65.
[88] 马化腾. 互联网 +：国家战略行动路线图 [M]. 北京：中信出版社，2015：12.
[89] 金元浦. 我国当前文化创意产业发展的新形态、新趋势与新问题 [J]. 中国人民大学学报，2016（4）：2-10.
[90] 杨善林，周开乐，张强，等. 互联网的资源观 [J]. 管理科学学报，2016（1）：1-11.
[91] 林仲如. 物馆典藏品与知识产权——以（台北）历史博物馆文创产品研究为例 [J]. 美术观察，2016（9）：19-21.
[92] 李超. 文化创意产业知识产权保护的内在机理与对策研究 [D]. 西北师范大学硕士学位论文，2015：56.
[93] 易华，玉胜贤. 文化创意产业商业模式创新动力分析 [J]. 现代管理科学，2016（2）：90-92.
[94] 吕康. 文化创意产业中的知识产权开发与保护——以艺术衍生品开发为例 [D]. 中央美术学院硕士学位论文，2016：45.
[95] 阴鑫. 中国博物馆文化创意产品开发研究 [D]. 河南大学硕士学位论文，2016.
[96] 白庆祥，李宇红. 文化创意学 [M]. 北京：中国经济出版社，2010：10.
[97] 高云鹏. 大连市文化创意产业发展模式与布局优化研究 [D]. 辽宁师范大学博士学位论文，2017.
[98] 郭豹，白岩，刘秉鸿. 美国博物馆文化创意产业调研报告 [C]. 北京文博文丛，2014（3）：103-110.
[99] 李曼菲. 博物馆文化创意产品开发探析——以南京博物院为例 [D]. 南京师范大学硕士学位论文，2016.
[100] 马亚杰. 博物馆文化产品的创意设计研究与实践 [D]. 郑州大学硕士学位论文，2014.
[101] 王刚，牛维麟，杨伟国. 文化产业创意人才素质模型研究 [J]. 国家行政学院学报，2016（2）：117-121.
[102] 刘佳欣，张晓娟. 欧美图书馆文化创意产品开发形式与启示 [J]. 图书馆学研究，2018（3）：86-91.